Abenteuer Ethik 1

SACHSEN

herausgegeben von Johannes Rohbeck und Monika Sänger
bearbeitet von Helmut Engels, Werner Fuß, Jörg Peters, Martina Peters, Johannes Rohbeck, Bernd Rolf, Rita Sandbrink, Monika Sänger und Wolfgang Straßer

C.C. BUCHNER

ABENTEUER ETHIK 1
für die Jahrgangsstufen 5/6

herausgegeben von Johannes Rohbeck und Monika Sänger
bearbeitet von Helmut Engels, Werner Fuß, Jörg Peters, Martina Peters, Johannes Rohbeck, Bernd Rolf, Rita Sandbrink, Monika Sänger und Wolfgang Straßer

Beraterin für das Kapitel „Das Judentum“: Michal S. Friedlander

Dieses Werk folgt der reformierten Rechtschreibung und Zeichensetzung. Ausnahmen bilden Texte, bei denen künstlerische, philologische oder lizenzrechtliche Gründe einer Änderung entgegenstehen.

1. Auflage 1 4321 2015 14 13 12
Die letzte Zahl bedeutet das Jahr des Druckes.

Alle Drucke dieser Auflage sind, weil untereinander unverändert, nebeneinander benutzbar.

www.ccbuchner.de
Gestaltung: creo Druck & Medienservice GmbH, Bamberg / Ines Müller
Druck- und Bindearbeiten: Stürtz GmbH, Würzburg

ISBN: 978-3-7661-**6611**-1

Liebe Schülerin, lieber Schüler,

Abenteuer machen Spaß! Auf einer Schnitzeljagd einen „Schatz“ zu finden, ist ein spannendes Erlebnis. Auch in diesem Buch geht es um Abenteuer und Schatzsuche. Aber dieses Abenteuer findet nicht in irgendeiner Gegend statt, sondern in deinem Kopf. Es geht um Fragen, die du dir nicht alle Tage stellst. Und es geht um Antworten, über die du eine Weile nachdenken musst.
Welche Fragen werden also in „Abenteuer Ethik“ gestellt? Ethik heißt so viel wie Lebenskunst. Thema ist daher das eigene Leben, so wie du es selbst erlebst. Normalerweise machst du dir darüber keine Gedanken. Du lebst eben einfach, verbringst die Zeit in deiner Familie und mit deinen Freundinnen und Freunden, gehst in die Schule oder hast ein interessantes Hobby. Und das ist auch gut so. Doch manchmal ist es wichtig, über das eigene Leben nachzudenken. Dazu findest du in den folgenden Kapiteln viele Anregungen.
Manche Fragen hast du dir vielleicht schon selbst gestellt: Wer bin ich? Was ist mir in meinem Leben wichtig? Wie gehe ich mit Erfolgen und Enttäuschungen um? Wie stelle ich mir meine Zukunft vor? Und vor allem: Wie kann ich glücklich werden? Dazu gibt es Bilder und Texte, die sich kluge Leute ausgedacht haben und über die du dich wundern wirst. Außerdem erfährst du, was du selbst tun kannst, um glücklich zu werden.
Doch du bist ja nicht allein auf der Welt. Obwohl du vielleicht manchmal in Ruhe gelassen werden möchtest, freust du dich, wenn du dich mit deinen Freundinnen und Freunden gut verstehst und dich in deiner Klasse wohlfühlst. Auch diese Seite deines Lebens gehört zur Ethik. Hier geht es um dein Leben in Gemeinschaften, wozu Familie und Freundschaft, Schule und Verein, Gesellschaft und Staat gehören. Hier erfährst du etwas über die Regeln, welche diese Gemeinschaften zusammenhalten. Und über Regeln, die dafür sorgen, dass verschiedene Gemeinschaften friedlich und respektvoll miteinander umgehen. Schließlich über Regeln, die wir alle gemeinsam beachten müssen, damit wir unsere natürliche Umwelt bewahren. So kannst du auch lernen, wie du selbst in deinem Lebensbereich Verantwortung für ein möglichst gutes Zusammenleben der Menschen übernehmen kannst.

Und nun wünschen wir dir viel Spaß beim „Abenteuer Ethik“!

Die Herausgeber

Die folgenden Erklärungen
helfen dir dabei, mit diesem Buch zu arbeiten:

Jedes große Kapitel hat eine eigene Kapitelfarbe mit einem Bilderlogo und beginnt mit einer farbigen Auftaktseite. Auf der Auftaktseite findest du Bilder und Texte, die dich auf das Thema des Kapitels einstimmen. Außerdem gibt es eine Übersicht darüber, was du alles am Ende des Kapitels wissen und können solltest. So hast du gleich einen Leitfaden für die Arbeit mit dem Buch.
Ganz oben auf jeder Seite eines Kapitels findest du das farbige Bilderlogo sowie die Titel des Unterkapitels und der Doppelseite. So weißt du immer, wo du dich gerade befindest.

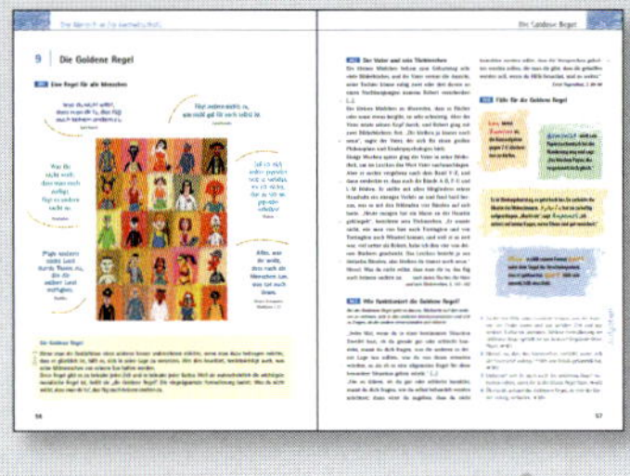

Die Themen eines Kapitels sind immer auf Doppelseiten aufbereitet. Es gibt Doppelseiten, die dich auffordern, etwas zu tun – alleine oder mit anderen –, andere wiederum zeigen dir, wie du richtig nachdenken, fragen und diskutieren lernst. Dann gibt es Doppelseiten, die dich mit schon recht anspruchsvollen Texten vertraut machen, die du sorgfältig lesen und über die du nachdenken musst. Wenn eine Doppelseite mit einem „P" gekennzeichnet ist, handelt es sich um eine Seite mit einem besonderen Projektangebot für den Unterricht. Eine Seite, auf der vor allem Informationen zum Nachlesen zu finden sind, erkennst du im Inhaltsverzeichnis an einem „i" bzw. dem Titel „Infoseite".

Auf jeder Doppelseite findest du ganz verschiedene Materialien, die farbig mit einem **M** gekennzeichnet sind. Das können Texte aus Büchern, aber auch Zeitungsartikel oder Cartoons und Bilder sein. Aufgepasst heißt es immer bei den farbigen Kästen, denn sie erklären dir wichtige Begriffe und Sachverhalte (Informationskästen) oder Methoden (Methodenkästen). Manchmal enthalten sie auch Ideen für Unterrichtsprojekte (Projektkästen).
Zu jedem Material gibt es eine oder mehrere Aufgaben, die du immer in einem Aufgabenblock auf der rechten Seite findest. Gelegentlich ist es zur Beantwortung hilfreich, sich in Erinnerung zu rufen, was du bereits an anderer Stelle gelernt hast. Hierzu gibt es dann Hinweise in Klammern.
Der Glossar-Hinweis (▶ Glossar) macht auf ein Wörterverzeichnis am Ende des Buches aufmerksam, in dem du die genannten Begriffe nachschlagen kannst.

Was wir wissen – was wir können

Alles, was besonders wichtig ist und du dir unbedingt merken solltest, ist außerdem am Ende eines Kapitels auf den Seiten „Was wir wissen – was wir können" zusammengefasst. Hier kannst du alles Erlernte auch noch einmal mit verschiedenen Aufgaben üben und dein Können testen.

METHODENVERZEICHNIS

Inhalt

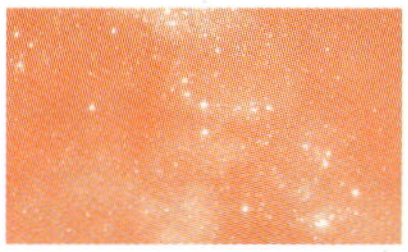

WAHLTHEMEN
Choice

WAHLTHEMA = Wahlthema
P = Projektseite
i = Infoseite

Wolf-Rüdiger Marunde

Kompetenzen

Am Ende dieses Kapitels solltest du Folgendes wissen und können:

- philosophische Fragen nach dem eigenen Leben stellen
- Antworten auf diese Fragen kennen und beurteilen
- antike Mythen und moderne Weltbilder beschreiben
- Stellung nehmen zu unterschiedlichen Vorstellungen über den Anfang der Welt
- philosophische Methoden kennen und anwenden: fair miteinander diskutieren, über eigene Wahrnehmungen sprechen, mit Gedanken experimentieren, Begriffe definieren

Woher kommen wir? Wohin gehen wir? Wozu leben wir? Häufig sind es gerade Kinder und Jugendliche, die solche Fragen stellen. Sie besitzen noch die ursprüngliche Neugierde und geben sich mit dem üblichen Wissen nicht zufrieden. Die meisten Erwachsenen sind in ihrem Alltag so beschäftigt, dass sie das Interesse daran verloren haben. Doch Philosophen stellen sich die Aufgabe, diese Fragen wach zu halten und sie so weit wie möglich zu beantworten.
In diesem Kapitel lernst du wichtige Themen kennen, die in der Philosophie behandelt werden. Außerdem wirst du mit philosophischen Methoden vertraut gemacht, um auf die gestellten Fragen eigene Antworten zu finden.

1 Fragen und Antworten

M1 Fragen über Fragen

Wozu ist die Freiheit gut? Was wäre, wenn es keinen Tod gäbe? Kann man mit Bestimmtheit sagen, dass es einen Gott gibt? Warum haben Kinder weniger Freiheiten als Erwachsene? Wer unglücklich ist, merkt es sofort, doch wie steht es mit dem Glück? Woher weiß man, ob etwas lebendig ist? Kann man sich sein Leben aussuchen? Was ist, wenn man Lust hat, etwas Böses zu tun? Sind manche Arten von Leben wichtiger als andere?

nach Brigitte Labbé/Michel Puech, S. 10–11

M2 Wieso, weshalb, warum ...

In der Entwicklung der Kinder gibt es ein bestimmtes Alter, da stellen sie vor allem Warum-Fragen:

„Warum scheint die Sonne?“ „Warum ist die Blume rot, warum das Gras grün?“ „Warum heißt der Tisch ‚Tisch'?“ „Warum müssen die Menschen sterben?“ Mit solchen Fragen bringen die Kinder ihre Eltern oft zur Verzweiflung, denn die Eltern können die meisten Fragen nicht beantworten. Offensichtlich laufen die Eltern durch die Welt, ohne alles zu wissen. Aber ihr Nichtwissen stört sie nicht, sie finden sich auch zurecht, ohne über alles Bescheid zu wissen:
„Warum ist das Gras grün?“ – Antwort: „Weil es grün ist.“ Oder: „Weil der Himmel blau ist.“
Diese Antworten sind nur der äußeren Form nach Antworten, denn sie beginnen mit „weil“, aber in Wirklichkeit drücken sie etwas anderes aus: „Lass mich in Ruhe!“ Oder: „Ich weiß es nicht.“ Oder: „Die Welt ist, wie sie ist. Wir wissen nicht, warum sie so ist.“
Oft allerdings bemühen sich die Eltern ernsthaft um eine Antwort. Dann versuchen sie vielleicht, ihrem dreijährigen Kind das Sonnensystem zu erklären oder die Funktionsweise des Benzinmotors und so weiter. Das ist gar nicht so leicht, denn häufig können die Kinder schon Fragen stellen, deren Antworten sie noch gar nicht verstehen, weil sie im Denken noch nicht so geübt sind wie die Erwachsenen. *Roland Simon-Schaefer, S. 15*

METHODE

Fragen und Antworten

Um sich und die Welt zu verstehen, muss man richtig fragen lernen, aber das ist oft gar nicht so einfach. Überprüfe anhand der Checkliste, welche Probleme du hast, richtig zu fragen:

1. Glaubst du, dass du Hilfe benötigst, um zu erlernen, wie man richtig fragt, oder kannst du immer eine Frage formulieren?
2. Hast du manchmal Fragen, von denen du glaubst, dass sie überhaupt niemand beantworten kann?
3. Fragst du oft „Warum?" und warum tust du das?
4. Stört es dich, wenn andere immer „Warum?" fragen?
5. Was ist wichtiger: zu fragen oder zu antworten?

nach Matthew Lipman, Handbuch, S. 73

M3 Fragen lernen = Denken lernen

„Wir sind in der Schule, um zu lernen“, sagte Maria. „Wirklich?“, fragte Harry. „Was sollen wir lernen?“ „Antworten, nehme ich an.“ Maria fragte sich, worauf Harry hinaus wollte. Dann dachte sie, sie hätte es verstanden. „Nein, ich nehme das zurück. Wir sollen lernen, wie man Probleme löst.“
Markus blickte von Maria zu Harry, dann wieder zu Maria. „Sollen wir lernen, wie man Probleme löst“, fragte er schließlich verwundert, „oder sollen wir lernen, wie man Fragen stellt?“
Harry dachte, er wüsste die Antwort. „Wir sollen denken lernen“, sagte er.
„Wir lernen doch denken“, lautete Markus' Antwort, „aber wir lernen nie, selbständig zu denken. Die Lehrer wollen es nicht zugeben, aber ich habe eine eigene Meinung. Sie versuchen immer, meinen Kopf mit allem möglichen Abfall zu füllen, aber mein Kopf ist kein Abfallhaufen. Das macht mich verrückt.“
„Also gut, in welche Art von Schule würdest du denn gerne gehen?“, fragte Harry.

Matthew Lipman, Harry Stottelmeiers Entdeckung, S. 26-27

Aufgaben

1. Berichte, welche Fragen dich als Kind am meisten beschäftigt haben. Hast du von den Erwachsenen eine Antwort erhalten? ➜ M1
2. Stelle eine Liste von Fragen zusammen, die für dich immer noch eine besondere Bedeutung haben. ➜ M1/M2
3. Erkläre, warum manche Antworten nur scheinbar Antworten sind wie: „Warum ist der Himmel blau?" – Antwort: „Weil er blau ist." Wie stellst du dir eine echte Antwort vor? ➜ M2
4. Nenne Gründe, warum gerade Kinder Fragen stellen, die von den Erwachsenen selten gestellt und beantwortet werden. ➜ M2
5. Findet sinnvolle und sinnlose Fragen und Antworten. Überlegt gemeinsam, welche Fragen sinnlos sind, weil sie auch von den Erwachsenen nicht beantwortet werden können. ➜ M1/M2
6. Diskutiert, ob es die Aufgabe der Schule ist, den Kindern dabei zu helfen, sinnvolle Fragen zu stellen. ➜ M3
7. Schreibe den Text weiter, indem du Harry antwortest: „Wir sollten in der Schule ..." ➜ M3

2 Die Frage nach dem Sinn des Lebens

M1 Was Jugendliche denken

„Ich fühle mich vor allem in meiner Familie wohl. Konsum ist mir nicht so wichtig. Ich denke, dass ich auch mit weniger Geld auskomme. Wenn meine Familie gesund und zufrieden ist, bin ich auch glücklich. Dann würde ich sagen, ich hab, was ich will in meinem Leben."

Jonas

„Ich bin schon seit zwei Jahren Klassensprecherin und jetzt neu zur stellvertretenden Schülersprecherin gewählt worden. Ich habe gleich gesagt, das mache ich. Ich setze mich einfach gerne für andere ein. Familie und Freundschaften sind mir auch sehr wichtig. Die braucht man einfach."

Kathy

„Ich will vor allem Spaß haben im Leben. Hausaufgaben und Schule sind mir ziemlich egal. Mit dem Lernen auf den letzten Drücker komme ich schon durch. Wichtig sind mir meine Freunde. Und genug Geld will ich natürlich mal haben."

Ingo

Idee nach Klaus Hurrelmann/Mathias Albert, S. 345, 315, 331

M2 Warum wir leben

Viele Menschen haben unterschiedliche Hobbys. Manche sammeln alte Münzen oder Briefmarken, andere handarbeiten gern, noch andere widmen fast all ihre Freizeit einer bestimmten Sportart.

Viele lesen auch gern. Aber was wir lesen, ist sehr unterschiedlich. Einige lesen nur Zeitungen oder Comics, andere mögen Romane, noch andere ziehen Bücher über verschiedene Themen wie Astronomie, Tierleben oder technische Erfindungen vor.

Wenn ich mich für Pferde oder Edelsteine interessiere, kann ich nicht verlangen, dass alle anderen diese Interessen teilen. Wenn ich wie gebannt vor allen Sportsendungen im Fernsehen sitze, muss ich mich damit abfinden können, dass andere Sport öde finden.

Gibt es trotzdem etwas, das alle interessieren sollte? Gibt es etwas, das alle Menschen angeht – egal, wer sie sind oder wo auf der Welt sie wohnen? Ja, [...] es gibt Fragen, die alle Menschen beschäftigen sollten. [...] Was ist das Wichtigste im Leben? Wenn wir jemanden in einem Land mit Hungersnot fragen, dann lautet die Antwort: Essen. [...] Alle Menschen müssen natürlich essen. Alle brauchen auch Liebe und Fürsorge. Aber es gibt noch etwas, das alle Menschen brauchen. Wir haben das Bedürfnis herauszufinden, wer wir sind und warum wir leben. *Jostein Gaarder, S. 19*

Wortbedeutungen: Ziel, Zweck, Sinn

INFO

Du kannst die Begriffe Ziel, Zweck und Sinn wie folgt unterscheiden:

Ziel: Menschen haben Ziele, durch die sie wissen, was sie im Leben erreichen wollen: einen Beruf anstreben, eine Familie gründen usw.

Zweck: Einen Zweck verwirklicht man mit Hilfe einer bestimmten Handlung, die dazu als Mittel dient (ein Schüler besorgt sich ein Heft, um darin seine Hausaufgaben zu machen).

Sinn: *Den* Sinn „gibt" es nicht. Vielmehr geben wir Menschen unserem Leben *einen* Sinn, indem wir uns darum bemühen und indem wir darüber auch gemeinsam sprechen.

M3 Woher – wohin?

„Guten Tag“, sagte der kleine Prinz.
„Guten Tag“, sagte der Weichensteller.
„Was machst du da?“, sagte der kleine Prinz.
„Ich sortiere die Reisenden nach Tausenderpaketen“, sagte der Weichensteller. „Ich schicke die Züge, die sie fortbringen, bald nach rechts, bald nach links.“
Und ein lichterfunkelnder Schnellzug, grollend wie der Donner, machte das Weichenstellerhäuschen erzittern.
„Sie haben es sehr eilig“, sagte der kleine Prinz. „Wohin wollen sie?“ „Der Mann von der Lokomotive weiß es selbst nicht“, sagte der Weichensteller.
Und ein zweiter blitzender Schnellzug donnerte vorbei, in entgegengesetzter Richtung.
„Sie kommen schon zurück?“, fragte der kleine Prinz.
„Das sind nicht die Gleichen“, sagte der Weichensteller. ,,Das wechselt.“
„Waren sie nicht zufrieden dort, wo sie waren?“
„Man ist nie zufrieden dort, wo man ist“, sagte der Weichensteller. Und es rollte der Donner eines dritten funkelnden Schnellzuges vorbei. „Verfolgen diese die ersten Reisenden?“, fragte der kleine Prinz. „Sie verfolgen gar nichts“, sagte der Weichensteller. „Sie schlafen da drinnen oder sie gähnen auch. Nur die Kinder drücken ihre Nasen gegen die Fensterscheiben.“
„Nur die Kinder wissen, wohin sie wollen“, sagte der kleine Prinz. „Sie wenden ihre Zeit an eine Puppe aus Stoff-Fetzen, und die Puppe wird ihnen sehr wertvoll, und wenn man sie ihnen wegnimmt, weinen sie. [...] “
„Sie haben es gut“, sagte der Weichensteller.

Antoine de Saint-Exupéry, S. 72-73

METHODE

Das sokratische Gespräch

Wenn ihr in eurer Klasse über ein bestimmtes Thema diskutieren wollt, haltet ihr euch am besten an die Methode des antiken Philosophen Sokrates und beachtet dabei die folgenden Regeln:

1. Jeder soll seine persönliche Meinung vernünftig begründen.
2. Dazu dienen eigene Beispiele oder selbst erlebte Erfahrungen.
3. Jeder ist dazu verpflichtet, den anderen ausreden zu lassen und ihm genau zuzuhören.
4. Nehmt Rücksicht und respektiert die andere Meinung.
5. Ideal ist es, wenn sich die Gesprächsteilnehmer am Ende einig sind. Doch das Gespräch ist auch dann gelungen, wenn man über die unterschiedlichen oder gar gegensätzlichen Meinungen möglichst Klarheit erzielt und dann wechselseitige Toleranz übt.

Aufgaben

1. Bildet drei Gruppen, teilt die Zitate auf und entwerft zu jedem Zitat eine Szene, die typisch für die jeweilige Lebenseinstellung ist. Spielt euch die Szenen gegenseitig vor und diskutiert darüber. ➜ M1
2. Welchem der Jugendlichen würdest du am ehesten zustimmen? Bewerte die unterschiedlichen Lebenseinstellungen. ➜ M1
3. Führt unter Schülern und Schülerinnen, Eltern und Lehrern eine Umfrage durch: „Was hältst du in deinem Leben für besonders wichtig?" Oder: „Welchen Sinn geben Sie Ihrem Leben?" Vergleicht die Ergebnisse und wertet sie aus. ➜ M1
4. Versucht gemeinsam, eine Antwort zu geben auf die Frage: „Wozu leben wir?" ➜ M2
5. Fasse den Sinn der Geschichte vom kleinen Prinzen in eigenen Worten zusammen. ➜ M3
6. Diskutiert, ob die Kinder besser als die Erwachsenen wissen, wohin die „Reise des Lebens" geht. ➜ M3
7. Führt ein sokratisches Gespräch über das Thema „Der Sinn des Lebens" durch. Beantwortet dabei die Frage: „Was ist mir in meinem Leben besonders wichtig?" ➜ Methodenkasten

▶ Glossar: Konsum, Sokrates, Toleranz

3 Das Rätsel der Zeit

M1 Das Rätsel der Zeit

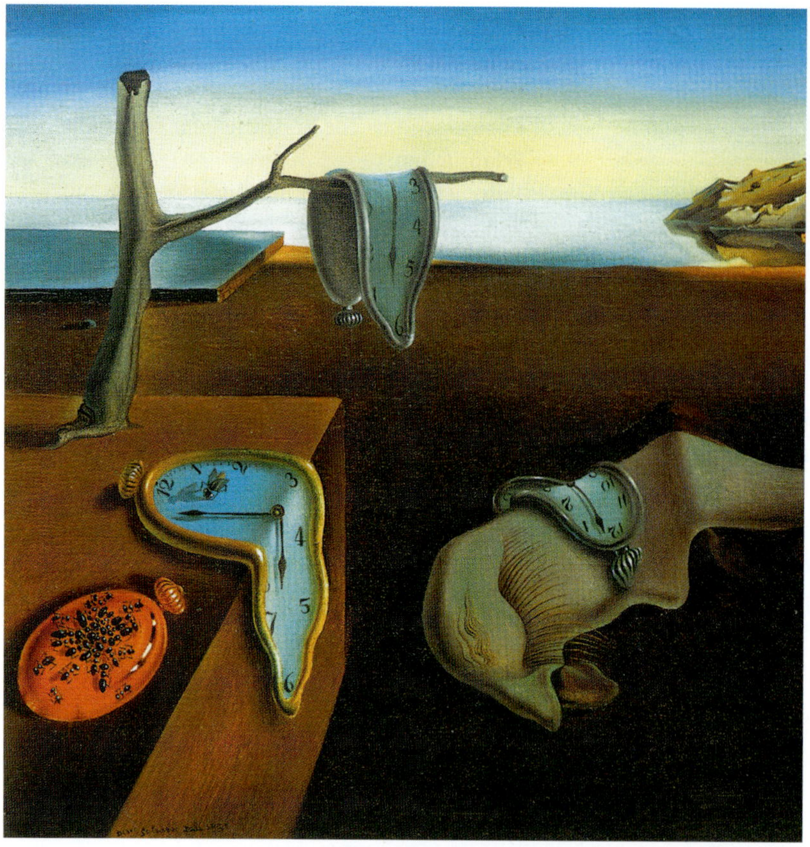

Salvador Dalí, Die Beständigkeit der Erinnerung, 1931

M3 Zeit haben ...

„Guten Tag", sagte der kleine Prinz. „Guten Tag", sagte der Händler. Er handelte mit höchst wirksamen, durststillenden Pillen. Man schluckt jede Woche eine und spürt überhaupt kein Bedürfnis mehr, zu trinken. „Warum verkaufst du das?", sagte der kleine Prinz. „Das ist eine große Zeitersparnis", sagte der Händler. „Die Sachverständigen haben Berechnungen angestellt. Man erspart dreiundfünfzig Minuten in der Woche."
„Und was macht man mit diesen dreiundfünfzig Minuten?"
„Man macht damit, was man will [...]."
„Wenn ich dreiundfünfzig Minuten übrig hätte", sagte der kleine Prinz, „würde ich ganz gemächlich zu einem Brunnen laufen [...]."

Antoine de Saint-Exupéry, S. 74

M2 Was ist Zeit?

Denn was ist Zeit? Wer könnte das leicht und kurz erklären? [...] Und doch – können wir ein Wort nennen, das uns vertrauter und bekannter wäre als die Zeit? Wir wissen genau, was wir meinen, wenn wir davon sprechen, verstehen's auch, wenn wir einen andern davon reden hören. Was also ist die Zeit? Wenn niemand mich danach fragt, weiß ich's. Will ich's aber einem Fragenden erklären, weiß ich's nicht. Doch sage ich getrost: Das weiß ich, wenn nichts verginge, gäbe es keine vergangene Zeit. Wenn nichts käme, gäbe es keine zukünftige Zeit. Und wenn nichts wäre, gäbe es keine gegenwärtige Zeit.

nach Aurelius Augustinus, Das Wesen der Zeit, S. 238-239

M4 Eine Stunde ist nicht eine Stunde

Die Zeit messen wir mit Hilfe von Uhren. Die Uhren richten sich wiederum nach der Bewegung der Erde um die Sonne: die Zeiger am Wechsel von Tag und Nacht innerhalb 24 Stunden, die Anzeige des Datums von Tag und Monat an den 365 Tagen eines Jahres. Die so gemessene Zeit ist immer gleich, egal wer sie misst und was in ihr passiert.
Wenn wir Menschen jedoch in der Zeit leben, erfahren wir die Zeit unterschiedlich lang. In einer langweiligen Unterrichtsstunde dauert es furchtbar lang, bis es endlich klingelt. Ist der Unterricht hingegen spannend und abwechslungsreich, vergeht die Stunde, ohne dass wir es merken. So ist es auch, wenn wir

krank im Bett liegen müssen und die Tage uns wie eine Ewigkeit vorkommen. Lang wird uns die Zeit auch, wenn wir uns auf etwas Schönes freuen wie Weihnachten oder Ferienbeginn und wenn wir die Tage bis dahin zählen. Unternehmen wir jedoch etwas Schönes, wundern wir uns am Ende, wie schnell die Zeit vergangen ist.
Daher sprechen wir von „Langeweile“, womit wir meinen, ein Zustand dauert für uns eine viel zu lange Weile. Das altmodische Wort „kurzweilig“ bedeutet dagegen, dass uns zum Beispiel ein Kinofilm oder eine Fernsehsendung so fesselt, dass wir die Weile ihrer Dauer für ganz kurz halten.

M5 Mein Tag – meine Woche

Zeichne einen Tages- und einen Wochenablauf auf. Teile die Tage in Stunden ein und vermerke, wie du sie verbracht hast. Zum Beispiel:

MONTAG:

6.30 Aufstehen, Duschen, Frühstücken
7.30 Schule
13.30 Mittagessen
14.30 Hausaufgaben
16.00 Fußball usw.

Beantworte dann folgende Fragen:
Wann hast du Langeweile, wann Stress empfunden?
Wann hast du die Zeit richtig genutzt, wann hast du sie vertrödelt?
Wofür würdest du gerne mehr Zeit haben?
Wofür möchtest du weniger Zeit aufwenden?
Wie kannst du erreichen, dass du deine Zeit so gestaltest, wie es deiner Entwicklung und deinen Wünschen entspricht?

M6 Zeiteinteilung

Das folgende Diagramm stellt den Zeitraum einer Woche dar. Wenn du die Zeit gleichmäßig aufteilen würdest auf Lernen/Arbeiten, Freizeit, Familie und Freundschaft, lebenserhaltende Aktivitäten (Essen, Trinken, Schlafen), dann würde sich folgende Aufteilung ergeben:

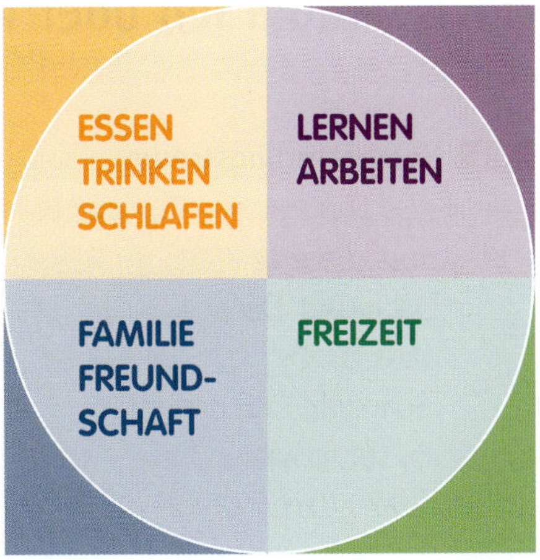

Beschreibe in Stichworten, was du in den einzelnen Bereichen tust:
- Lernen/Arbeiten = ... Stunden
- Familie/Freundschaft = ... Stunden
- Freizeit = ... Stunden
- Essen/Trinken/Schlafen = ... Stunden

Trage nun deine wöchentliche Zeiteinteilung in einen leeren Kreis ein. Betrachte in Ruhe das Diagramm, das du gezeichnet hast und überlege, ob du mit deiner Zeiteinteilung zufrieden bist.

nach Klaus W. Vopel, S. 163ff.

Aufgaben

1 Erfinde eine Geschichte zu dem Bild oder male ein eigenes Bild über das Rätsel der Zeit. ➜ M1

2 „Was ist Zeit?“ Versuche, die Frage zu beantworten und formuliere das Problem, das Augustinus mit einer Antwort auf diese Frage hat. Geht es dir ebenso? ➜ M2

3 Beschreibe die verschiedenen Vorstellungen, die der Händler und der kleine Prinz von der Zeit haben. ➜ M3

4 a) Berichte von Situationen, in denen dir die Zeit besonders „lang“ vorkam. ➜ M4
b) Begründe, warum du in anderen Situationen das Vergehen der Zeit gar nicht bemerkt hast. ➜ M4

5 Schreibe einen Bericht über ein Erlebnis, das sich in sehr kurzer Zeit ereignet hat, wie zum Beispiel ein Sturz mit dem Fahrrad. Versuche, dieses Ereignis möglichst ausführlich darzustellen, so dass das Vorlesen des Berichts viel länger dauert als der berichtete Fall. ➜ M4

▶ Glossar: Diagramm, Aurelius Augustinus, Zeit

4 Träum ich oder wach ich?

M1 Schmetterlingstraum

Einst träumte
Dschuang Dschou,
dass er ein
Schmetterling sei,
ein flatternder
Schmetterling,
der sich wohl und
glücklich fühlte
und nichts wusste von
Dschuang Dschou.

Plötzlich
wachte er auf:
da war er wieder
wirklich und wahrhaftig
Dschuang Dschou.

Nun weiß ich nicht,
ob Dschuang Dschou
geträumt hat,
dass er ein
Schmetterling sei,
oder ob der
Schmetterling
geträumt hat,
dass er
Dschuang Dschou sei [...].

Zhuang Zi (Dschuang Dsi)

M2 Etwas über Träumer und das Träumen

Es gibt Menschen, die behaupten allen Ernstes, dass sie nie träumen würden. Lippels Vater war so einer, zum Beispiel.

Er sagte immer: „Heute Nacht habe ich wieder tief und traumlos geschlafen.“

Dass er tief geschlafen hatte, mochte ja stimmen. Doch traumlos schlief er gewiss nicht. Jeder Mensch träumt nämlich, während er schläft.

Aber manche Menschen vergessen sofort wieder, was sie geträumt haben, und meinen am nächsten Morgen, sie hätten überhaupt nicht geträumt.

Dann gibt es Menschen, die können sich beim Aufwachen noch an jede Einzelheit ihres Traumes erinnern. Das war bei Lippel so. Er träumte so lebhaft und vor allen Dingen so eindringlich, dass er manchmal in der Erinnerung Traum und Wirklichkeit nicht mehr auseinander halten konnte.

Mit manchen Erinnerungen hatte er keine Schwierigkeiten: Wenn er sich zum Beispiel ganz deutlich an einen Schwarm kleiner grüner Elefanten, an eine Henne mit Vorderradantrieb oder an zwei Kopf stehende Politessen erinnerte, wusste er sofort, dass sie nur aus einem Traum stammen konnten. Aus einem recht unsinnigen noch dazu.

Schwieriger war es mit Erinnerungen, die mit ganz normalen Dingen zusammenhingen, mit Leuten, die er kannte, oder mit Sachen, die er erlebt hatte. Da wusste er manchmal nicht, ob es echte Erinnerungen waren oder Erinnerungen an einen Traum. Einmal hatte er im Traum besonders lange an seinen Hausaufgaben gesessen und prompt kam er am nächsten Tag ohne Hausaufgaben in die Schule. Er dachte, er hätte sie wirklich gemacht.

Und es kam vor, dass er seine Mutter fragen musste: „Haben wir letzte Woche wirklich einen Brief von Opa und Oma aus Australien bekommen oder habe ich das nur geträumt?“

Manche Menschen, die sehr eindringlich träumen und ihre Träume ernst nehmen, können ihre Träume lenken. Lippel schaffte das zuweilen auch.

Während eines Angsttraumes sagte er manchmal: „Also, das geht mir jetzt wirklich zu weit, das mache ich nicht länger mit!“ Und schon wachte er auf.

Bei schönen Träumen gelang es ihm manchmal, sie ein bisschen in die Länge zu ziehen.

Und zuweilen (ganz selten allerdings) konnte er sich sogar vornehmen, wovon er träumen wollte, und das klappte dann auch wirklich. *Paul Maar, S. 58-59*

M3 Traum und Wirklichkeit

„Wenn wir jede Nacht
das Gleiche träumten,
würde es uns genau so
beschäftigen wie alles,
was wir täglich sehen.

Wenn ein Handwerker
sicher sein könnte,
jede Nacht zwölf Stunden
lang zu träumen, er sei
König, so wäre er ebenso
glücklich wie ein König,
der jede Nacht zwölf
Stunden lang träumte,
er sei ein Handwerker."

Diese Sätze hat Blaise Pascal geschrieben. Das war ein Philosoph und Mathematiker, der im 17. Jahrhundert in Frankreich lebte. (Er hat sich zum Beispiel die erste Rechenmaschine ausgedacht.)
Pascal hatte die Gewohnheit, seine Ideen, Gedanken, Einfälle auf kleine Zettel zu schreiben, um sie nicht zu vergessen.
Nach seinem Tod fand man in seiner Wohnung einen ganzen Stapel solcher kreuz und quer beschriebener Papiere. Es war sehr schwierig, sie überhaupt zu entziffern. Aber seine Notizen waren so lesenswert, dass man sie in einem Buch veröffentlichte, das man „Gedanken" nannte. (Auf Französisch heißt das „Pensées".)

Paul Maar, S. 5

Stell dir vor, wie es wäre, wenn jemand tatsächlich jede Nacht vom Gleichen träumte. Könnte der überhaupt noch zwischen Traum und Wirklichkeit unterscheiden?

METHODE

Gedankenexperiment

Im Gedankenexperiment denkt man sich etwas aus, was in der Wirklichkeit nicht der Fall ist. So begibt man sich auf einen fantastischen Ausflug in die Vorstellung nicht wirklicher Welten. Auf diese Weise können neue Fragen gestellt und neue Antworten gefunden werden.

Und so führt man Gedankenexperimente durch:

1. Stellt Fragen wie: „Was wäre, wenn ...". Ein Beispiel ist auch die Frage von M3: „Stell dir vor, wie es wäre ...".
2. Spielt die vorgestellte Situation in Gedanken durch.
3. Bezieht die entsprechenden Folgerungen auf das ursprüngliche Problem. In unserem Beispiel: Wie können wir tatsächlich zwischen Traum und Wirklichkeit unterscheiden?

Aufgaben

1. Versetze dich in Dschuang Dschou, der träumt, dass er ein Schmetterling sei. Beschreibe deine Gefühle und Gedanken. Was geht ihm wohl durch den Kopf, als er wieder aufwacht? ➜ M1
2. Gib das Problem, das im letzten Absatz formuliert wird, in eigenen Worten wieder. ➜ M1
3. Erkläre, warum manche Träume als solche leicht zu erkennen sind und warum es bei anderen Träumen „schwieriger" ist, sie vom wirklichen Leben zu unterscheiden. ➜ M2
4. Berichte von ähnlichen Erlebnissen mit deinen eigenen Träumen. ➜ M2
5. Führe das Gedankenexperiment durch: „Stell Dir vor, wie es wäre, wenn jemand tatsächlich jede Nacht vom Gleichen träumte." Beantworte die daran anschließende Frage: „Könnte der überhaupt noch zwischen Traum und Wirklichkeit unterscheiden?" ➜ M3
6. Erstellt gemeinsam eine Liste mit Merkmalen, an denen ihr den Unterschied zwischen Traum und Wirklichkeit zu erkennen glaubt. ➜ M1–M3

5 Leib und Seele

M1 Den Leib spüren – drei Übungen

Wir merken von unserem Körper oft erst dann etwas, wenn er schmerzt, müde wird oder nicht so funktioniert, wie wir wollen. Er verdient aber mehr Aufmerksamkeit. Denn das Ich und der Leib sind nichts Getrenntes. Wenn ich meinen Leib spüre, dann spüre ich mich selbst. Ich merke dann, dass meine Hände zu Fäusten geballt sind, und frage mich: Was steckt dahinter? Ich merke, dass ich meine Schultern immer ein wenig hochziehe. Wovor habe ich Angst? Ich merke, dass ich nur flach atme. Was behindert meine Entspannung?

Übung 1: Bewusstes Gehen

Geht – auf dem Schulhof, auf einer nahen Wiese – fünf Minuten bewusst und aufmerksam. Versucht, beim Gehen das Gehen selbst zu spüren. Berichtet, was ihr gemerkt habt.

Übung 2: Body-Scan

Du sitzt entspannt auf deinem Stuhl (noch besser wäre es, zu liegen). Schließe die Augen und wandere in Gedanken durch deinen Körper.
(Einer liest langsam mit deutlichen Pausen vor:)

Zu beachten sind: der Kopf (hier vor allem der Kiefer), der Hals,
der Oberkörper (achte auf das Atmen),
wandere im linken Arm bis in die Spitzen der einzelnen Finger,
im rechten Arm bis in die Fingerspitzen,
vom Arm über den Oberkörper zur Mitte des Leibes etwa in Höhe des Bauchnabels. (Wie atmest du?)
Spüre den Unterleib. (Ja, da auch.)
Wandere das linke Bein bis hinunter in die Zehen.
Wandere wieder hoch und das rechte Bein hinunter bis in die Zehen.
Wieder hoch in die Mitte.
Dann: Versuche, den ganzen Leib mit einem Mal zu spüren.
Wie empfandest du die Übung? Spürst du, wo sich alles befindet?

Übung 3: Artist

Kannst du einen Stock auf dem Zeigefinger balancieren? Mit drei Bällen jonglieren? Kannst du Einrad oder Skateboard fahren? Wie macht der Körper das nur?

M2 Der Seelenvogel

Tief, tief in uns wohnt die Seele. Noch niemand hat sie gesehen, aber jeder weiß, dass es sie gibt. Und jeder weiß auch, was in ihr ist. In der Seele, in ihrer Mitte, steht ein Vogel auf einem Bein. Der Seelenvogel. Und er fühlt alles, was wir fühlen. Wenn uns jemand verletzt, tobt der Seelenvogel in uns herum; hin und her, nach allen Seiten, und alles tut ihm weh.

Wenn uns jemand lieb hat, macht der Seelenvogel fröhliche Sprünge, kleine, lustige, vorwärts und rückwärts, hin und her. Wenn jemand unseren Namen ruft, horcht der Seelenvogel auf die Stimme, weil er wissen will, ob sie lieb oder böse klingt. Wenn jemand böse auf uns ist, macht sich der Seelenvogel ganz klein und ist still und traurig. Und wenn uns jemand in den Arm nimmt, wird der Seelenvogel in uns größer und größer, bis er uns fast ganz ausfüllt. So gut geht es ihm dann.

Michal Snunit

M3 Was Kinder über die Seele wissen wollen

Kinder im Alter von etwa zehn Jahren unterhalten sich über die Seele. Dabei werden folgende Fragen gestellt:

Wie groß ist die Seele? Ist sie größer oder kleiner als der Körper?

Welche Form hat sie?
Hat sie immer dieselbe Form?

Welche Farbe hat sie,
ist sie eher hellblau oder hellgrün?

Wo befindet sie sich?

Braucht sie den Körper?
Kann sie außerhalb des Körpers sein?

Kann die Seele fliegen?

M4 Was ein Pfarrer über die Seele sagt

Jedes Mal, wenn ich vor einer Urne stehe, wird mir klar, dass diese Handvoll Asche nichts mit dem Wesen gemein hat, von dem man im Leben so viel Liebe empfangen durfte. Im Anblick der Urne wächst in mir die Gewissheit, dass das Eigentliche des Menschen durch kein Feuer vernichtbar, durch keine Umstände zerstörbar ist. Dieses Unzerstörbare, dieses Eigentliche der Person, also das, was uns zu dem macht, der wir sind, nennen wir Seele. Wir Menschen haben eine Seele, weil wir um uns selber wissen, um unsere Endlichkeit und Hoffnung. Weil wir lieben und geliebt werden. Weil wir Gott kennen oder ihn (ver-)leugnen.

Klaus Hurtz in: Rheinische Post, 21.10.2006

M5 Was ein Psychologe sagen könnte

Was die Seele ist? Wir Psychologen sprechen lieber von der Psyche, um kein Missverständnis aufkommen zu lassen. Die Psyche des Menschen ist die Gesamtheit „innerer" Vorgänge und Zustände wie z. B. wahrnehmen, denken, fühlen, phantasieren, erinnern, wollen und wünschen sowie Stimmungen und Einstellungen.

M6 Was ein antiker Philosoph über die Seele denkt

Die Seele ist etwas Aktives, das belebend auf den Körper wirkt. Sie besteht aus drei Teilen:

Ein Teil ist der Antrieb, den der Mensch mit den Tieren gemeinsam hat wie Hunger und Durst oder Fortpflanzungstrieb.

Ein Teil ist die Vernunft des Menschen, der durch sie in der Lage ist, seine Triebe und Leidenschaften zu beherrschen.

Und ein Teil befindet sich zwischen Trieb und Vernunft. Er heißt „Mut" und soll die Vernunft dabei unterstützen, die Begierden zurückzudrängen. Dieser Teil ist zwar selbst nicht vernünftig, wohl aber dazu fähig, auf die Vernunft zu hören. Dadurch kann er dem Triebteil gleichsam mitteilen, zu welchem Handeln die Vernunft rät.

nach Aristoteles

METHODE

Begriffsanalyse

Wie könnt ihr den Begriff „Seele" definieren? Eine Methode besteht darin, einen Gegensatz zu finden wie zum Beispiel Leib und Seele. Dadurch wird der Begriff der Seele *nach außen* abgegrenzt. Eine andere Methode besteht darin, den Begriff der Seele *nach innen* zu füllen, in diesem Fall mit Hilfe der Seelenteile des Aristoteles.

Auf diese Weise könnt ihr die folgende Begriffspyramide erstellen:

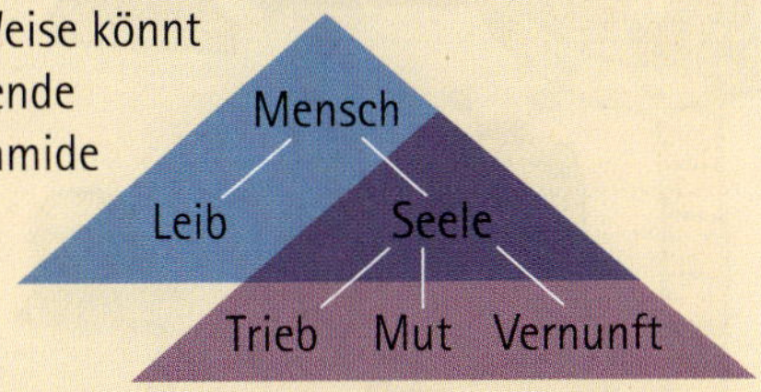

In der modernen Philosophie unterscheidet man nochmal zwischen den Begriffen „Körper" und „Leib", je nach Blickwinkel: Vom „Körper" spricht man, wenn man ihn von außen betrachtet, z. B. als einen Gegenstand der Untersuchung in der Medizin. Vom „Leib" spricht man, wenn man seinen eigenen Körper wahrnimmt oder fühlt – wie bei den Übungen in M1.

Aufgaben

1 Führe die Übungen 1-3 durch. Beschreibe deine eigenen Empfindungen. ➜ M1
2 Zeichne den „Seelenvogel" eines Menschen, der glücklich ist, und den Seelenvogel eines Menschen, der traurig ist. ➜ M2
3 Schreibe eine Geschichte, in der „dein Seelenvogel" etwas fühlt, was auch du fühlst. ➜ M2
4 Versuche, die Fragen der Kinder nach der Seele zu beantworten. ➜ M3
5 Gib die unterschiedlichen Aussagen zur Seele mit eigenen Worten wieder. ➜ M4-M6
6 Übertrage die Begriffspyramide in dein Heft und ergänze sie mit eigenen Eintragungen zum Begriff des Leibes. ➜ Methodenkasten
7 Bilde Sätze, in denen jeweils der Begriff „Körper" der angemessene Begriff ist, und Sätze, in denen der Begriff „Leib" verwendet werden muss. ➜ Methodenkasten
8 Nehmt Stellung zu den Auffassungen über die Seele. Begründet eure Meinung dazu. ➜ M4-M6

▶ Glossar: Analyse, Aristoteles

1 Zurück zum Anfang

M1 Zeittafel

M2 Reisen mit der Zeitmaschine

Stell dir vor, du hättest eine Maschine, mit der man in die Vergangenheit reisen könnte. Nur ein paar Jahre oder auch ganz weit zurück – so weit, wie du es eben möchtest. Mit einem kleinen Hebel ließe sich bestimmen, ob die Maschine dich 1 Jahr, 10 Jahre oder sogar 100 Jahre in die Vergangenheit mitnimmt. Du könntest zum Beispiel deine Eltern in ihrer Kindheit besuchen und sehen, wie sie mit ihren Eltern klarkamen. Vielleicht möchtest du auch gerne deine Ururgroßeltern kennenlernen. Alles möglich: ein kleiner Zug am Hebel und das Rad der Zeit fängt an, sich zurückzudrehen.

Seine eigenen Vorfahren kennenzulernen wäre schon toll. Aber wäre nicht auch ein Besuch bei den Rittern aufregend? Oder sogar bei den alten Römern? Schließlich wolltest du immer schon mal einen richtigen Gladiatorenkampf sehen. Etwas Schlimmes zustoßen könnte dir in der Maschine natürlich nicht, du müsstest nur rechtzeitig den Unsichtbarkeits-Schutzmodus aktivieren.

Vielleicht solltest du noch ein wenig weiter gehen. Warum nicht einmal einen lebenden Säbelzahntiger oder gar Dinosaurier sehen? Dann würde deiner Karriere als echter Kenner von Vorzeit-Tieren oder als größter Dinosaurier-Forscher aller Zeiten nichts mehr im Wege stehen!

Aber was wäre, wenn du den Schalter bis ganz an den Anfang zurückschiebst? An den Anfang der Welt!

Zeitmaschine aus dem Film Time Machine *(1960) von George Pal*

M3 Viktoria und der Anfang der Menschheit

Die kleine Viktoria machte ein nachdenkliches Gesicht, während sie dem winzigen Wesen auf ihrem Arm über das Gesicht streichelte. „Papa, woher kommen eigentlich Babys?"

Ihr Vater sah auf. Er hatte sich schon gedacht, dass diese Frage kommen würde. „Also, wenn sich zwei Menschen so richtig gerne mögen ..."

Viktoria lachte los. „Ach Papa, das weiß ich doch alles schon. Ich möchte wissen, warum es überhaupt Babys gibt. Warum bekommen Menschen Kinder?"

Auch ihr Vater fing an zu lachen. „Na, weil alles Leben sich fortpflanzen muss", erklärte er. „Wenn keine neuen Menschen geboren würden, dann würde es bald keine Menschheit mehr geben. Irgendwann wären alle gestorben."

„Stimmt!" Viktoria nickte. „Wenn Menschen immer Babys bekommen, wird es immer Menschen geben, ganz klar. Und dass ihr ebenfalls Eltern hattet und diese ebenfalls und immer so weiter, das verstehe ich auch."

Ihr Papa lächelte. „Genau. Das geht schon viele tausend Jahre so. Kinder werden geboren, die als Erwachsene selber Kinder bekommen."

Trotzdem war Viktoria noch nicht zufrieden. „Aber irgendwann einmal", sagte sie zögernd, „da muss es doch den allerersten Menschen gegeben haben, mit dem alles angefangen hat, die ganze lange Reihe von Mamas, Papas und Babys. Oder?"

M4 Viele Fragen – viele Antworten

Aufgaben

1 Beschreibe die Abbildung. Was war wann? → M1
2 Gestaltet in Gruppen eigene Zeitleisten zu einem bestimmten Thema und versucht, so weit wie möglich in die Vergangenheit zurückzugehen. → M1
3 Führt das Gedankenexperiment einer Reise in die Vergangenheit durch. In welche Zeit würdest du am liebsten zurückreisen? → M2
4 Formuliere eine Antwort auf die letzte Frage. → M2
5 Spielt die Szene nach und überlegt euch eine Antwort des Vaters. → M3
6 Sucht euch drei Fragen aus und sprecht darüber. → M4

2 Mythen erklären die Welt

M1 Woher kommt die Welt?

Sofie erhält einen Brief mit der rätselhaften Frage: „Woher kommt die Welt?"

Nein, das wusste sie wirklich nicht. Sofie wusste natürlich, dass die Welt nur ein kleiner Planet im riesigen Weltraum war. Aber woher kam der Weltraum? Es war natürlich denkbar, dass der Weltraum immer schon da gewesen war; dann brauchte sie auch keine Antwort auf die Frage zu finden, woher er gekommen war. Aber *konnte* etwas denn ewig sein? Irgendetwas in ihr protestierte dagegen. Alles, was existiert, muss doch einen Anfang haben. Also musste irgendwann der Weltraum aus etwas anderem entstanden sein. Aber wenn der Weltraum plötzlich aus etwas anderem entstanden war, dann musste dieses andere ebenfalls irgendwann aus etwas anderem entstanden sein. Sofie begriff, dass sie das Problem nur vor sich hergeschoben hatte. Schließlich und endlich musste irgendwann irgendetwas aus null und nichts entstanden sein. Aber war das möglich? War diese Vorstellung nicht ebenso unmöglich wie die, dass es die Welt immer schon gegeben hatte?

Jostein Gaarder, S. 14

Tiamat rüstet sich als Drache zum Kampf mit Marduk.

Maria Sebald

M2 Der Götterkampf

Die Babylonier erzählten:

Am Anfang gab es nur das Wasser, den Süßwasserozean Apsu und den Salzwasserozean Tiamat. Apsu war zugleich der Erzeugergott, Tiamat war seine Frau, zusammen hatten sie viele Kinder. Aber ihre Nachkommen lehnten sich gegen die ersten Götter auf. Ea, der junge Gott der Weisheit und Herr des Meeres, verzauberte Apsu und tötete ihn im Schlaf, dann baute er sich aus dem Körper des Apsu einen Palast, darin wohnte er mit seinem wunderbaren Sohn Marduk.

Aber noch gab es keinen Frieden. Tiamat rüstete sich zum Kampf, um ihren Mann Apsu zu rächen. Sie erschien als ein fürchterlicher Drache, umgeben von giftigen Riesenschlangen, Hunden, Skorpionen, Stürmen und Ungeheuern.

Die jüngeren Götter bekamen alle große Angst und übertrugen Marduk alle Macht. Der ergriff eine Menge Blitze und zog aus zum Kampf. Er rief die vier Winde und befahl ihnen, Tiamat in einem riesigen Netz zu fangen. Und er schuf einen Wirbelwind und Orkan, der Tiamat bekämpfen musste. Er beschoss sie mit Pfeilen, dann spaltete er ihren Leib und zerschnitt ihr Herz. Endlich war der Kampf zu Ende, und Marduk konnte aus dem Leichnam der Tiamat die Erde erschaffen. Er teilte sie in zwei Teile, den Himmel und die Erde. Zuletzt bildete er mit Hilfe Eas die Menschen, und diese wieder bauten ihm aus Dankbarkeit eine Stadt: Babylon.

Ottheinrich Knödler u. a. (Hrsg.), S. 188-189

M3 Der finstere Abgrund

Die alten Germanen erzählten:

Einst gab es eine Zeit, da alles nicht war. Nicht Erde und Meer noch der Himmel darüber mit seinen unzähligen Sternen. Da war nichts als ein ungeheurer finsterer Abgrund: Ginnungagap, die gähnende, lautlose, tote Kluft. Aber in dem grenzenlosen, schweigenden All lebte Fimbultyr, der geheimnisvolle, große und allmächtige Weltgeist, den nie ein Auge gesehen. Allvater ist's, der Starke droben, der alles lenkt und ewige Satzung verordnet. Und nach seinem Willen entstand im hohen kalten Norden das finstere Nebelreich Nifelheim und fern im Süden Muspelheim, das Reich der Glut, des Feuers.

Und ein Brunnen entsprang im urkalten Nifelheim: Hwergelmir, der brausende Kessel. [...] Indes zischte und blitzte es in Muspelheim von umherstiebenden Feuerfunken. Aus tausend Essen sprühte und leuchtete die rote Glut, und die Hitze war so groß, dass nur einer sie zu ertragen vermochte: Surtur, der Herr des Flammenreiches Muspelheim. Auf sein flammendes Schwert gestützt, saß er auf einem Felsblock und beobachtete, wie die Funken von seinen Essen über den gähnenden Abgrund nach Nifelheim hinüberflogen, um dort eine neue Welt voll großen, reichen Lebens zu schaffen.

Hubertus Halbfas, S. 124

M4 Sofies Mythos

Der Winter hatte das Land mit eisigem Griff gepackt, weil der böse Muriat die schöne Prinzessin Sikita in einem kalten Kerker gefangen hielt. Aber eines Morgens kam der tapfere Prinz Bravato und befreite sie. Sikita war so froh, dass sie anfing, über die Wiesen zu tanzen, während sie ein Lied sang, das sie im kalten Kerker gedichtet hatte. Jetzt waren Erde und Bäume so gerührt, dass aller Schnee sich in Tränen verwandelte. Aber auch die Sonne erschien am Himmel und trocknete alle Tränen. Die Vögel übernahmen Sikitas Lied, und als die schöne Prinzessin ihre goldenen Haare löste, fielen einige Locken zu Boden, wo sie zu den Lilien auf dem Felde wurden ...

Jostein Gaarder, S. 37

INFO

Mythen

Mythen (griechisch *mythos* = Wort, Rede, Erzählung, Fabel, Sage) sind uralte Erzählungen von der Entstehung der Welt und der Menschen durch das Wirken der Götter. Völker der Frühzeit versuchten, durch Mythen in Bildern und Symbolen den Sinn des Lebens, alltägliche und alljährliche Vorgänge in der Natur, aber auch Unbegreifliches wie den Tod zu erklären.

Aufgaben

1. Schreibe Sofies Denkschritte in Gedankenstrichen untereinander: ➜ M1
   - der Weltraum ist da, er existiert
   - entweder war die Welt immer schon da, ... usw.
2. Hier ist von mehreren Göttern und den Menschen die Rede. Zeichnet auf, wie sie entstanden und wie sie miteinander „verwandt" sind. ➜ M2
3. Was erfahrt ihr über Ginnungagap, Nifelheim und Muspelheim? Schreibt die wichtigsten Informationen heraus. ➜ M3
4. Schreibe den Mythos fort. Wie könnte die „neue Welt voll großen, reichen Lebens" entstanden sein? Was könnte alles zu ihr gehören? ➜ M3
5. Vergleiche die beiden Mythen und finde die wichtigsten Unterschiede und Gemeinsamkeiten heraus. ➜ M2/M3
6. Male ein Bild zu Sofies Mythos oder schreibe einen eigenen Mythos über die Entstehung der Welt. ➜ M4

3 Yin und Yang

M1 Die Geburt der Welt aus Yin und Yang

In China gehören die meisten Menschen entweder der taoistischen Religion, dem Buddhismus oder dem Konfuzianismus an. Obwohl diese drei Religionen in manchen Punkten recht unterschiedlich sind, lehren sie alle die Bedeutung von Yin und Yang.

Im Ursprung war das Universum wie ein riesiges Ei, in dem ein großes Chaos herrschte. Aus diesem Chaos entstanden Yin und Yang.

Yang ist wie ein feuriger Drache, männlich und voller Energie. Yin hingegen ist eher einer Wolke ähnlich: weiblich, kühl und langsam dahintreibend. Yin und Yang haben eine so unglaubliche Kraft, jedes von ihnen könnte allein die ganze Welt zerstören. Doch solange beide Kräfte gleich stark sind, gleichen sie einander aus und bilden zusammen eine wunderbare Harmonie.

Nachdem Yin und Yang entstanden waren, brachten sie gemeinsam P'an Ku hervor. Er wird auch „der Älteste" genannt. P'an Ku wuchs im Innern des Eis heran. Niemals hörte er auf zu wachsen und wurde größer und größer, jeden Tag mehrere Meter! Schließlich war er zu groß für das Ei und sein gewaltiger Körper brach die Schale entzwei. Daraufhin sank alles Schwere, das sich in dem Ei befand, hinab und formte so die Erde. Alles Leichte hingegen stieg hinauf und so entstand der Himmel.

P'an Ku war froh, nicht mehr so eingeengt zu sein. Er stand auf und mit seinem großen Körper drängte er Himmel und Erde immer weiter auseinander. Er begann die Welt zu gestalten, schichtete Berge auf und hob Täler aus. Viele tausend Jahre lebte er so und er wuchs immer weiter. Aber schließlich wurde er müde und erschöpft legte er sich zum Sterben nieder.

Nach seinem Tod verwandelte sich sein Körper: Aus seinem linken Auge bildete sich die Sonne, die die Erde mit ihrem Licht erwärmt. Aus seinem rechten Auge wurde der Mond, der die Nacht erhellt. Seine Knochen wurden zu Steinen und aus seinem Haar entstanden Bäume und Gräser. Während sein Blut sich als Flüsse in die Täler ergoss, wurde sein Schweiß zu Regen.

Und aus dem winzigen Ungeziefer, das auf seinem Körper lebte, wurden die Menschen.

M2 Die Lehre von Yin und Yang

Yin und Yang sind wichtige Begriffe in der chinesischen Philosophie. Sie stehen für die Gegensätze, die man überall in unserer Welt finden kann. Ist Yin das Dunkle und die Nacht, so ist Yang das Helle und der Tag. Steht Yin für Feuer, so steht Yang für Wasser.
Die ganze Welt wird auf diese Weise beschrieben: Dinge und Naturerscheinungen (Sommer – Winter) ebenso wie Gedanken (gut – böse) und Gefühle (glücklich – traurig). Sie alle können Gegensatzpaare bilden. Ob etwas dem Yin oder dem Yang zugehört, steht aber nicht von vornherein fest. Yin und Yang stehen sich nicht starr gegenüber. Der Übergang zwischen ihnen ist fließend wie der Wechsel vom Tag zur Nacht. Manchmal gehört etwas eine Zeitlang zum Yin und dann wieder zum Yang. Das Licht einer Kerze beispielsweise ist verglichen mit dem Lichtschein des Mondes hell – und gehört so zum Yang. Gegenüber dem Licht der Sonne ist es dunkel – und gehört dann zum Yin.
Haben alle Eigenschaften des Yin ein Gegenüber im Yang, herrscht vollkommene Harmonie.
Das wird auch in dem Yin-Yang-Symbol deutlich. Es bildet sich aus zwei gleichen Hälften und wo das Eine aufhört, fängt das Andere an.

Internetrecherche

METHODE

Bei einer Internetrecherche solltest du Folgendes beachten:

- **Zielgerichtetes Vorgehen:** Stelle dir eine Liste für Suchbegriffe zusammen. Je genauer du den oder die Begriffe formulierst, desto höher sind deine Erfolgschancen. Eine Suchmaschine, bei der du gut verständliche Informationen für Kinder und Jugendliche findest, ist z. B. www.fragfinn.de.
- **Fundstellen speichern:** Speichere alle interessanten Informationen, die du zu deinem Thema gefunden hast, als Download auf deiner Festplatte oder auf einem USB-Stick ab. Später kannst du dann alles noch einmal nachlesen und das für dich Wichtige auswählen. Notiere dir stets die gesamte Internetadresse, damit du den Fundort angeben kannst. Am besten kopierst du den Link in eine Datei.
- **Vertrauenswürdigkeit prüfen:** Aufgepasst: Nicht alles, was im Internet steht, ist auch richtig! Vergleiche die Informationen verschiedener Seiten. Vertrauenswürdige Seiten sind z. B. die Internetseiten von Tageszeitungen und Behörden.

Aufgaben

1 Welcher Moment der Schöpfungsgeschichte wird in dem Bild dargestellt? Beschreibt das Geschehen mit Hilfe von Gegensätzen (Feuer – Wasser, heiß – kalt usw.). ➜ M1

2 Suche dir einen Teil der Schöpfungsgeschichte aus, den du besonders spannend oder wichtig findest. Stelle diesen Moment zeichnerisch dar. ➜ M1

3 Ordne die im Yin und Yang-Feld der Abbildung genannten Eigenschaften in Gegensatzpaare. Erstelle eine Tabelle aus den Gegensatzpaaren. ➜ M2

4 Im Yang ist immer etwas Yin und im Yin ist immer etwas Yang enthalten. Beschreibe, wodurch dies im Symbol zum Ausdruck gebracht wird. ➜ M2

5 Mit welchen Eigenschaften findest du dich dem Yin und mit welchen dem Yang zugehörig? Stelle fest, ob du eher ein „Yin-Typ" oder ein „Yang-Typ" bist. ➜ M2

6 Die Vorstellung von Yin und Yang findet unter dem Begriff Feng Shui auch Anhänger in Europa. Recherchiere im Internet die aktuelle Bedeutung dieses Begriffs.

▶ Glossar: Buddhismus, Taoismus, Konfuzianismus

4 Das Werk Gottes

M1 Die Sechs-Tage-Werke Gottes

Genesis bedeutet „Entstehung", „Ursprung" oder „Werden" und ist der Name einer Erzählung aus der Mythologie der Hebräer. Die jüdischen, christlichen und islamischen Geschichten über die Schöpfung der Welt beziehen sich auf diese Erzählung. So wird die Schöpfungsgeschichte in der Bibel erzählt:

Michelangelo, Erschaffung von Sonne und Mond, 1508-1512

Die Erde war noch leer und öde, Dunkel bedeckte sie und wogendes Wasser, und über den Fluten schwebte Gottes Geist.

Da sprach Gott: „Licht entstehe!", und das Licht strahlte auf. Und Gott sah das Licht an: Es war gut. Dann trennte Gott das Licht von der Dunkelheit und nannte das Licht Tag, die Dunkelheit Nacht. Es wurde Abend und wieder Morgen: **der erste Tag.**

Dann sprach Gott: „Im Wasser soll ein Gewölbe entstehen, eine Scheidewand zwischen den Wassermassen!" So geschah es: Gott machte ein Gewölbe und trennte so das Wasser unter dem Gewölbe von dem Wasser, das darüber war. Und Gott nannte das Gewölbe Himmel. Es wurde Abend und wieder Morgen: **der zweite Tag.**

Dann sprach Gott: „Das Wasser unter dem Himmelsgewölbe soll sich alles an einer Stelle sammeln, damit das Land hervortritt." So geschah es. Und Gott nannte das Land Erde, die Sammlung des Wassers nannte er Meer. Und Gott sah das alles an: Es war gut.

Dann sprach Gott: „Die Erde lasse frisches Grün aufsprießen, Pflanzen und Bäume von jeder Art, die Samen und samenhaltige Früchte tragen!" So geschah es: Die Erde brachte frisches Gün hervor, Pflanzen jeder Art mit ihren Samen und alle Arten von Bäumen mit samenhaltigen Früchten. Und Gott sah das alles an: Es war gut. Es wurde Abend und wieder Morgen: **der dritte Tag.**

Dann sprach Gott: „Am Himmel sollen Lichter entstehen, die Tag und Nacht voneinander scheiden, leuchtende Zeichen, um die Zeiten zu bestimmen: Tage und Feste und Jahre. Sie sollen am Himmelsgewölbe leuchten, damit sie der Erde Licht geben." So geschah es: Gott machte zwei große Lichter, ein größeres, das den Tag beherrscht, und ein kleineres für die Nacht, dazu auch das ganze Heer der Sterne. Gott setzte sie an das Himmelsgewölbe, damit sie der Erde Licht geben, den Tag und die Nacht regieren und Licht und Dunkelheit voneinander scheiden. Und Gott sah das alles an: Es war gut. Es wurde Abend und wieder Morgen: **der vierte Tag.**

Dann sprach Gott: „Das Wasser soll von Leben wimmeln, und in der Luft sollen Vögel fliegen!" So schuf Gott die Seeungeheuer und alle Arten von Wassertieren, ebenso jede Art von Vögeln und geflügelten Tieren. Und Gott sah das alles an: Es war gut. Und Gott segnete seine Geschöpfe und sagte: „Seid fruchtbar, vermehrt euch und füllt die Meere, und ihr Vögel, vermehrt euch auf der Erde!“ Es wurde Abend und wieder Morgen: **der fünfte Tag.**

Dann sprach Gott: „Die Erde soll Leben hervorbringen: Alle Arten von Vieh und wilden Tieren und alles, was auf der Erde kriecht.“ So geschah es. Gott machte die wilden Tiere und das Vieh und alles, was auf dem Boden kriecht, alle die verschiedenen Arten. Und Gott sah das alles an: Es war gut.

Dann sprach Gott: „Nun wollen wir Menschen machen, ein Abbild von uns, das uns ähnlich ist! Sie sollen Macht haben über die Fische im Meer, über die Vögel in der Luft, über das Vieh und alle Tiere auf der Erde und über alles, was auf dem Boden kriecht.“ So schuf Gott die Menschen nach seinem Bild, als Gottes Ebenbild schuf er sie und schuf sie als Mann und als Frau. Und Gott segnete die Menschen und sagte zu ihnen: „Seid fruchtbar und vermehrt euch! Füllt die ganze Erde und nehmt sie in Besitz! Ich setze euch über die Fische im Meer, die Vögel in der Luft und alle Tiere, die auf der Erde leben, und vertraue sie eurer Fürsorge an.“

Weiter sagte Gott zu den Menschen: „Als Nahrung gebe ich euch die Samen der Pflanzen und die Früchte, die an den Bäumen wachsen, überall auf der ganzen Erde. Den Landtieren aber und den Vögeln und allem, was auf dem Boden kriecht, allen Geschöpfen, die den Lebenshauch in sich tragen weise ich Gräser und Blätter zur Nahrung zu.“ So geschah es. Und Gott sah alles an, was er geschaffen hatte, und sah: Es war alles sehr gut. Es wurde Abend und wieder Morgen: **der sechste Tag.**

So entstanden Himmel und Erde mit allem, was lebt. Am siebten Tag hatte Gott sein Werk vollendet und ruhte von aller seiner Arbeit aus. Und Gott segnete den siebten Tag und erklärte ihn zu einem heiligen Tag, der ihm gehört, denn an diesem Tag ruhte Gott, nachdem er sein Schöpfungswerk vollbracht hatte.

Dies ist die Geschichte der Entstehung von Himmel und Erde; so hat Gott sie geschaffen.

Die Bibel, S. 6-9 (nach Genesis bzw. 1.Mose 1,1-2,4)

M2 Die Erschaffung Evas

[18] Dann sprach Gott, der Herr: Es ist nicht gut, dass der Mensch [= Adam] allein bleibt. Ich will ihm eine Hilfe machen, die ihm entspricht.

[19] Gott, der Herr, formte aus dem Ackerboden alle Tiere des Feldes und alle Vögel des Himmels und führte sie dem Menschen zu [...].

[20] Der Mensch gab Namen allem Vieh, den Vögeln des Himmels und allen Tieren des Feldes. Aber eine Hilfe, die dem Menschen entsprach, fand er nicht.

[21] Da ließ Gott, der Herr, einen tiefen Schlaf auf den Menschen fallen, so dass er einschlief, nahm eine seiner Rippen und verschloss ihre Stelle mit Fleisch.

[22] Gott, der Herr, baute aus der Rippe, die er vom Menschen genommen hatte, eine Frau aus und führte sie dem Menschen zu.

[23] Und der Mensch sprach: Das endlich ist Bein von meinem Bein und Fleisch von meinem Fleisch. Frau soll sie heißen, denn vom Mann ist sie genommen.

Genesis bzw. 1.Mose 2,18-23

Aufgaben

1. Erzähle die Schöpfungsgeschichte nach. ➜ M1
2. Zeichne eine kleine Bildergeschichte, auf der man erkennen kann, wie sich das Aussehen der Erde in der biblischen Schöpfungsgeschichte nach und nach verändert. Male für jeden der sechs Schöpfungstage ein Bild. Achte genau auf die Reihenfolge der Erschaffung von Dingen und Lebewesen. ➜ M1
3. Stelle auch den siebten Tag zeichnerisch dar. Erkläre, was das Besondere an diesem Tag ist. ➜ M1
4. Beschreibe die besondere Stellung des Menschen gegenüber allen anderen Lebewesen der Schöpfung. An welchen Stellen der Genesis wird diese Stellung besonders deutlich? ➜ M1
5. Wie erklärt die Bibel die Entstehung der Frau? Nimm Stellung zu dieser Sichtweise. ➜ M2
6. Vergleiche den biblischen Schöpfungsbericht mit den anderen Schöpfungsmythen, die du kennengelernt hast (s. S. 22-25). ➜ M2

▶ Glossar: Hebräer

5 Der erste Philosoph

Thales von Milet, Mosaik, Anfang des 3. Jahrhunderts n. Chr.

M1 Thales von Milet

Thales war ein Ingenieur aus Milet. Er wurde in der zweiten Hälfte des 7. Jahrhunderts v. Chr. [...] geboren. Sobald er erwachsen war, schiffte er sich ein und brach zu einer langen Reise nach Ägypten und in den Mittleren Orient auf, wo er von den ägyptischen und chaldäischen Priestern alles erlernte, was man damals über Astronomie, Mathematik und Navigationskunst wusste. [...] Thales war deshalb für seine Mitmenschen ein seltsamer Kauz, der seinen Kopf in die Wolken steckte. Als er eines Tages beim Sternengucken in einen Brunnen fiel, machte sich eine Sklavin über ihn lustig. „O Thales“, sagte sie zu ihm, „du bist immer mit den Dingen am Himmel beschäftigt und siehst nicht, was vor deinen Füßen liegt!“

M2 Thales, der Wissenschaftler

Als Wissenschaftler wurde er aber dann durch die Vorhersage der Sonnenfinsternis des Jahres 585 v. Chr. weithin bekannt. Ehrlich gesagt hatte er eher einen Glückstreffer gelandet, als diese Sonnenfinsternis exakt berechnet. Thales hatte von den chaldäischen Priestern gelernt, dass mehr oder weniger alle 90 Jahre eine Sonnenfinsternis auftritt, und so brauchte er nur ein wenig nachzurechnen, um das Ereignis voraussagen zu können. Wir wissen aber heute, dass die Vorherberechnung einer Sonnenfinsternis sehr viel komplizierter ist. Eine totale Überlagerung der Sonne durch den Mond kann nämlich auch nur in Chaldäa sichtbar sein, im 2000 Kilometer davon entfernten Anatolien aber nicht. Also hätte Thales bei den Daten, die ihm zur Verfügung standen, bestenfalls zu seinen Mitbürgern sagen können: „He, Leute, seht von Zeit zu Zeit mal zum Fenster hinaus, es könnte jeden Augenblick zu einer Sonnenfinsternis kommen.“ Aber er hatte eben Glück, es trat eine totale Sonnenfinsternis ein, die die ganze Gegend in Todesangst versetzte und sogar bewirkte, dass der zwischen Lydern und Persern begonnene Krieg unterbrochen wurde. Von dem Tag an gab es für sein Ansehen keine Grenzen mehr, und er konnte sich endlich ungestört seinen Studien widmen. Er berechnete die Höhe der Pyramiden, indem er die Schattenlänge einer Pyramide an derjenigen eines anderen Objektes maß, dessen Höhe er kannte. Ebenso gelang es ihm, mit geometrischen Beweisen den Abstand der Schiffe von der Küste zu berechnen. Er teilte das Jahr in 365 Tage ein und entdeckte das Sternbild des Kleinen Bären und dessen Bedeutung für die Navigation.

INFO

Die Anfänge der Philosophie

Die Anfänge der griechischen Philosophie und Wissenschaft liegen im 6. Jahrhundert v. Chr. Um die Erscheinungen in der Natur zu erklären, gaben sich damals Menschen nicht mehr mit dem zufrieden, was in den Göttererzählungen darüber ausgesagt wurde. Sie suchten nach verstandesmäßigen Erklärungen. Damit begann die Erforschung der Natur. Die ersten Naturforscher nannten die Griechen „Philosophen“, d. h. „Liebhaber der Weisheit“. Diese aber beschäftigte vor allem eine Frage: Woraus besteht die Welt?

Folgenden **geometrischen Lehrsatz** lernen heute noch alle Schülerinnen und Schüler als Satz des Thales:

„Alle Winkel, deren Scheitel auf einem Halbkreis liegen und deren Schenkel auf den Endpunkten des Kreisdurchmessers liegen, sind rechte Winkel (90°-Winkel).“

M3 Der Anfang der Philosophie

Und warum war Thales der erste Philosoph? Er kam durch Beobachtung und Nachdenken zu drei wichtigen Erkenntnissen:

1. ALLES KOMMT AUS DEM WASSER

Thales hatte erkannt, dass alles Lebendige in der Natur feucht ist. Zum Beispiel: die Pflanzen sind feucht, die Lebensmittel sind feucht, der Samen ist feucht, während die Felsen trocken sind und die Leichen schnell austrocknen. Sein Lieblingssatz war: „Das Wasser ist das schönste Ding der Welt." Vergessen wir im Übrigen auch nicht, dass Thales seine Geistesbildung in trockenen Gebieten wie Ägypten und Mesopotamien erhalten hatte, wo der Wasserkult besonders verbreitet war, vor allem auch, weil die Entwicklung der Landwirtschaft und damit das Überleben der Bevölkerung in jenen Ländern den Überschwemmungen zu verdanken war. Nicht umsonst wurde der Nil in Ägypten wie ein Gott verehrt. Thales wollte aber mit seiner Gleichung „Wasser gleich Leben" gewiss [...] nicht einfach nur feststellen, dass in jedem lebendigen Wesen der Erde Wasser enthalten ist. Das Wasser, oder besser gesagt die Feuchtigkeit, war für ihn die Seele der Dinge, das Wesen der Schöpfung [...], dem eine göttliche Kraft innewohnt [...].

2. ALLES HAT SEINEN URSPRUNG

Diese Suche nach dem Urstoff, nach der *arche*, wie es die Griechen nannten, aus dem sich alle anderen Dinge entwickelt haben, ist für die gesamte milesische Schule kennzeichnend, deren frühester Vertreter Thales war. Für ihn galt die Feuchtigkeit, also das Wasser, als *arche*, das sich, je nachdem, ob es erstarrt oder kocht, in Eis oder in Dampf verwandelt.

Die Erde stellte er sich wie ein großes, auf einer riesigen Wasserfläche schwimmendes Floß vor, dessen Stampfen hin und wieder Erdbeben auslöste. [...]

3. ALLES IST VOLLER GÖTTER

Thales glaubte aber auch, dass alle Dinge beseelt, also „voll von Göttern" seien. Wenn die Rede darauf kam, zog er gewöhnlich einen Nagel und einen Magneten aus der Tasche, um seinen staunenden Mitbürgern zu zeigen, dass auch „der Stein Eisen bewegen" konnte.

Alles in allem hat Thales eine sehr wichtige Stellung in der Philosophiegeschichte, und zwar weniger, weil er bestimmte Antworten auf bestimmte Fragen gefunden hat, sondern weil er diese Fragen überhaupt einmal gestellt hat. Sich umzusehen und nachzudenken und die Lösung aller Geheimnisse nicht mehr einfach den Göttern zu überlassen, war der Anfang des abendländischen Denkens und seines Versuches, das Universum zu deuten.

M1-M3 nach Luciano De Crescenzo, S. 33-38

Weltkarte des Hekataios (um 500 v. Chr.). Die Karte zeigt die Erde als eine vom Ozean umflossene Scheibe.

Aufgaben

1. Verfasse einen Steckbrief über Thales von Milet: ➜ M1-M3
   - der Bürger von Milet
   - der Wissenschaftler
   - der Philosoph
2. Schreibe einen Bericht für die Mileter Tageszeitung über die Sonnenfinsternis im Jahr 585 v. Chr. ➜ M2
3. Betrachte die antike Weltkarte von Hekataios. Erkläre, wie Thales zu seinem ersten Satz kommen konnte, dass alles aus dem Wasser stammt. ➜ M3
4. Stellt euch vor, ihr seid Schüler des Thales. Teilt euch in drei Gruppen und stellt in eigenen Worten seine drei Grunderkenntnisse dar. Was würdet ihr Thales fragen? ➜ M3

▶ Glossar: milesische Schule

6 Weltbilder im Wandel

M1 Die Götter!

M2 Was ist ein Blitz?

Ein Blitz ist ein kurz aufblitzender Lichtbogen, der aufgrund unterschiedlicher Ladungen von Wassertröpfchen in der Luft elektrische Ströme fließen lässt. So erklären wir heute einen Blitz. Schließlich wird diese Wettererscheinung schon seit Hunderten von Jahren genauestens erforscht.

Vorher allerdings, im Altertum und bis ins hohe Mittelalter, erklärte man Schülern Blitze auf andere Weise. Blitze waren ein Zeichen für die Gegenwart Gottes. Im griechischen Altertum beispielsweise war Zeus, der oberste Gott der Griechen, als treffsicherer Schleuderer von Blitzen bekannt. Damals hätten die Schüler wohl am ehesten einen Priester nach der Erklärung für einen Blitz befragt.

Heute erwartet man auf die Frage „Was ist ein Blitz?“ Erläuterungen mit Hilfe naturwissenschaftlicher Gesetze. Dabei schließt die Kenntnis der physikalischen Ursache eines Blitzes eine göttliche Absicht nicht unbedingt aus. Einem allmächtigen Gott wäre es sicher ohne Weiteres möglich, entsprechende Spannungen in der Luft zu bewirken und einen Blitz in ein bestimmtes Haus zu lenken.

Aber würdet ihr euch nicht wundern, wenn ein Lexikon-Artikel zum Stichwort „Blitz“ religiöse Erklärungen anböte? Und wie würden Lehrer und Mitschüler reagieren, wenn das Physikreferat eines Schülers oder einer Schülerin zum Thema „Wie entstehen Blitze?“ nicht nur von elektrischen Strömen, sondern auch von den Absichten Gottes handelte? – Man wäre sicher ziemlich erstaunt, denn normalerweise unterscheiden wir genau: Entweder wir reden über wissenschaftliche Erklärungen oder wir diskutieren über religiöse Fragen.

M3 Veränderungen des Weltbildes

Die Erde als flache Scheibe: Im altorientalischen Weltbild, wie es ungefähr 500 v. Chr. beschrieben wurde, stellte man sich die Erde als eine flache Scheibe vor, die auf riesigen Säulen steht. Eine durchsichtige Halbkugel, das Firmament, trennt die Erde von der sie umströmenden Urflut. Sterne und Mond sind fest am Firmament befestigt. Durch Schleusen dringt von Zeit zu Zeit Wasser ein, der als Regen auf die Erde fällt.

Die Erde im Zentrum: Das geozentrische Weltbild (von griechisch *geo-* = erd-) beherrschte die Vorstellung der Menschen während des Altertums und des Mittelalters. Zwar wussten die meisten Menschen schon, dass die Erde wie eine Kugel geformt ist, sie glaubten aber, dass die Erde der Mittelpunkt eines Universums ist, das von mehreren Kristallschalen, den Sphären, umgeben ist. Diese drehen sich mittels eines Räderwerkes um die Erde. An ihnen sind die Planeten und die Sonne befestigt.

Die Sonne im Zentrum: Das heliozentrische Weltbild (von griechisch *helios* = Sonne) stellte die Sonne in den Mittelpunkt der Planetenbewegungen. Um das Jahr 1500 hatte Nikolaus Kopernikus die revolutio-

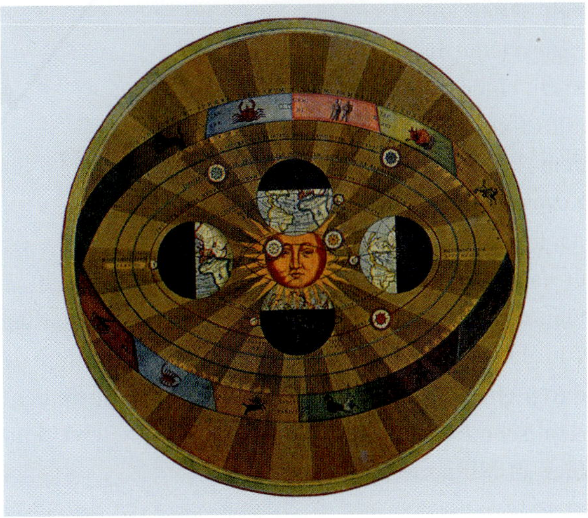

näre Idee, dass die Erde um die Sonne kreist, was später auch bewiesen werden konnte. Das Universum, wie Kopernikus es sich vorstellte, ist immer noch von kristallenen Sphären umgeben. Aber hundert Jahre später legten Beobachtungen Galileo Galileis mit einem Fernrohr nahe, dass auch die Annahme solcher Sphären falsch ist.

Das Weltbild der modernen Naturwissenschaft geht von folgenden Annahmen aus: Unsere Erde ist ungefähr 4,6 Milliarden Jahre alt. In einer Entfernung von 150 Millionen km dreht sie sich um die Sonne. Sie ist ein Planet des Sonnensystems, zu dem neben der Erde acht weitere Planeten gehören. Das Sonnensystem befindet sich in einem Sternensystem, das wir Milchstraße nennen. Zu ihm gehören etwa 300 Millionen Sterne. Im Universum gibt es viele Milliarden solcher Sternensysteme, die Galaxien genannt werden.

Aufgaben

1 Beschreibe, was in dem Urmenschen vorgeht. Wie erklärt er sich Naturerscheinungen? → M1
2 Fasse zusammen, wie Blitze im Altertum erklärt wurden und wie sie heute erklärt werden. → M2
3 Ordne die Erläuterungen den Abbildungen zu. → M3
4 Informiere dich über die Lebensgeschichten von Nikolaus Kopernikus und Galileo Galilei. → M3

▶ Glossar: Naturwissenschaften, Physik

7 Erklärungsversuche der Naturwissenschaften

M1 Wie entstand das Universum?

Zu dieser Frage gibt es verschiedene Erklärungsversuche. Die heute am weitesten verbreitete Theorie ist die Urknalltheorie. Sie beruht auf der Beobachtung, dass sich das Weltall ständig ausdehnt. Wissenschaftler konnten feststellen, dass sich die anderen Sternensysteme immer weiter von uns entfernen. Auch unser eigenes Sternsystem dehnt sich aus. Wie nach einer großen Explosion strebt alles immer weiter auseinander. Außerdem können Wissenschaftler überall im Kosmos eine gleichmäßig verteilte Strahlung nachweisen, die sich nur als Nachhall einer gewaltigen Explosion erklären lässt. Deshalb geht man davon aus, dass unser Universum vor Milliarden von Jahren ganz klein gewesen sein muss und dann durch einen Urknall begann, auseinander zu treiben. Physikalische Berechnungen ergeben, dass dieser Urknall ungefähr 14 Milliarden Jahre her ist.

Modell zur Entstehung des Universums

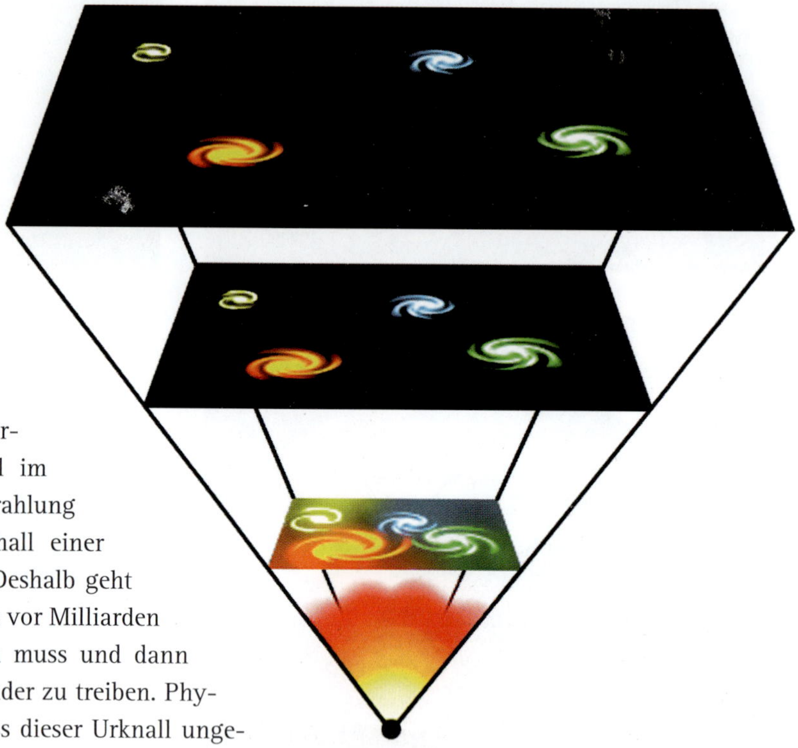

M2 Wie entstand die Erde?

Wissenschaftler haben errechnet, dass unsere Erde vor ungefähr 4 Milliarden Jahren entstanden ist. Das Urmaterial, aus dem sich die Erde ebenso wie die Sonne und die anderen Planeten bildete, glich einer gigantischen Staubwolke. Aus dieser Wolke entstand durch Zusammenballung der Staubteilchen unser Sonnensystem. Zuerst hatte die Erde noch keine feste Oberfläche, denn sie war so heiß, dass sie glühte. Erst nach vielen Millionen Jahren kühlte sie sich so weit ab, dass das Gestein an der Erdoberfläche erstarrte. Aber es dauerte noch weitere Jahrmillionen, bis die Entwicklung von Lebewesen auf der Erde möglich wurde.

M3 Wie entstand das Leben?

Wie und wann das Leben auf der Erde entstanden ist, können die Naturwissenschaften bis heute nicht genau erklären. Forscher nehmen an, dass sich der Beginn vor etwa 3,5 Milliarden Jahren im Ozean zugetragen hat. Heftige Gewitter und ausbrechende Vulkane mit ihren heißen Dämpfen und ihrer glühenden Lava brachten das mineralhaltige Wasser zum Kochen. Es konnte nachgewiesen werden, dass in einer solchen „Ursuppe" einfache Aminosäuren, die Grundbausteine des Lebens, entstehen. Daraus müssen sich immer umfassendere Verbindungen und schließlich die ersten lebenden Zellen gebildet haben, die sich fortpflanzen konnten. Wie dies genau geschehen konnte, ist allerdings bis heute ein Rätsel.

Eine andere Theorie besagt, dass das Leben im All entstand und durch Kometeneinschläge auf die Erde gebracht wurde. Man kann nämlich im Staub von Kometen Bausteine des Lebens nachweisen. Allerdings beantwortet auch diese Theorie nicht die Frage, wie Leben entstanden ist, sondern verlagert lediglich den Ort der Entstehung des Lebens ins All.

M4 Wie entstand der Mensch?

Die Forscher sind sich ziemlich sicher, dass das Leben mit mikroskopisch kleinen Wesen begann, die nur aus einer einzigen Zelle bestanden. Daraus entwickelten sich nach und nach mehrzellige Pflanzen und Tiere. Bis die ersten Lebewesen mit Wirbelsäule auftraten, dauerte es viele Millionen Jahre. Zu den ältesten Tierarten gehören Krebse und Insekten. Amphibien (z. B. Frösche) und Reptilien (z. B. Schlangen und Krokodile) sind ebenfalls viel älter als der Mensch. Aus affenartigen Vorfahren entwickelte sich nach und nach der *homo sapiens*, also der eigentliche Mensch. Dies geschah wahrscheinlich vor ungefähr 200 000 Jahren in Afrika. Von dort breitete er sich auf alle Kontinente aus.

Aufgaben

1. Fasse zusammen, wie die modernen Naturwissenschaften die Entstehung der Welt, der Erde, des Lebens und des Menschen erklären. ➔ M1-M4
2. Was davon ist gesicherte Erkenntnis, was Vermutung? Begründe deine Zuordnung. ➔ M1-M4
3. Vor wie vielen Jahren ist nach den Theorien der Naturwissenschaften die Welt, die Erde, das Leben, der Mensch entstanden? Fertige dazu eine Zeittafel an. ➔ M1-M4
4. Beschreibe, was auf den Bildern dieser Doppelseite zu sehen ist. ➔ M1-M4
5. Vergleiche die Erklärungen der Naturwissenschaften mit den Erklärungsversuchen, die ihr auf den Seiten 22-29 gelesen habt. ➔ M1-M4

▶ Glossar: Aminosäuren

8 Philosophische Gedanken zum Anfang der Welt

M1 Gott und der Urknall

M2 Tom denkt über Gott und die Welt nach

Aisha hat das Wochenende mit ihrem Freund Tom in Frankreich verbracht und im Moment fahren sie auf der Fähre zurück nach England. Sie liegen oben an Deck, auf Sonnenstühlen, und trinken gemütlich Tee, während die Fähre friedlich durch die Nacht gleitet. Es ist kalt und am Himmel leuchten viele Sterne. Rechts von ihnen, wo gerade die Sonne unterging, ist noch ein schwacher rötlicher Glanz zu erkennen, vor dem ein paar Wolkenstreifen zu sehen sind. Zu ihrer Linken schiebt sich der Vollmond über den Rand des Horizonts. Hinter ihnen, im Süden, können sie noch die letzten Lichter der französischen Küste ausmachen. Tom nimmt einen Schluck Tee und stellt seine Tasse dann behutsam auf dem kleinen Tischchen zwischen ihnen ab. Auf einmal hören sie ein leises Zischen, gefolgt von einer Explosion von Licht in südlicher Richtung. Auf einem Schiff wurde ein Feuerwerkskörper abgeschossen. Tom beobachtet, wie die Lichtfunken langsam nach unten schweben und den Horizont in ein gespenstisch grünes Licht tauchen. Dann greift Tom erneut zu seiner Tasse und blickt auf Aisha.

Tom: Weißt du, je mehr ich darüber nachdenke, desto sicherer bin ich mir, dass es einen Gott geben muss.

Aisha: Was macht dich da so sicher? [...]

Tom: Klar. Vor etlichen Milliardenjahren entstand das Universum. Damals gab es den Urknall.

Aisha: Ich weiß.

Tom: Aber ich möchte dir erklären, wie es zu dem Urknall kam. Wie konnte auf einmal, aus dem Nichts heraus, plötzlich ein Universum entstehen?

Aisha: Na, könnte das nicht einfach ganz ohne Grund passiert sein?

Tom: Sei nicht albern! Dinge geschehen nicht *einfach so*. Alles hat eine Ursache. Lawinen, Erdbeben, einstürzende Brücken, ein Börsenkrach – in all diesen Fällen haben wir keine Zweifel, dass es eine oder mehrere Ursachen gibt, obwohl wir nicht immer begreifen, welche es genau waren. [...]
Nehmen wir zum Beispiel diesen Feuerwerkskörper eben. Kein Mensch käme auf die Idee, zu behaupten, er wäre einfach so in die Luft geschossen, oder? Das passiert nicht einfach so. Wir gehen logischerweise davon aus, dass die Explosion eine Ursache hatte, selbst wenn wir diese nicht kennen. Stimmt's?

Aisha: Klar. Es ist logisch, dass jemand die Rakete abgeschossen hat. [...]

Tom: Na, siehst du? Gott muss es geben! Wenn [auch] der Urknall eine Ursache hatte, dann kann nur Gott diese Ursache sein!

Aisha: Gott hat die Zündschnur gezündet?

Tom: Logisch!

M3 Aisha hat ein Problem

Doch Aisha ist nicht so recht davon überzeugt. Sie glaubt, einen Fehler in Toms Erklärung erkannt zu haben.

Aisha: Deine These hinkt etwas, Tom. Du stützt dich auf die Behauptung, dass alles eine Ursache haben muss, richtig?

Tom: Ja.

Aisha: Aber wenn alles eine Ursache hat, dann folgt daraus, dass auch Gott eine Ursache haben müsste, nicht wahr?

Tom: Hm, ja, du hast Recht.

Aisha: Dann würde ich gern Folgendes wissen: Wenn alles eine Ursache hat, welches ist dann die Ursache für die Existenz Gottes?

Aishas Frage ist nicht unberechtigt. Angenommen, Gott ist wirklich die Ursache dafür, dass es das Universum überhaupt gibt.

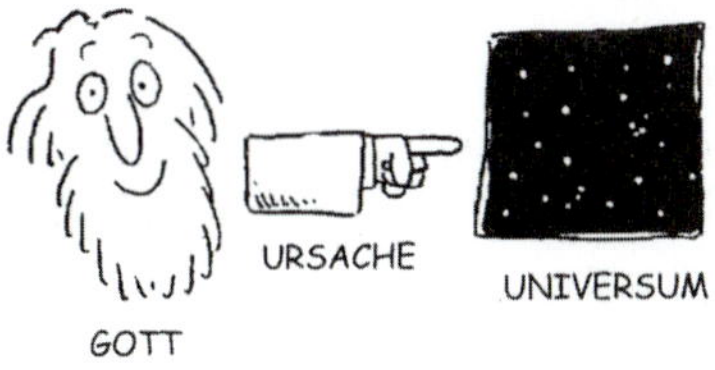

Das Problem mit Toms These ist, dass – wenn er Gott als Ursache des Universums nennt – er dann zugleich auch etwas anderes mit ins Spiel bringt: eine Ursache für Gottes Existenz.

Doch wenn *alles* eine Ursache hat, dann muss es auch für Gott eine Ursache geben. Er kann nicht „einfach so“ aus dem Nichts heraus entstanden sein.

M4 Ein unergründliches Geheimnis

Tom ist nicht zufrieden. Aishas Einwände haben ihn noch nicht überzeugt.

Tom: Okay, aber dann erklär mir bitte, woher das Universum kommen soll, wenn nicht von Gott? Wie willst *du* seine Existenz erklären?

Aisha: Um ganz ehrlich zu sein – das kann ich nicht. Ich habe mir nur erlaubt zu sagen, dass du mir nicht den kleinsten Beweis dafür geliefert hast, dass es von Gott erschaffen wurde.

Tom: Hmmm ... […]. Ich fürchte, du hast Recht. Kann dieses Rätsel also *niemals* gelöst werden?

Aisha: Vermutlich nicht. Aber du siehst, dass ich durchaus bereit bin zuzugeben, dass es wirklich ein unergründliches Geheimnis ist, warum es das Universum gibt und nicht etwa nichts.

M2–M4: Stephen Law, S. 93–96, 100–101

PROJEKT

Ausstellung „Die Entstehung der Welt"

Gestaltet eine Ausstellung „Die Entstehung der Welt". Bildet dazu Gruppen, die Argumente sammeln 1. für und gegen die naturwissenschaftliche Auffassung, 2. für und gegen den religiösen Standpunkt sowie 3. für und gegen die philosophische Position. Malt Bilder, die die Meinungen darstellen, fertigt Poster an, bastelt Modelle usw.

Aufgaben

1. Beschreibe die Karikatur. Erkläre, was mit der Unterschrift gemeint ist. ➜ M1
2. Beantworte folgende Fragen:
   - Was ist es, das Tom zum Nachdenken bringt? ➜ M2
   - Warum denkt Tom, es muss Gott geben? ➜ M2
   - Warum hält Aisha Toms Beweis nicht für überzeugend? ➜ M3
3. Erläutere, wieso Aisha und Tom zu der Auffassung kommen, dass die Entstehung der Welt „ein unergründliches Geheimnis" ist. ➜ M4
4. Formuliere deine Auffassung zu der Frage nach dem Anfang der Welt. ➜ M1–M4

▶ Glossar: Argument

Was wir wissen

Fragen an die Welt

Normalerweise weiß jeder Mensch, was er täglich zu tun hat und wozu er das macht. Doch philosophische Fragen wie z. B. die Frage nach dem „Sinn des Lebens" gehen weiter und sind auch nicht so einfach zu beantworten. Trotzdem ist es sinnvoll, sich zu fragen, was man im eigenen Leben für wesentlich hält. Davon hängt auch ab, wie man seine Zeit einteilt und wie man die gelebte Zeit wahrnimmt. Auch die Frage, ob man sich immer sicher ist, „wirklich" zu leben oder nur zu träumen oder ob man das Geträumte nicht doch erlebt hat, ist gar nicht so leicht zu klären. Ebenso schwer ist die Frage nach dem Wesen der Seele zu beantworten: Ist die Seele vom Leib zu trennen oder gar unsterblich? Philosophische Methoden wie das „sokratische Gespräch", das „Gedankenexperiment" oder die „Begriffsanalyse" helfen bei der Auseinandersetzung mit solchen Fragestellungen. Und nicht zuletzt ist es oft wichtiger, Fragen richtig zu stellen, als auf alles gleich eine Antwort zu haben!

Vom Anfang der Welt

Mit den Fragen nach dem Anfang der Welt und nach dem Ursprung des Menschen beschäftigen sich viele antike Mythen. Völker der Frühzeit versuchten, durch Mythen in Bildern und Symbolen den Sinn des Lebens, alltägliche und alljährliche Vorgänge in der Natur, aber auch Unbegreifliches wie den Tod zu erklären. Beispiele für Mythen sind die Geschichte vom Kampf der Götter bei den Babyloniern oder der germanische Mythos von der Geburt der Welt. Im Judentum und Christentum erzählt die Schöpfungsgeschichte vom Anfang der Welt. Als erster Philosoph suchte Thales von Milet nach einem Urstoff, aus dem sich alle anderen Dinge entwickelt haben.

Bei der Beschäftigung mit verschiedenen Mythen zeigt sich, wie sich die Weltbilder der Menschen im Laufe der Zeit gewandelt haben und immer mehr von den modernen Naturwissenschaften geprägt wurden. Doch gibt es auch Zweifel, ob die physikalische Theorie vom Urknall oder die biologische Lehre von der Entstehung des Menschen das letzte Wort haben. Wenn sich hier die Frage nach der letzten Ursache der Welt stellt, kann auch die Philosophie etwas zur Klärung beitragen.

Was wir können

Aufgaben

1 Fähigkeiten und Fertigkeiten im Beispiel

Teilt euch in kleine Gruppen auf und sucht für jede der Fähigkeiten und Fertigkeiten, die ihr gelernt habt, ein Beispiel:

- den eigenen Leib beobachten
- die eigene Erfahrung mit der Zeit wahrnehmen und mit Worten beschreiben
- über das Denken nachdenken
- sinnvolle Fragen stellen
- ein philosophisches Problem klären
- die Regeln des sokratischen Gesprächs einhalten
- ein Gedankenexperiment durchführen
- Begriffe unterscheiden und erläutern

2 Fragen und Antworten

Teilt euch in vier Gruppen. Jede Gruppe beschäftigt sich mit einem Thema aus den beiden Teilkapiteln und entwickelt Fragekärtchen dazu. Schreibt auf die Rückseite die wichtigsten Antworten.

Gruppe 1

Welche Fragen sind sinnvoll und welche nicht?

Welche Antworten auf die Frage nach dem „Sinn des Lebens“ kennst du?

Worin besteht der Unterschied zwischen den Begriffen „Zweck“, „Ziel“ und „Sinn“?

Gruppe 2

Wie ist eine Reise in die Vergangenheit möglich?

Wie wird die Entstehung der Welt und des Menschen in der Bibel beschrieben?

Welche Mythen über den Anfang der Welt kennst du?

Gruppe 3

Wie beantworten Philosophen die Frage nach dem Wesen der Zeit?

Worin besteht der Unterschied zwischen der physikalischen Zeit der Uhren und der selbst erlebten Zeit?

Woran erkennt man den Unterschied zwischen nur geträumten und wirklich erlebten Vorstellungen?

Welche Auffassungen über die Seele kennst du?

Gruppe 4

Wie gehen Philosophen mit der Frage nach dem Anfang der Welt um?

Welche naturwissenschaftlichen Lehren über die Entstehung des Universums und des Menschen sind dir bekannt?

Was bedeutet „erste Ursache“ und welche Probleme sind damit verbunden?

Findet weitere Fragen zu den beiden Teilkapiteln „Fragen an die Welt“ und „Vom Anfang der Welt“.

Kompetenzen

Am Ende dieses Kapitels solltest du Folgendes wissen und können:

- unterschiedliche Formen von Gemeinschaften kennen
- die Funktion von Regeln und Gesetzen erkennen
- eigene Gemeinschaftsregeln gestalten
- die Veränderung der Natur durch die Menschen beschreiben
- über die Ursachen der Umweltzerstörung nachdenken
- eigene Vorschläge zum Naturschutz machen

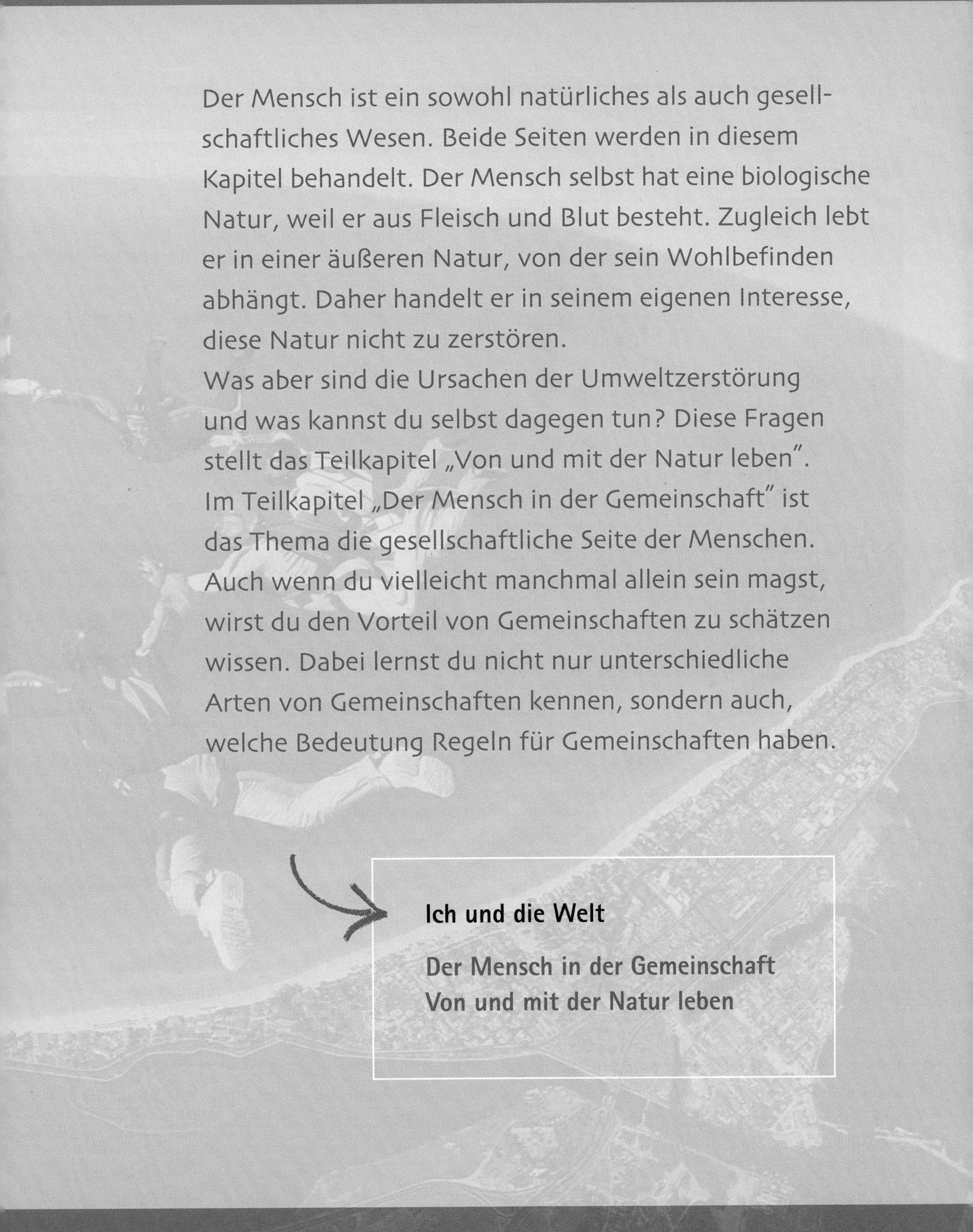

Der Mensch ist ein sowohl natürliches als auch gesellschaftliches Wesen. Beide Seiten werden in diesem Kapitel behandelt. Der Mensch selbst hat eine biologische Natur, weil er aus Fleisch und Blut besteht. Zugleich lebt er in einer äußeren Natur, von der sein Wohlbefinden abhängt. Daher handelt er in seinem eigenen Interesse, diese Natur nicht zu zerstören.
Was aber sind die Ursachen der Umweltzerstörung und was kannst du selbst dagegen tun? Diese Fragen stellt das Teilkapitel „Von und mit der Natur leben".
Im Teilkapitel „Der Mensch in der Gemeinschaft" ist das Thema die gesellschaftliche Seite der Menschen. Auch wenn du vielleicht manchmal allein sein magst, wirst du den Vorteil von Gemeinschaften zu schätzen wissen. Dabei lernst du nicht nur unterschiedliche Arten von Gemeinschaften kennen, sondern auch, welche Bedeutung Regeln für Gemeinschaften haben.

Ich und die Welt

Der Mensch in der Gemeinschaft
Von und mit der Natur leben

1 Allein mit seinen Gedanken

M1 Einsame Insel: das Paradies?

ÜBEL

Ich bin auf eine einsame Insel verschlagen worden, ohne Hoffnung, je wieder fort zu kommen.

Ich bin, getrennt von den Menschen, zu lauter Unglück ausgewählt.

Ich bin ein Einsiedler und Verbannter.

Ich habe auch keine Kleider, mich zu bedecken.

Ich bin wehrlos und habe nur wenig Mittel, mich gegen wilde Tiere zu wehren.

GUT

Aber ich bin doch am Leben und nicht ertrunken wie alle Kameraden.

Aber ich wurde unter der ganzen Schiffsbesatzung ausgesondert, um dem Tod zu entgehen.

Aber ich sterbe nicht vor Hunger, und der Boden ist fruchtbar.

Aber ich bin in einem heißen Landstrich, wo ich kaum Kleider tragen könnte, auch wenn ich welche hätte.

M2 Die Robinson-Methode

Vielleicht kennt ihr den Roman Robinson Crusoe *von Daniel Defoe. Er erzählt das Schicksal eines Schiffbrüchigen, der alleine und hilflos auf einer unbekannten einsamen Insel strandet. Er ist verzweifelt, doch er gibt nicht auf, überlebt und wird Jahre später sogar gerettet.*

Diese Rettung verdankt Robinson vor allem seinem Umgang mit negativen Gedanken und Gefühlen, denen er nicht nachgibt, sondern denen er das Positive entgegensetzt. Robinson nimmt nach seiner Landung einen Stift, den er aus dem Schiff gerettet hat, und stellt seine positiven Gefühle und Erfahrungen den negativen gegenüber. Und er kommt zu dem Ergebnis, dass er sich besser fühlt und sogar zufriedener. Diese Einstellung rettet ihm das Leben. Hätte er sich seiner Verzweiflung ergeben, wäre er vermutlich bald zugrunde gegangen […].

Von Robinson Crusoe können wir deshalb lernen, uns gegen negative Gedanken und Gefühle zu wappnen. Fast jedes Erlebnis hat (mindestens) zwei Seiten, die wahr sind. Für welche Seite wir uns entscheiden, liegt in unserer Hand. […] Hier hilft uns die Robinson-Methode. Schon das Aufschreiben der Befürchtungen und Ängste trägt dazu bei, sie loszuwerden, denn dadurch werden sie fassbarer und auch leichter zu überprüfen als Vorstellungen, die wir nur im Kopf herumwälzen. Wenn wir nun auch noch notieren, was gegen die negative Sichtweise spricht, sind wir auf dem besten Wege, uns dagegen zu wappnen.

nach Stefan Klein, S. 217-220

M3 Mir geht vieles durch den Kopf

M4 Allein mit seinen Gedanken

Ich schau aus meinen Augen
hinaus, wie durch zwei Fenster.
Draußen gehen Leute,
aber drinnen sind Gespenster.
In meinem Kopf, da spukt es.
Da ist es nicht geheuer.
Da geschehn in der Minute
zweihundert Abenteuer.

Mein Kopf ist wie ein Haus
mit siebentausend Räumen.
Und jeder Raum ist voll
mit siebentausend Träumen.
Da draußen gehen Leute,
doch keiner kann herein.
In meinem Haus, in meinem Kopf,
da bin ich ganz allein.

Martin Auer, S. 144

Aufgaben

1 Überlege dir, was du benötigst, um auf solch einer einsamen Insel überleben zu können. Erstelle eine Liste. ➜ M1

2 Verfasse eine kurze Anleitung für die Robinson-Methode. ➜ M2

3 Erinnere dich an einen Fall, in dem es dir schlecht ging, und versuche, hierzu eine Liste zu erstellen, wie es bei Robinson beschrieben ist. ➜ M2

ÜBEL	GUT

4 Beschreibe Situationen, in denen du selbst das Bedürfnis hast, lieber allein zu sein, und wie du damit umgehst. ➜ M2

5 Zu welcher abgebildeten Person gehören welche Gedanken? Begründe deine Antwort. ➜ M3

6 In dem Gedicht wird der Kopf mit einem Haus verglichen. Zeichne das Haus mit seinen Räumen. Hier sind ein paar Leitfragen, die dir dabei helfen können: Welche Gedankenzimmer könnte es in dem Haus geben? Welche Gedanken könnten sich darin befinden? Hat das Haus einen Keller, in dem Gedanken verborgen bleiben sollen? ➜ M4

2 Miteinander geht's besser!

M1 Teamgeist

M2 Einer für alle, alle für einen

Fußball ist unser Leben,
denn König Fußball regiert die Welt.
Wir kämpfen und geben alles,
bis dann ein Tor nach dem andern fällt.
Ja einer für alle, alle für einen,
wir halten fest zusammen. […]

Lied der deutschen Fußballnational-mannschaft zur WM 1974

M3 Die Bremer Stadtmusikanten

Es war einmal ein Mann, der hatte einen Esel, der zur Arbeit nicht mehr taugte. Deshalb wollte er ihn weggeben. Als der Esel merkte, dass sein Herr etwas Böses im Sinn hatte, lief er fort und machte sich auf den Weg nach Bremen, um dort Stadtmusikant zu werden. Unterwegs traf er auf Hund, Katze und Hahn, die ebenfalls von ihren Herren dem Tod übergeben werden sollten. Der Esel schlug den Tieren vor, mit ihm zusammen als Musikanten nach Bremen zu reisen. Gemeinsam zogen sie los. Am Abend kamen sie in einem Wald an ein Räuberhaus. Sie beschlossen, hier zu übernachten. Doch vorher mussten sie die Räuber loswerden.

Der Esel stellte sich mit den Vorderfüßen auf das Fenster, der Hund sprang auf des Esels Rücken, die Katze kletterte auf den Hund, und zuletzt flog der Hahn hinauf und setzte sich der Katze auf den Kopf. Als das geschehen war, fingen sie auf ein Zeichen an, ihre Musik zu machen: Der Esel schrie, der Hund bellte, die Katze miaute, und der Hahn krähte. Darauf stürzten sie durch das Fenster in die Stube hinein, dass die Scheiben klirrten. Die Räuber fuhren bei dem entsetzlichen Geschrei in die Höhe und flohen in größter Furcht in den Wald. Nun setzten sich die vier Gesellen an den Tisch, und jeder aß nach Herzenslust. Als sie fertig waren, löschten sie das Licht aus, und jeder suchte sich eine Schlafstätte nach seinem Geschmack. Der Esel legte sich auf den Mist, der Hund hinter die Tür, die Katze auf den Herd bei der warmen Asche, und der Hahn flog auf das Dach hinauf. Und weil sie müde waren von ihrem langen Weg, schliefen sie bald ein. Als Mitternacht vorbei war und die Räuber sahen, dass kein Licht mehr im Haus brannte und alles ruhig schien, sprach der Hauptmann: „Wir hätten keine Angst haben dürfen." Er schickte einen Räuber zurück, um nachzusehen, ob noch jemand im Hause wäre. Der Räuber fand alles still. Er ging in die Küche und wollte ein Licht anzünden. Da sah er die feurigen Augen der Katze und meinte, es wären glühende Kohlen. Er hielt ein Streichholz daran, dass es Feuer fangen sollte. Aber die Katze verstand keinen Spaß, sprang ihm ins Gesicht und kratzte ihn aus Leibeskräften. Da erschrak er gewaltig und wollte zur Hintertür hinauslaufen. Aber der Hund, der da lag, sprang auf und biss ihn ins Bein. Als der Räuber am Misthaufen vorbeirannte, gab ihm der Esel noch einen tüchtigen Schlag mit dem Hinterfuß. Der Hahn aber, der von dem Lärm aus dem Schlaf geweckt worden war, rief vom Dach herunter: „Kikeriki!"

Da lief der Räuber zu seinem Hauptmann zurück und sprach: „In dem Haus sitzt eine Hexe, die hat mich angefaucht und mir mit ihren langen Fingern das Gesicht zerkratzt. An der Tür steht ein Mann mit einem Messer, der hat mich ins Bein gestochen. Auf dem Hof liegt ein schwarzes Ungetüm, das hat mit einem Holzprügel auf mich losgeschlagen. Und oben auf dem Dache, da sitzt der Richter, der rief: ‚Bringt mir den Schelm her!' Da machte ich, dass ich fortkam."

Von nun an getrauten sich die Räuber nicht mehr in das Haus. Den vier Bremer Stadtmusikanten aber gefiel's darin so gut, dass sie nicht wieder hinaus wollten.

nach Gebrüder Grimm

M4 Kooperationsspiele

1. Die Gruppe trägt mich (Vertrauen)

Teilnehmer und Teilnehmerinnen: mindestens 20, Dauer: ca. 20 Minuten, Alter: ab 10 Jahre

Aus Sicherheitsgründen sollen die Teilnehmer und Teilnehmerinnen vor Beginn des Spiels Schmuck, Gürtel und andere scharfkantige Dinge ablegen.

Die Teilnehmer legen sich dicht nebeneinander auf den Boden, wie in einer Ölsardinendose mit dem Gesicht nach unten. Der erste Wellenreiter legt sich quer auf die Rücken der ersten Teilnehmer. Sogleich setzt sich die Welle in Bewegung: Die auf dem Boden liegenden Teilnehmer drehen sich einmal um sich selbst und versuchen mit dieser Bewegung, den Wellenreiter voranzuschieben. Von vorne beginnend drehen sich nun alle, die den Wellenreiter auf ihrem Rücken haben, in dieselbe Richtung, so dass dieser irgendwann hoffentlich sanft an das andere Ende, den Meeresstrand „gespült" wird.

2. Eine Gruppe ist nur eine Gruppe, wenn sie als Gruppe kooperiert (Koordination)

Teilnehmer und Teilnehmerinnen: mindestens 2, Dauer: ca. 20 Minuten, Alter: ab 10 Jahre

Die Teilnehmer beginnen zu zweit. Rücken an Rücken sitzen sie auf dem Boden und haken die Arme ein. Nun sollen sie gemeinsam aufstehen. Mit ein wenig Übung müsste es klappen. Nach dem ersten geglückten Versuch kommt eine dritte Person hinzu. Die drei versuchen ebenfalls, Rücken an Rücken und eingehakt, aufzustehen. Ist auch dies gelungen, wird weiter aufgestockt.

3. Gerettet (Kooperation)

Teilnehmer und Teilnehmerinnen: 10–30, Dauer: ca. 30 Minuten, Alter: ab 10 Jahre

Schiffbrüchige schwimmen im Meer. Sie drohen zu ertrinken. Da treibt in rascher Geschwindigkeit ein Floß vorbei. Ob es allen Schiffbrüchigen gelingt, auf das Floß zu kommen? Nach rascher Musik „schwimmen" die Spieler durch den Raum. In der Mitte befinden sich einige Stühle oder Bänke (davon höchstens so viele wie Mitspieler). Bricht die Musik ab, müssen alle Mitspieler versuchen, auf die Sitzgelegenheiten zu gelangen – und zwar so, dass kein Spieler mit den Füßen den Boden berührt. Die Kooperationsaufgabe besteht darin, dass alle auf dem „Floß" einen Platz erhalten sollen. Gelingt dies, wird das Spiel erneut gestartet – diesmal mit einer Sitzgelegenheit weniger.

Kurt Faller/Wilfried Kerntke/Maria Wackmann, S. 196–197 (1. und 2.), Jan Glander, S. 43 (3.)

Aufgaben

1 Beschreibe die Grundidee der Bilder in M1 und des Textes M2. Erkläre dann den Begriff „Teamgeist". ➜ M1/M2

2 Nennt die Gründe, aus denen sich die vier Tiere im Märchen zusammenschließen. ➜ M3

3 Beschreibt, auf welche Weise die Bremer Stadtmusikanten eine starke Gemeinschaft darstellen. ➜ M3

4 Führt die Spiele durch und sprecht über eure Erfahrungen dabei. ➜ M4

5 Untersucht, welche Dinge, die für eine Gemeinschaft wichtig sind, durch die Spiele angesprochen werden. ➜ M4

6 Malt ein Bild, wie ihr euch Gemeinschaft vorstellt. ➜ M1–M4

▶ Glossar: Kooperation, Koordination

3 Gute Freunde

M1 Suche – biete

Gesucht: eine Freundin

Du solltest ehrlich sein und nicht zicken. Es wäre wichtig, dass du gerne tanzt und bereit bist, Blödsinn mitzumachen und viel zu lachen. Ich möchte gerne mit dir viel Zeit verbringen und Spaß haben. Das Wichtigste aber ist, dass ich mich auf dich verlassen können muss und du zu mir hältst, wenn es Schwierigkeiten gibt.

Heute im Angebot: Freundschaft

Ich biete Interesse an Computern und Detektivgeschichten, ich mag gerne Schoko-Eis und liebe Fußballspielen. Außerdem würde ich gerne mit dir Fahrradfahren. Ich bin recht witzig, meist zuverlässig und kann Geheimnisse für mich behalten.

M2 Zwei Freundinnen

„*Mit einer besten Freundin kann man einfach über alles reden und ihr dabei auch mal ein Geheimnis anvertrauen. Und das kann ich mit Milena – und ich kann mich total darauf verlassen, dass sie nichts davon weitererzählt.*“

„Katharina und ich sehen uns praktisch jeden Tag, weil wir in derselben Klasse sind und zweimal in der Woche zusammen ins Training gehen. Auch am Wochenende sind wir oft zusammen. Sie ist schon fast wie eine Schwester.“

M3 Freundschaftsnetzwerke im Internet

Im Internet gibt es Plattformen, auf denen man Schulfreunde oder Gleichgesinnte „treffen" oder sich online über Hobbys, Spiele, Musik oder Kinofilme austauschen kann.

Zu den derzeit besonders angesagten Angeboten in der Altersgruppe zwischen zehn und 18 Jahren gehört das „Schüler Verzeichnis", kurz SchülerVZ. [...] Jeder Schüler kann in dem Portal kostenlos eine eigene Homepage einrichten: Ein paar Daten über sich eintippen, ein Foto hochladen, die besuchte Schule auswählen – fertig. Sekunden später können die Jugendlichen sehen, wer sich sonst noch von der eigenen Schule bei SchülerVZ angemeldet hat. [...] Ein wichtiger Bestandteil des Netzwerks sind [...] Freundschaften. Je mehr Freundschaften auf der eigenen SchülerVZ-Seite angegeben sind, umso besser. [...] Tricksen kann man nicht, denn eine Freundschaft entsteht nur, wenn beide das wollen und per Mausklick die Online-Freundschaft besiegeln. Sonst läuft der „Antrag" (Motto: Hey, willst Du mein Freund sein?) ins Leere.

nach www.internet-abc.de

Wen nennt man einen Freund?

INFO

Wenn dich jemand fragt: „Willst du meine Freundin bzw. Freund sein?", was erwartet der dann von dir? Was, im Gegenzug, kannst du von ihm oder ihr erwarten? Nach dem Philosophen Aristoteles kann es dreierlei heißen. Jemand möchte dein Freund sein, weil er oder sie mit dir...

1. ... etwas Lustiges unternehmen möchte, z. B. Fußballspielen oder ins Kino gehen. In diesem Fall beruht eure Freundschaft auf **Spaß** und **Freude**.
2. ... gut zusammen Hausaufgaben machen bzw. gut mit dir lernen kann. In diesem Fall beruht eure Freundschaft auf dem **Nutzen**.
3. ... gern zusammen ist und mit dir alles bereden kann. In diesem Fall beruht eure Freundschaft auf **Vertrauen**.

Die perfekte Freundschaft wäre eine, in der alle drei Eigenschaften Spaß, Nutzen und Vertrauen zusammenkommen. Aber das ist eher selten der Fall. Darum erwarte nicht zu viel!

M4 Wir

Ich bin ich und du bist du.
Wenn ich rede, hörst du zu.
Wenn du sprichst, dann bin ich still,
weil ich dich verstehen will.
Wenn du fällst, helf ich dir auf,
und du fängst mich, wenn ich lauf.
Wenn du kickst, steh ich im Tor,
pfeif ich Angriff, schießt du vor.
Spielst du pong, dann spiel ich ping,
und du trommelst, wenn ich sing.
Allein kann keiner diese Sachen,
zusammen können wir viel machen.
Ich mit dir und du mit mir –
das sind wir.

Irmela Brender

Aufgaben

1 Gestalte selbst zwei Anzeigen: eine Anzeige, mit der du eine Freundin/einen Freund suchst, und eine Anzeige, in der du dich um eine Freundschaft bewirbst. ➜ M1

2 Schreibe selbst eine Sprechblase über eine Freundin/einen Freund. Was wäre für dich wichtig? ➜ M2

3 Welche Freundschaftsnetzwerke im Internet kennst du? Tauscht euer Wissen und eure Erfahrungen aus. ➜ M3

4 „Je mehr Freundschaften auf der eigenen SchülerVZ-Seite angegeben sind, umso besser", heißt es im Text. Ist es also vor allem wichtig, möglichst viele Freunde oder Freundinnen zu haben? Begründe deine Antwort. ➜ M3

5 Lest das Gedicht ein paar Mal laut; lest manche Stellen einmal langsamer, einmal schneller und manche besonders betont. Tauscht eure Höreindrücke aus. Wo hat sich durch unterschiedliches Lesen etwas verändert? ➜ M4

6 Schreibe oder zeichne wenigstens sieben Situationen auf, in denen du zusammen mit deiner Freundin oder deinem Freund mehr zustande bringst als allein. ➜ M4

▶ Glossar: Aristoteles

4 Familienleben

M1 Meine Familie

Ich habe vier Brüder, die sich ständig über irgendwas beschweren. Wenn ich ein Problem habe und zu meiner Mutter gehe, weil ich mit ihr darüber reden will, stehen meistens schon zwei Brüder vor mir in der Schlange und jammern über etwas total Bescheuertes. Ich könnte was richtig Schlimmes haben wie zum Beispiel einen eingerissenen Nagel oder eine fehlende Socke, aber sie stehen da und verschwenden Mamas Zeit mit albernen Sachen wie Marmelade im Gesicht oder falschherum angezogenen Pullovern. [...]
Marty ist der älteste Bruder und sein Steckenpferd ist, dass ihm alles verboten wird und er genauso gut im Gefängnis sitzen könnte. „Warum krieg ich kein Motorrad?", quengelt er oft. „Ich bin jetzt zehn, das ist fast schon sechzehn. Wenn ich einen Helm aufhätte, würde die Polizei überhaupt nichts merken." [...] Ich heiße Tim und bin der Nächste in der Reihe. Nach mir kommt mein zweiter Bruder Donnie, dessen Steckenpferd sein Haar ist. Egal, wie oft Mama es wäscht oder kämmt, immer ist irgendwas nicht richtig. [...] Brüder drei und vier, Bert und HP, haben ganz neue Wörter erfunden, damit sie wirkungsvoller jammern können. Berts neues Wort heißt „kriegichn" wie „Kriegichn Riegel Schokolade?" „Nicht vor dem Abendessen, Schatz", sagt Mama. „Kriegichn Stück, nur ein Stück?" „Nein Schatz. Wir essen gleich." „Kriegichn Tüte Chips?" [...] Mama hat viel Geduld. Bei Papa ist nach zwei „Kriegichn" Schluss, dann wird er sauer.
HP (halbe Portion) ist der Jüngste und findet es schrecklich, das Baby zu sein. Das erfundene Wort, mit dem er sich immer beschwert, ist „sisgemein" wie in: „Sisgemein. Chrissys Mami hat ihm erlaubt, dass er sich eine Glatze rasiert. Jetzt sieht er aus wie mindestens fünfeinhalb". Das hat er an einem Nachmittag gesagt, nach einem halben Tag im Kindergarten.

Eoin Colfer, S. 7-12

M2 Jede Familie ist anders

M3 Alle Menschen haben Familie

Menschen sind bei Geburt noch nicht alleine überlebensfähig. Der Säugling braucht Erwachsene, die sich intensiv um ihn kümmern. Dies wird fast immer von den leiblichen Eltern oder Pflegeeltern, Großeltern oder sonstigen Verwandten übernommen. Viele Menschen heiraten als Erwachsene oder gehen eine dauerhafte Partnerschaft ein. Die meisten werden auch selbst Eltern, gründen also eine neue Familie.

Menschen sind die einzigen Lebewesen, die ein recht unterschiedliches und veränderbares Familienleben führen. Sie haben sich von genetischen Festlegungen, die für Tierfamilien gelten, weitestgehend gelöst. Zwar gibt es bei den Menschen oft bestimmte gesellschaftliche Erwartungen und Vorstellungen, aber vor allem in den westlichen Ländern haben die Menschen heutzutage in der Gestaltung ihres Familienlebens enorme Freiheiten: mit oder ohne Kinder, allein oder zusammen leben, verschiedene Partner haben, heiraten oder ohne Trauschein zusammen leben, neue Familien mit neuen Partnern und deren Kindern bilden (Patchwork-Familien) usw. Das Leben in einer Familie hat dabei großen Einfluss auf die seelische und körperliche Entwicklung eines Menschen. Seine Familien kann man sich nicht auswählen: In Familien wird man hinein geboren, Freunde kann man sich aussuchen.

Aufgaben

1 Stellt Situationen aus Tims Familienleben als Standbilder dar. Macht hiervon Fotos und verseht sie mit Sprech- oder Gedankenblasen. Ihr könnt auch aus mehreren Bildern eine Bildergeschichte machen. ➜ M1

2 Beschreibe die vier dargestellten Familien. Um welche Art von Familie handelt es sich (z. B. Kleinfamilie, Großfamilie)? Wer gehört alles dazu? Wie könnten die einzelnen Personen zueinander stehen? Welchen Beruf oder welche Hobbys könnten sie haben? ➜ M2

3 Zeichnet ähnliche „Familienbäume" für eure eigenen Familien und hängt sie in der Klasse auf. Ihr könnt auch Fotos einkleben oder nur die Namen hinschreiben. ➜ M2

4 Erläutere das Sprichwort „Freunde kann man sich aussuchen, seine Familie aber nicht." ➜ M3

5 Erkläre das Besondere an menschlichen Familien. ➜ M3

▶ Glossar: genetisch

5 (Wie viel) Abstand halten?

M1 Einer, mehrere, viele

M2 Menschliche Gemeinschaften

Jeder Mensch hat eine Familie. Aber das ist nicht die einzige Gemeinschaft, in der wir uns wiederfinden: Menschen leben gleichzeitig in ganz verschiedenen Gemeinschaften. Wir gehen in die Schule und gehören damit der Klassen- und Schulgemeinschaft an. Wir treiben Sport – vielleicht in einem Fußball- oder Reitverein. Auch die Bürger einer Stadt oder eines Stadtteils können eine Gemeinschaft bilden. Und wer religiös ist, ist oft Mitglied einer Religionsgemeinschaft. Manche Gemeinschaften wählen wir freiwillig und aktiv aus (z. B. einen Verein), in andere geraten wir eher zufällig (z. B. eine Schulklasse). Manchmal entscheiden wir uns auch bewusst gegen eine Gemeinschaft (z. B. bei einem Kirchenaustritt). Die Menschen in einer Gemeinschaft haben dabei etwas gemeinsam: Das können Hobbys sein (wie in einem Verein) oder auch nur das Leben an einem Ort (Nachbarschaft).

Texte lesen und verstehen

METHODE

Sachtexte sind oft schwer zu verstehen. Das gilt besonders für philosophische Texte wie „Die Stachelschweine" von Arthur Schopenhauer (M3). Um solche Texte zu verstehen, gehst du am besten folgendermaßen vor:

1. Lies den Text aufmerksam durch und markiere am Rand die Stellen, die du nicht verstehst.
2. Beim zweiten Lesen schreibst du dir die Begriffe oder Gedanken heraus, die dir wichtig erscheinen.
3. Nun kannst du auf verschiedene Art mit dem Text umgehen:
   - Gliedere den Text in Abschnitte und versieh jeden Abschnitt mit einer Überschrift.
   - Fasse den Inhalt jedes Abschnitts kurz in eigenen Worten zusammen.
4. Zum Schluss kannst du den Text kritisch lesen: Behandelt er Themen oder Probleme, die für dich wichtig sind? Gibt er eine Antwort auf deine Fragen? Überzeugt dich diese Antwort?

M3 Die Stachelschweine

Von dem Philosophen Arthur Schopenhauer stammt das folgende berühmte Gleichnis:

[1] Eine Gesellschaft Stachelschweine drängte sich an einem kalten Wintertage recht nahe zusammen, um sich durch die gegenseitige Wärme vor dem Erfrieren zu schützen. Bald jedoch empfanden sie die gegenseitigen Stacheln, welches sie dann wieder voneinander entfernte. Wann nun das Bedürfnis der Erwärmung sie wieder näher zusammenbrachte, wiederholte sich jenes zweite Übel, so dass sie zwischen beiden Leiden hin- und hergeworfen wurden, bis sie eine mäßige Entfernung voneinander herausgefunden hatten, in der sie es am besten aushalten konnten. – [2] So treibt das Bedürfnis der Gesellschaft [...] die Menschen zueinander; aber ihre vielen widerwärtigen Eigenschaften und unerträglichen Fehler stoßen sie wieder voneinander ab. Die mittlere Entfernung, die sie endlich herausfinden, und bei welcher ein Beisammen bestehen kann, ist die Höflichkeit und feine Sitte. [...] Vermöge derselben wird zwar das Bedürfnis gegenseitiger Erwärmung nur unvollkommen befriedigt, dafür aber der Stich der Stacheln nicht empfunden. *nach Arthur Schopenhauer, S. 708-709*

Nähe und Abstand

INFO

Die „mittlere Entfernung" zu den Mitmenschen, von der Arthur Schopenhauer spricht (M3), muss jeder für sich selbst herausfinden. Einerseits suchen die Menschen **Nähe** zu anderen Menschen. Denn ohne sie ist der einzelne Mensch nicht überlebensfähig. Andererseits suchen die Menschen **Abstand** zu anderen Menschen, vor allem dann, wenn die Nähe als zu nah empfunden wird.

Nadja beispielsweise wurde das Zusammensein mit ihren drei Freundinnen zu viel. Daher ging sie ein wenig auf Abstand zu ihnen und zog sich zurück. Doch im Urlaub mit ihren Eltern wollte sie bald am liebsten wieder mit den Freundinnen zusammen sein und schrieb ihnen viele SMS.

Nähe und Abstand kennzeichnen auch zwei verschiedene Typen von Menschen: Manche Menschen sind gern längere Zeit allein und können es gut mit sich selbst aushalten. Solche Menschen fühlen sich wie Robinson Crusoe (s. S. 40) und heißen **Einzelgänger**. Sie sind aber nicht zu verwechseln mit **Außenseitern**, denn diese hätten gerne Kontakt zu anderen Menschen, werden aber von ihnen gemieden. Sie sind also unfreiwillig allein.

Aufgaben

1 Vergleicht die Bilder miteinander. Welche Formen von Gemeinschaft zeigen sie? ➜ M1

2 Kennt ihr noch andere Gemeinschaftsformen? Erstellt eine Liste. ➜ M2

3 Vor der Lektüre des Gleichnisses „Die Stachelschweine" bildet zwei Gruppen:
- Die erste Gruppe liest nur den ersten Abschnitt des Textes [1] und schreibt auf, wofür die Geschichte ein Gleichnis sein könnte.
- Die zweite Gruppe liest nur den zweiten Abschnitt [2] und schreibt dazu ein passendes Gleichnis.

Danach vergleichen die Gruppen die selbst geschriebenen Texte untereinander und mit dem Original. ➜ M3

4 Überlegt gemeinsam, ob ihr mit der Meinung von Schopenhauer übereinstimmt. Begründet eure Antwort. ➜ M3

5 Für Schopenhauer dient die Höflichkeit dazu, die „mittlere Entfernung" zwischen den Menschen einzuhalten. Vergleicht diese Aussage mit der Doppelseite zum Thema „Höflichkeit" (s. S. 52-53). ➜ M3

6 Tauscht euch über Situationen aus, die zu dem Text von Schopenhauer passen und die ihr beobachtet oder selbst erlebt habt. ➜ M3

▶ Glossar: Gleichnis, Arthur Schopenhauer

6 Regeln in der Schule

M1 Im Unterricht verboten

M2 „Und wie war's in der Schule?"

Die Jungen in der hinteren Reihe haben ständig mit Papierkugeln geworfen.

Stell dir vor, Selina und Maya haben sich heute im Unterricht geschminkt.

Frau Kirch hat mit Stefan, Gültekin und Corinna geschimpft, weil sie immer in die Klasse rufen, ohne sich zu melden.

Elif, Mira, Marvin und Jonathan haben einen Klassenbucheintrag bekommen, weil sie nicht aufgepasst haben.

Marius und Sandra haben über einige Tische hinweg miteinander gequatscht.

Wie immer wurden Briefchen durch die Klasse gereicht.

Kai war noch müde von gestern und hat auf dem Tisch geschlafen.

Eric, Dustin und Christoph haben sich in der großen Pause angerempelt und geprügelt.

M3 Eine neue Idee

Frau Meckel stellt ihren Schülerinnen und Schülern eine neue Idee vor: „Ich habe bei einer Recherche im Internet einen Klassenvertrag gefunden. Der könnte auch etwas für euch sein. Lasst uns gemeinsam einen Blick darauf werfen."

Wir Schülerinnen und Schüler wollen ...

- nicht petzen
- mit anderen Schülerinnen und Schülern fair umgehen
- keine verletzende Kritik äußern
- mit den von der Schule gestellten Lernmitteln (Bücher etc.) sorgsam umgehen
- Gesprächsregeln beachten
- Rückgabefristen (Schulaufgaben) einhalten
- Verpflichtungen (z. B. Tafeldienst) einhalten
- uns aktiv am Unterricht beteiligen
- auf Ordnung achten
- Klassenzimmer selbst mitgestalten
- unnötige Unruhe vermeiden
- pünktlich sein

„Keine schlechte Idee", sagt Marina, „ich finde ja z. B. auch, dass man wirklich gar nichts vom Unterricht mitbekommt, wenn es zu unruhig ist. Und dann weiß ich nachmittags bei den Hausaufgaben immer nicht weiter." Anton meldet sich und sagt: „Mir gefällt es aber nicht, einfach nur den vorgefertigten Vertrag einer anderen Schule zu übernehmen." Frau Meckel greift diesen Gedanken auf: „Da hast du recht, Anton. Ein solcher Vertrag ist nur etwas wert, wenn alle dahinter stehen und ihn unterschreiben können." Darauf sagt Maya: „Wir können doch unseren eigenen Klassenvertrag schreiben." Die anderen Schüler stimmen Maya zu: „Gute Idee!" „Gefällt mir auch besser." „Das machen wir."

M4 Aus einer Hausordnung

- Für die Ordnung und Sauberkeit im Klassenzimmer sind alle Schülerinnen und Schüler verantwortlich. Zwei Klassenordner sorgen im wöchentlichen Wechsel insbesondere für eine saubere Tafel, die grob sortierte Beseitigung von Papier und Abfällen in die jeweils vorgesehenen Abfallbehälter.
- Jede Klassenlehrerin bzw. jeder Klassenlehrer beauftragt eine verantwortungsbewusste Schülerin oder einen Schüler mit der Betreuung des Klassenbuchs.
- Alle Schülerinnen und Schüler gehen mit sämtlichen Einrichtungsgegenständen (v. a. mit Tischen, Stühlen usw.) sorgsam um.
- Das Verlassen des Schulgeländes während des Unterrichtstages ist erst ab Klasse 11 gestattet.

Aufgaben

1 a) Formuliert, was die drei Symbole bedeuten könnten. ➜ M1
b) Was haltet ihr davon? Begründet eure Meinung. ➜ M1

2 Beurteilt das Verhalten der Schülerinnen und Schüler. ➜ M2

3 Bewertet Frau Meckels Idee. ➜ M3

4 Entwickelt einen eigenen Klassenvertrag, der Verpflichtungen für Schülerinnen und Schüler sowie Lehrer enthält. ➜ M3

5 Wenn ihr Klassenregeln aufgeschrieben habt, versucht den Sinn der Regeln anzugeben, indem ihr sie nach folgendem Beispiel ergänzt: „Wir pflegen einen freundlichen Umgangston miteinander, damit ..." ➜ M3

6 Hängt eine große Kopie der Hausordnung eurer Schule auf. Markiert mit roten Punkten die Stellen, die für euch besonders wichtig sind, und mit schwarzen Punkten diejenigen, die besonders schwer einzuhalten sind. Besprecht das Ergebnis. ➜ M4

7 Ist eine Selbstverpflichtung mehr wert als eine Vorschrift (wie z. B. eine Hausordnung) oder ein übernommener Vertrag? Findet Argumente dafür oder dagegen. ➜ M3/M4

7 Regeln der Höflichkeit

M1 Gutes Benehmen?

M2 Ein Gast bei Tisch

Familie Mittermeier hat Jasper aus England als Austauschschüler aufgenommen. Eine erste Überraschung erlebten sie schon beim Begrüßungskaffee. Sohn Ewald berichtet:

Jasper kam zum Tisch und setzte sich. Seine Finger waren rabenschwarz. [...] „Jasper, your hands“, sagte meine Mama. Jasper besah sich seine Mohnnudelfinger und war sichtlich mit der Beobachtung, dass alle zehn Stück vorhanden waren, zufrieden. „They are dirty!“, sagte meine Mama. Mit Klagestimme. Aber Jasper hatte das Interesse an seinen Fingern verloren. Er schaute auf das Stück Schwarzwälder Kirschtorte auf seinem Teller. Er zog den Teller an sich, betrachtete die Torte eingehend, entdeckte in der weißen Cremefüllung eine rote Kirsche, holte sie mit zwei Mohnnudelfingern aus der Buttercreme und steckte sie in den Mund. Deutlich sauberer als vorher holte er sie wieder heraus.

„Jasper, go and wash your hands!“, sagte meine Mutter. Jasper schaute verbittert. Meine Mutter hielt dem Blick stand. Jasper seufzte, dann holte er ein folienverschweißtes AUA-Erfrischungstüchlein aus der Hosentasche, riss die Folie auf, warf sie auf den Boden, entfaltete das Tüchlein und ribbelte an seinen Händen herum, bis das Tüchlein dunkelgrau war. Hierauf knüllte er es zusammen und warf es auch auf den Boden. Meine Mutter nahm das konsterniert wahr.

Christine Nöstlinger, S. 59-60

M3 Höflichkeit: Lüge oder Rücksicht?

Gerade hat Friederike mit ihrem Vater eine Diskussion über die Höflichkeit gehabt. Sie glaubte, dass die Höflichkeit eine besondere Form von Lüge sei: Man ist freundlich zu jemandem, obwohl man ihn nicht leiden kann. Als der Vater da nicht ganz zustimmen kann, fragt Friederike: „Was hat es denn für einen Sinn, dass man manches sagen darf und manches nicht?“ „Nun, was meinst du, wenn dich jemand hässlich findet, soll er dir das unverblümt sagen? Ich glaube eher, das würde dich sehr kränken. Es geht also nicht darum, die Unwahrheit zu sagen, sondern den anderen nicht unnötig zu verletzen. Das wäre doch fast so, als würde man ihm ins Gesicht schlagen. Und Kränkungen können noch mehr als richtige Schläge schmerzen. Siehst du, Höflichkeit ist sinnvoll, wenn es um Rücksicht geht.“

nach Rainer Erlinger, S. 65

M4 Benimmratgeber

Adolph Freiherr von Knigge (1752-1796) war der Erste, der in einem Buch beschrieben hat, was Menschen beim Umgang miteinander beachten sollten. Dieses Buch, auch kurz „Knigge" genannt, machte ihn berühmt. Seitdem sind viele weitere Benimm-Ratgeber entstanden. Es gibt z. B. folgende Regeln:

Kinder sollen der Mutter beim Auftragen des Essens und Abräumen des Tisches helfen.

In öffentlichen Verkehrsmitteln sollen jüngere älteren Leuten ihren Platz anbieten.

Wenn man jemanden kennenlernen will, stellt man sich einander vor. Ein Herr stellt sich dabei immer zuerst einer Dame vor, nicht umgekehrt.

Ein Handkuss sollte nur in geschlossenen Räumen gegeben werden. Dazu zählen heute auch Bahnhöfe und Flughäfen.

Wenn man zum Essen eingeladen ist, lässt man immer einen Anstandsbissen auf dem Teller.

Kartoffeln zerschneidet man nicht mit dem Messer, sondern zerteilt sie mit der Gabel.

Frauen tragen in der Öffentlichkeit keine Hosen, sondern Röcke und Kleider.

Männer tragen abends blaue, graue oder schwarze Kleidungsstücke, auf keinen Fall braune oder beige.

An einer Tür lässt der Herr der Dame den Vortritt und hält ihr die Türe auf.

Auf einer Treppe geht der Mann der Frau beim Hinuntergehen voran, und auch beim Hinaufgehen übernimmt er die Führung.

Im Restaurant, Kino, Theater geht der Mann voran, um nach einem freien Platz ausschauen zu können.

Beim Verlassen des Restaurants hilft der Herr der Dame in den Mantel.

Wenn man husten muss, wendet man sich von anderen Menschen weg und hält sich die Hand vor den Mund. *Zitate aus Gabriele Giesder und Joachim Wachtel*

PROJEKT

Begrüßungsformen

Wie begrüßt man sich z. B. in Deutschland oder China, unter Freunden oder bei offiziellen Geschäftsterminen? Tragt Informationen dazu zusammen (Fotos/Beschreibungen/Zeichnungen) und erstellt ein Wandplakat. Stellt anschließend verschiedene Formen der Begrüßung in szenischer Form da. Beschreibt, wie diese Begrüßungsformen auf andere wirken.

Internationale Umgangsformen

Erstellt einen internationalen Katalog von Umgangsregeln. Dabei können euch die Schülerinnen und Schüler, die einen Migrationshintergrund haben, viele gute Tipps geben, welche Benimmregeln in ihren ursprünglichen Heimatländern gelten.

Knigge für Schüler

Stellt einen zeitgemäßen Knigge-Ratgeber für Schülerinnen und Schüler an eurer Schule zusammen und macht ein kleines Buch daraus.

Aufgaben

1 Tauscht euch über Situationen aus, in denen sich jemand „daneben benommen" hat. → M1/M2

2 Falls ihr aus einem Land außerhalb von Deutschland stammt oder im Ausland ward: Berichtet von Erfahrungen mit andersartigen Umgangsformen. → M2

3 Ist Höflichkeit eine Form der Lüge oder der Rücksichtnahme? Teilt euch in zwei Gruppen. Jede Gruppe sucht Argumente für eine Sichtweise. Tauscht dann eure Argumente aus. → M3

4 Nennt die unterschiedlichen Formen der Verabschiedung, der Anrede, des Essens und der Körpersprache, die im Text beschrieben werden. Kennt ihr weitere? Welche? → M4

5 Sprecht über die Benimmratschläge. Welche findest du gut und welche nicht? Begründe deine Auffassung. → M4

8 Regeln im Sport

M1 Der direkte Freistoß

Fußball kennt jeder. Aber kennt jeder auch die Regeln? Und die Strafen bei Verstoß gegen die Regeln? Der direkte Freistoß, bei dem unmittelbar auf das Tor geschossen werden darf, ist eine solche Strafe. Mit ihr wird nicht nur der Täter, sondern letztlich die ganze Mannschaft bestraft. Und wann entscheidet der Schiedsrichter für den direkten Freistoß? Er tut dies u. a. in folgenden Fällen:

Der Spieler tritt einen Gegner oder versucht, ihn zu treten, er stellt einem Gegner das Bein oder versucht es, er springt einen Gegner an, rempelt einen Gegner, schlägt ihn oder versucht, ihn zu schlagen, der Spieler stößt einen Gegner. Eine klare Sache, oder? Keineswegs, denn es müssen folgende Voraussetzungen gegeben sein: Der Verstoß muss nach Einschätzung des Schiedsrichters gefährlich, rücksichtslos, fahrlässig sein und mit einem unverhältnismäßigen Körpereinsatz begangen werden. Außerdem darf der Spieler einen Gegner nicht halten, ihn nicht anspucken, und er darf den Ball nicht absichtlich mit der Hand spielen. Einfach klingt das alles nicht.

M2 Sport, wie er (manchmal) ist ...

Ein Fußballspieler wird von einem gegnerischen Spieler in nicht regelwidriger Weise gerempelt und lässt sich dramatisch fallen. Er macht so gekonnt eine „Schwalbe“, dass der Schiedsrichter einen Freistoß gibt.

Während des Spiels sagt ein Baseballspieler immer wieder zu einem Gegner: „*Your game is as ugly as your girl:* Dein Spiel ist genauso hässlich wie deine Freundin.“ Der Gegner wird wütend und macht Fehler.

Bei einem Spiel ohne Schiedsrichter: Einer der Volleyballspieler sagt: „Ich habe genau gesehen, dass der Ball aus war.“ Der Ball hatte aber die Linie berührt, und der Spieler hatte das auch bemerkt. Man glaubt ihm aber, und es gibt Aufschlagwechsel.

Fußballfans verunsichern die gegnerische Mannschaft und singen Spottgesänge wie:

**„Zieht den Bayern die Lederhosen aus,
Lederhosen aus, Lederhosen aus.“**

**„Was ist grün und stinkt nach Fisch:
Werder Breeeemen!“**

**„Auf der Leine schwimmt ein Fußball,
und der Fußball schwimmt ins Meer,
und der Fußball, der geht unter,
und Hannover hinterher.“**

**„Willst du Dortmund oben sehen,
musst du die Tabelle drehen!“**

M3 Fairness beim Elfmeter

Für sein faires Verhalten während des Bundesligaspiels Werder Bremen gegen Arminia Bielefeld hat die Deutsche Olympische Gesellschaft Fußball-Nationalspieler Miroslav Klose im Jahr 2005 mit der Fair-Play-Plakette des deutschen Sports ausgezeichnet. Beim Stand von 0:0 hatte der damalige Bremer Stürmer beteuert, dass der gegnerische Torwart ihn im Strafraum nicht gefoult hat. Der Schiedsrichter hatte daraufhin seine Elfmeterentscheidung und die Gelbe Karte gegen den Torwart wieder zurückgenommen.

nach www.sportunterricht.de/fairplay/klose05.html

M4 Fair geht vor

„Handball ist ein Sport, bei dem es mal so richtig zur Sache geht. Ohne Fair Play würden alle Handballspieler ohne Zähne rumlaufen oder an Krücken gehen. Wir haben alle, egal ob innerhalb der Mannschaft oder gegenüber dem Gegner, sehr viel Respekt und Achtung vor jedem, der an dem Spiel beteiligt ist. Deshalb macht mir auch Handball immer noch Spaß!" *Stefan Kretzschmar (ehemaliger Handballspieler)*

„Ich will so bleiben wie ich bin und mich nicht unter dem Einfluss von irgendwelchen Präparaten verändern. Ich will erfahren, was ich selbst durch Training, Konzentration, Leistungsbereitschaft und Lebenseinstellung im Sport leisten kann. Mir ist die Begegnung mit den anderen Sportlerinnen und Sportlern wichtig, das Internationale am Sport, das Kennenlernen und die gemeinsame Freude am Wettkampf. Ich will lieber zweimal verlieren als einmal betrügen!"

Franziska van Almsick (ehemalige Schwimmerin, mehrfache Welt- und Europameisterin)

INFO

Fair Play

„Fair Play" bezeichnet nicht nur das Einhalten der Spielregeln, sondern steht für eine Haltung des Sportlers: den Respekt vor dem sportlichen Gegner. Fair verhält sich derjenige, der sich auch in sein Gegenüber versetzt. „Fair geht vor" betonen auch immer wieder bekannte Sportlerinnen und Sportler sowie andere Prominente.

M5 Der Olympische Eid

Im Namen aller Wettkämpfer gelobe ich, dass wir im Geiste der Sportlichkeit, zum Ruhme des Sports und zur Ehre unserer Mannschaften an diesen Olympischen Spielen teilnehmen und dabei die Regeln, die für sie gelten, achten und befolgen und uns einem Sport ohne Doping und Drogen verpflichtet fühlen.

www.olympia-ausstellung.de/rituale4.html

Aufgaben

1 a) Beschreibe die Aufgabe des Schiedsrichters. Welche Möglichkeiten hat er, Regelverstöße zu bestrafen? ➜ M1
  b) Stellt euch ein Fußballspiel vor, in dem der Schiedsrichter keine Strafen aussprechen darf, und beschreibt die möglichen Folgen. ➜ M1

2 Beurteilt das Verhalten der Fans. Ist das unfair oder gehört das zum Sport dazu? ➜ M2

3 Stell dir vor, die beschriebene Situation findet in der 90. Spielminute statt: Du bist jetzt Miroslav Klose. Es steht immer noch 0:0. Ein Elfmeter würde deiner Mannschaft den Sieg bringen und wahrscheinlich auch die Deutsche Fußballmeisterschaft ...
Was geht dir durch den Kopf und wie entscheidest du dich? ➜ M3

4 Sucht weitere Beispiele für faires Verhalten. Entwickelt in Kleingruppen jeweils Spielszenen, in denen eure Vorschläge gerade nicht beherzigt werden. ➜ M3

5 Lest die Zitate gut durch. Warum halten die Sportlerin und der Sportler „Fair Play" für so wichtig? Erstellt eine Liste mit Gründen und ergänzt sie mit eigenen Überlegungen. ➜ M4

6 Gib den Inhalt des Olympischen Eids mit eigenen Worten wieder. Was könnte man streichen, was würdest du noch hinzufügen? ➜ M5

7 Überlegt zusammen: Was ist fair, was unfair? Erstellt anschließend eigene Fairnessregeln, sammelt sie auf einem Plakat und hängt sie im Klassenzimmer auf.

9 Die Goldene Regel

M1 Eine Regel für alle Menschen

Was du nicht willst,
dass man dir tu, das füg
auch keinem andern zu.
Sprichwort

Fügt andern nichts zu,
was nicht gut für euch selbst ist.
Zarathustra

Was ihr
nicht wollt,
dass man euch
zufügt,
fügt es andern
nicht zu.
Konfuzius

Soll ich mich
andern gegenüber
nicht so verhalten,
wie ich möchte,
dass sie sich mir
gegenüber
verhielten?
Platon

Füge andern
nicht Leid
durch Taten zu,
die dir
selber Leid
zufügten.
Buddha

Alles, was
ihr wollt,
dass euch die
Menschen tun,
also tut auch
ihnen.
Neues Testament,
Matthäus 7,12

Die Goldene Regel

INFO

Wenn man die Bedürfnisse eines anderen besser wahrnehmen möchte, wenn man dazu beitragen möchte, dass er glücklich ist, hilft es, sich in seine Lage zu versetzen. Wer dies beachtet, berücksichtigt auch, was seine Mitmenschen von seinem Tun halten werden.
Diese Regel gibt es zu beinahe jeder Zeit und in beinahe jeder Kultur. Weil sie wahrscheinlich die wichtigste moralische Regel ist, heißt sie „die Goldene Regel". Die einprägsamste Formulierung lautet: *Was du nicht willst, dass man dir tu', das füg auch keinem andern zu.*

M2 Der Vater und sein Töchterchen

Ein kleines Mädchen bekam zum Geburtstag sehr viele Bilderbücher, und ihr Vater vertrat die Ansicht, seine Tochter könne ruhig zwei oder drei davon an einen Nachbarsjungen namens Robert verschenken […].

Ein kleines Mädchen zu überreden, dass es Bücher oder sonst etwas hergibt, ist sehr schwierig. Aber der Vater setzte seinen Kopf durch, und Robert ging mit zwei Bilderbüchern fort. „Dir bleiben ja immer noch neun", sagte der Vater, der sich für einen großen Philosophen und Kinderpsychologen hielt.

Einige Wochen später ging der Vater in seine Bibliothek, um im Lexikon das Wort Vater nachzuschlagen. Aber er suchte vergebens nach dem Band V-Z, und dann entdeckte er, dass auch die Bände A-B, F-G und L-M fehlten. Er stellte mit allen Mitgliedern seines Haushalts ein strenges Verhör an und fand bald heraus, was es mit den fehlenden vier Bänden auf sich hatte. „Heute morgen hat ein Mann an der Haustür geklingelt", berichtete sein Töchterchen. „Er wusste nicht, wie man von hier nach Torrington und von Torrington nach Winsted kommt, und weil er so nett war, viel netter als Robert, habe ich ihm vier von deinen Büchern geschenkt. Das Lexikon besteht ja aus dreizehn Bänden, also bleiben dir immer noch neun."

Moral: Was du nicht willst, dass man dir tu, das füg auch keinem andern zu.

nach James Thurber, Der Vater und sein Töchterchen, S. 161-162

M3 Wie funktioniert die Goldene Regel?

Bei der Goldenen Regel geht es darum, Rücksicht auf den anderen zu nehmen, sich in den anderen hineinzuversetzen und sich zu fragen, ob der andere einverstanden sein könnte:

„Jedes Mal, wenn du in einer bestimmten Situation Zweifel hast, ob du gerade gut oder schlecht handelst, musst du dich fragen, was die anderen in deiner Lage tun sollten, was du von ihnen erwarten würdest, so als ob es eine allgemeine Regel für diese besondere Situation geben würde." […]

„Um zu klären, ob du gut oder schlecht handelst, musst du dich fragen, wie du selbst behandelt werden möchtest; dann wirst du zugeben, dass du nicht bestohlen werden willst, dass die Versprechen gehalten werden sollen, die man dir gibt, dass dir geholfen werden soll, wenn du Hilfe brauchst, und so weiter."

Ernst Tugendhat, S. 89-90

M4 Fälle für die Goldene Regel

Lea bietet Janine an, die Hausaufgaben gegen 2 € abschreiben zu dürfen.

Benedikt wirft sein Papiertaschentuch bei der Wanderung weg und sagt: „Das bisschen Papier, das vergammelt doch gleich."

Es ist Kindergeburtstag, es geht hoch her. Da zerbricht die Glastür des Wohnzimmers. Sylvia hat sie zu heftig aufgeschlagen. „Macht nix", sagt Raphael, „ich nehm's auf meine Kappe, meine Eltern sind gut versichert."

Max erzählt seinem Freund Bert unter dem Siegel der Verschwiegenheit, dass er geklaut hat. Bert fühlt sich unwohl, hält aber dicht.

Aufgaben

1 Suche mit Hilfe eines Lexikons heraus, wer die Autoren der Zitate waren und aus welcher Zeit und aus welcher Kultur sie stammen. Welche Formulierung der Goldenen Regel gefällt dir am besten? Begründe deine Wahl. → M1

2 Meinst du, dass das Töchterchen versteht, wenn sich der Vater jetzt aufregt? Prüfe, wer falsch gehandelt hat. → M2

3 Diskutiert, wie ihr euch nach der Goldenen Regel verhalten solltet, wenn ihr in der Klasse Ärger habt. → M3

4 Überprüft anhand der Goldenen Regel, ob sich die Kinder richtig verhalten. → M4

10 Regeln und Gesetze

M1 Die Gesetzlosen

Morris

M2 Die Entstehung von Gesetzen

Ein Gesetz ist wie eine Spielregel. Es bestimmt, was Menschen im einem Staat tun dürfen und was nicht. Viele Gesetze sind ganz einfach. Auch Kinder kennen sie, zum Beispiel, dass man nicht stehlen darf. Andere Gesetze sind komplizierter.

Die Gesetze sind im Gesetzbuch aufgeschrieben. Wer sich nicht daran hält, bekommt Ärger mit der Polizei und den Gerichten, denn die Gesetze gelten für alle Menschen in Deutschland. Wenn sich möglichst viele Menschen an die Gesetze halten, funktioniert das Zusammenleben besonders gut.

Manchmal wird ein neues Gesetz gebraucht, oder ein Gesetz, das es schon gibt, soll geändert werden. Dann wird die Idee für dieses Gesetz aufgeschrieben, zum Beispiel von Abgeordneten des Bundestages, von der Bundesregierung oder vom Bundesrat, in dem alle 16 Bundesländer Deutschlands vertreten sind. Diese Idee, den Entwurf für ein neues Gesetz, bekommen alle Abgeordneten im Bundestag. Mit anderen Abgeordneten diskutieren sie darüber. Oft finden einige Abgeordnete den Entwurf gut, andere nicht. Manche schreiben einen eigenen Vorschlag, den sie besser finden.

Die Abgeordneten treffen sich im Plenarsaal des Bundestags, um ihre Meinung zum Gesetz-Entwurf zu sagen. Dann stimmen sie ab. Wenn die Mehrheit für den Entwurf stimmt, ist er angenommen. Das Abstimmen funktioniert meistens wie in der Schule: die Abgeordneten heben die Hand.

Das höchste aller Gesetze ist das Grundgesetz, das 1949 bei der Gründung der Bundesrepublik Deutschland festgelegt wurde. In ihm sind die Grundrechte eines jeden deutschen Bürgers dargestellt.

Im Grundgesetz steht unter anderem, dass jeder Mensch bestimmte Freiheiten hat. Dazu zählen z. B. die Freiheit, dort zu leben, wo man möchte, die Freiheit, den zu heiraten, den man liebt, und die Freiheit, seine Meinung zu äußern.

Außerdem steht im Grundgesetz, dass alle Menschen gleiche Rechte haben und niemand wegen seines Geschlechtes, seines Glaubens oder seiner Hautfarbe usw. benachteiligt werden darf.

Regeln, Gesetze und Verantwortung

INFO

Regeln sind Handlungsvorschriften. Sie legen fest, welche Rechte und welche Pflichten der Einzelne hat. Sie helfen als Richtschnur, indem sie dir sagen, wie du dich verhalten sollst. Du weißt dann, was andere von dir erwarten, aber auch, was du von ihnen erwarten kannst. Mit Hilfe der Regeln können wir Konflikte vermeiden, oder wenn es schon so weit gekommen ist, sie leichter lösen. Regeln geben Sicherheit. Die in einer staatlichen Gemeinschaft geltenden Regeln heißen Gesetze.

Mit der Geltung von Regeln und Gesetzen werden die Mitglieder einer Gemeinschaft oder eines Staates dazu verpflichtet, diese Vorschriften zu befolgen. Entweder sind die Menschen dazu bereit, weil sie selbst an der Aufstellung der Regeln beteiligt waren (z. B. bei einem „Klassenvertrag", s. S. 51). Oder die Menschen halten sich an die Gesetze nicht nur, weil sie andernfalls eine Bestrafung fürchten, sondern vor allem, weil sie diese für vernünftig halten. So ist z. B. jeder bereit, das Gesetz zum Verbot des Diebstahls anzuerkennen, weil er selbst nicht bestohlen werden will (Goldene Regel, s. S. 56).

Sofern die allgemeine Verpflichtung, Regeln und Gesetze zu beachten, für bestimmte Personen und Handlungsbereiche gilt, spricht man von Verantwortung. Wenn du dich z. B. zum Tafeldienst verpflichtest, bist du persönlich für diese Aufgabe verantwortlich.

Aufgaben

1 Erzähle die Geschichte der Dalton-Brüder. ➜ M1

2 Nenne die Gesetze, gegen die Bob Dalton verstößt. ➜ M1

3 Welche weiteren Gesetze kennt ihr? Erstellt eine Liste. ➜ M1

4 Beschreibt mit eigenen Worten, wie Gesetze im deutschen Bundestag entstehen. ➜ M2

5 Erläutere die Unterschiede zwischen Klassenregeln und staatlichen Gesetzen. ➜ M2

6 Stellt euch vor, es gäbe keine staatlichen Gesetze. Wie sähe die Welt dann aus? ➜ M1/M2

7 Begründet mit eigenen Worten eure Verpflichtung zur Einhaltung der Klassenregeln. Nennt die besondere Verantwortung, die einzelne Schüler und Schülerinnen übernommen haben. ➜ Infokasten

1 ... natürlich Natur!

M1 Das ist alles Natur?

M2 Natur oder Kultur?

Vanessa: Aristoteles, unsere Lehrerin hat uns gesagt, dass Sie einer der größten Philosophen sind und über viele wichtige Dinge nachgedacht haben, auch über die Natur. Erklären Sie uns bitte, was Natur eigentlich ist.

Aristoteles: Das mache ich gerne. Ihr habt doch alle schon einmal etwas hergestellt, z. B. ein Haus aus Bauklötzen gebaut oder einen Papierflieger gebastelt. Und ihr kennt auch Dinge, die in Fabriken hergestellt und in Geschäften verkauft werden, Handys, T-Shirts usw. Alle diese Dinge wurden von Menschen gemacht. Die natürlichen Dinge unterscheiden sich von diesen Dingen dadurch, dass sie nicht von einem Menschen hergestellt worden sind. Sie sind ganz einfach da, durch sich selbst. Ein Apfel ist ja nicht von einem Menschen gemacht worden, sondern auf einem Baum gewachsen, und auch der Baum ist nicht vom Menschen gemacht worden, sondern hat sich aus einem Samenkorn entwickelt. Unter Natur verstehe ich alles das, was existiert und nicht von einem Menschen hergestellt worden ist.

Vanessa: Dann gibt es zwei Arten von Dingen: vom Menschen hergestellte und natürliche?

Aristoteles: Das hast du richtig erkannt.

Vanessa: Und zur Natur gehören alle Pflanzen, weil sie ja nicht vom Menschen gemacht wurden. Dann müssten ja auch die Tiere zur Natur gehören, denn auch sie wurden nicht vom Menschen gemacht. Und die Wälder, die Berge, das Meer?

Aristoteles: Richtig.

Marco: Und die Sonne, der Mond und die Sterne? Die wurden auch nicht vom Menschen gemacht.

Aristoteles: Richtig, auch die gehören zur Natur. Es gibt die belebte Natur – Pflanzen, Tiere, Menschen – und es gibt die unbelebte Natur – Steine, Berge, die Gestirne usw.

Marco: Und was ist mit einem Roboter, der kann ja auch schon vieles, was Menschen können?

Vanessa: Aber der ist doch von Menschen hergestellt, der gehört zum Bereich der Technik.

Aristoteles: Richtig, Vanessa hat das gut erkannt.

M3 Im Norden geht die Sonne auf

Seit Mitte der 1990er Jahre wird für die Studie Jugendreport Natur *das Wissen von Kindern und Jugendlichen im Alter von 11 bis 15 Jahren über Natur getestet – so auch wieder im Jahr 2010:*

Was dabei heraus kam, ist nur auf den ersten Blick lustig: So wussten nur sechs Prozent, dass das Junge vom Hirsch mit einem Reh nur entfernt verwandt ist und Kalb heißt – weder Rehkids noch Rehkitz, aber auch nicht Hirschling oder Bambi, wie tatsächlich einige antworteten. [...] Und auf die Frage, wie die Früchte der Rose heißen, blieben sogar neun von zehn Kindern die richtige Antwort „Hagebutte“ schuldig. [...] Für viele Kinder geht die Sonne im Norden auf. Oder doch im Süden? Oder eher im Westen? Nur knapp 60 Prozent der 11- bis 15-Jährigen wussten mit „Osten“ die richtige Antwort [...]. Demnach haben Kühe oft auch deutlich mehr als vier Zitzen. Und nur ein Fünftel der Kinder wusste, dass Milchvieh keine H-Milch im Euter hat.

nach dpa in: der tagesspiegel, 10.06.2010

Aufgaben

1 Betrachte die Bilder genau und notiere dir dann jeweils, was hier „Natur“ ist. Worin siehst du in allen Bildern Gemeinsamkeiten, worin Unterschiede? → M1

2 Finde Überschriften für die einzelnen Bilder oder schreibe kurze Texte dazu. → M1

3 Sammelt auf einem Zettel alles, was euch spontan zu Natur einfällt. Alle Ideen sind zugelassen. → M1

4 Gestaltet ein Wandplakat zum Thema „Natur“. → M1

5 Stelle in eigenen Worten dar, was Aristoteles unter „Natur“ versteht. → M2

6 a) Ist ein Zoo eigentlich Natur? Erläutere, was daran natürlich ist und was nicht. → M2
b) Stellt die gleiche Überlegung an für einen Garten, einen Park und einen Ackerboden. → M2

7 Warum wissen die Jugendlichen so wenig über die Natur? Sammelt mögliche Gründe. → M3

8 Beantwortet selbst die Fragen des *Jugendreport Natur.* Was ist leicht zu beantworten, wo habt ihr Schwierigkeiten? Besprecht die Ergebnisse. Den Jugendreport findet ihr im Internet unter http://wanderforschung.de/files/dreifachfragebogen091268153426.pdf. → M3

▶ Glossar: Aristoteles, Kultur

2 Der Mensch verändert die Natur

M1 Fortschritt?

M2 Der Mythos von Prometheus

Himmel und Erde waren geschaffen; das Meer wogte an den Ufern und die Fische spielten darin; in den Lüften sangen die Vögel; der Erdboden wimmelte von Tieren. Aber noch gab es kein Geschöpf, in dem der Geist Wohnung nehmen und von ihm aus die Erdenwelt beherrschen konnte. Da betrat Prometheus die Erde, ein Spross des alten Göttergeschlechtes, das Zeus entthront hatte.

Prometheus erschuf die Menschen

Dieser wusste wohl, dass im Erdboden der Samen des Himmels schlummerte; darum nahm er Ton, befeuchtete ihn mit dem Wasser des Flusses, knetete ihn und formte daraus ein Gebilde nach dem Ebenbilde der Götter, den Herren der Welt. Um diesen Erdkloß zu beleben, entlehnte er von den Tierseelen gute und böse Eigenschaften und schloss sie in die Brust des Menschen ein. Unter den Himmlischen hatte er eine Freundin, Athene, die Göttin der Weisheit. Diese bewunderte die Schöpfung des Titanensohnes und blies dem halbbeseelten Bilde den Geist, den göttlichen Atem, ein.

Prometheus lehrte die Menschen

So entstanden die ersten Menschen und füllten bald in großer Zahl die Erde. Planlos war alles, was sie taten. Da nahm sich Prometheus seiner Geschöpfe an. Er lehrte sie Steine brechen und behauen, aus Lehm Ziegel brennen, Bäume fällen und zersägen, Häuser und Städte bauen. Er erfand den Pflug für den Ackerbau und lehrte sie Tiere davor spannen. Er erfand Boote und Segel für die Schifffahrt. Er lehrte seine Geschöpfe den Auf- und Niedergang der Gestirne beobachten. Er erfand die Rechenkunst und die Buchstabenschrift. Er zeigte ihnen, wie sie Arzneien bereiten konnten zur Heilung ihrer Krankheiten. Kurz, in alle Künste des Lebens führte er die Menschen ein.

nach Gustav Schwab, S. 15

M3 Der Auftrag aus der Bibel

28 Und Gott sprach zu ihnen: Seid fruchtbar und ver-
mehrt euch, bevölkert die Erde, unterwerft sie euch und
herrscht über die Fische des Meeres, über die Vögel des
Himmels und über alle Tiere, die sich auf dem Land regen.
29 Dann sprach Gott: Hiermit übergebe ich euch alle
Pflanzen auf der ganzen Erde, die Samen tragen, und
alle Bäume mit samenhaltigen Früchten. Euch sollen sie
zur Nahrung dienen.

Genesis bzw. 1.Mose 1, 28–29

M4 Frühe Erkenntnis der negativen Folgen

Der folgende Text aus dem 16. Jahrhundert zeigt, dass der Mensch schon immer die Natur verändert hat, um in ihr überleben zu können. So wurden Wälder abgeholzt, um aus dem Holz Schiffe zu bauen oder um Ackerland zu erhalten.

Durch das Schürfen nach Erz werden die Felder verwüstet. [...] Wälder und Haine werden umgehauen, denn man bedarf zahlloser Hölzer. Dadurch aber werden die Vögel und andere Tiere ausgerottet. [...] Die Erze werden gewaschen; durch dieses Waschen aber werden, weil es die Flüsse vergiftet, die Fische entweder aus ihnen vertrieben oder getötet.

nach Georg Agricola, S. 7

Aufgaben

1 Betrachtet und vergleicht die drei Bilder ganz genau. Beschreibt, was sich im Einzelnen verändert hat. → M1

2 Wie wird es wohl in einigen Jahren an dem in den Bildern dargestellten Platz aussehen? Male dazu ein Bild. Vergleicht eure Bilder und sprecht darüber. → M1

3 Findet ihr die in den Bildern dargestellten Veränderungen gut oder schlecht? Erarbeitet, welche Gründe es für die Veränderungen geben könnte. → M1

4 Schreibe dir aus dem Text heraus, was Prometheus den Menschen beigebracht hat. Achte dabei besonders auf das Verhältnis von Mensch, Tier und Erde. → M2

5 Wie müssen wir Menschen uns verhalten, wenn wir so sein wollen, wie Prometheus das vorschlägt? Stellt dazu Regeln auf. → M2

6 Gib den Auftrag Gottes an die Menschen wieder. → M3

7 Diskutiert in der Klasse, wie aktuell die Beobachtungen des Georg Agricola aus dem 16. Jahrhundert sind. → M4

▶ Glossar: Athene, Prometheus, Zeus

3 Im Einklang mit der Natur

M1 Die Rede des Häuptlings Seattle

Im Jahr 1855 machte Franklin Pierce, der 14. Präsident der Vereinigten Staaten, durch seinen Gouverneur Isaac Stevens den Duwamish das Angebot, ihr Land im Nordwesten der USA an weiße Siedler zu verkaufen. Sie selbst sollten in ein Reservat ziehen. Ihr Häuptling Seattle antwortete mit einer Rede, deren genauer Wortlaut nicht erhalten ist. Die bekannteste Fassung geht auf ein amerikanisches Filmdrehbuch aus dem Jahre 1972 zurück. Sie trägt den Titel Wir sind ein Teil der Erde.

Der große Häuptling in Washington sendet Nachricht, dass er unser Land zu kaufen wünscht. [...] Wir werden sein Angebot bedenken, denn wir wissen, wenn wir nicht verkaufen, kommt vielleicht der weiße Mann mit Gewehren und nimmt sich unser Land.
Wie kann man den Himmel kaufen oder verkaufen oder die Wärme der Erde? Diese Vorstellung ist uns fremd. Wenn wir die Frische der Luft und das Glitzern des Wassers nicht besitzen – wie könnt Ihr sie von uns kaufen? [...]
Wir sind ein Teil der Erde, und sie ist ein Teil von uns. Die duftenden Blumen sind unsere Schwestern, die Rehe, das Pferd, der große Adler sind unsere Brüder. Die felsigen Höhen, die saftigen Wiesen, die Körperwärme des Ponys – und des Menschen – sie alle gehören zur gleichen Familie. [...]
Wir wissen, dass der weiße Mann unsere Art nicht versteht. Ein Teil des Landes ist ihm gleich jedem anderen, denn er ist ein Fremder, der kommt in der Nacht und nimmt von der Erde, was immer er braucht. Die Erde ist sein Bruder nicht, sondern sein Feind, und wenn er sie erobert hat, schreitet er weiter. Er lässt die Gräber seiner Väter zurück – und kümmert sich nicht. Er stiehlt die Erde von seinen Kindern – und kümmert sich nicht. Seiner Väter Gräber und seiner Kinder Geburtsrecht sind vergessen. Er behandelt seine Mutter, die Erde, und seinen Bruder, den Himmel, wie Dinge zum Kaufen und Plündern, zum Verkaufen wie Schafe oder glänzende Perlen. Sein Hunger wird die Erde verschlingen und nichts zurücklassen als eine Wüste.
[...] Ich habe tausend verrottete Büffel gesehen, vom weißen Mann zurückgelassen – erschossen aus einem vorüberfahrenden Zug. Ich [...] kann nicht verstehen, wie das qualmende Eisenpferd wichtiger sein soll als der Büffel, den wir nur töten, um am Leben zu bleiben. Was ist der Mensch ohne die Tiere? Wären alle Tiere fort, so stürbe der Mensch an großer Einsamkeit des Geistes. Was immer den Tieren geschieht, geschieht bald auch den Menschen. Alle Dinge sind miteinander verbunden.
Was die Erde befällt, befällt auch die Söhne der Erde. [...] Lehrt Eure Kinder, was wir unsere Kinder lehren: Die Erde ist unsere Mutter. Was die Erde befällt, befällt auch die Söhne der Erde. Wenn Menschen auf die Erde spucken, bespeien sie sich selbst. Denn das wissen wir, die Erde gehört nicht den Menschen, der Mensch gehört zur Erde – das wissen wir. [...]
Das Ansinnen des weißen Mannes, unser Land zu kaufen, werden wir bedenken. Aber mein Volk fragt, was denn will der weiße Mann? [...] Könnt Ihr denn mit der Erde tun, was Ihr wollt, nur weil der rote Mann ein Stück Papier unterzeichnet und es dem weißen Manne gibt? [...] Könnt ihr die Büffel zurückkaufen, wenn der letzte getötet ist?

nach „Wir sind ein Teil der Erde", S. 8-27

M2 Wir sind Teil der Natur

Marco: Du, Julian, kennst du den Häuptling Seattle?

Julian: Das war doch der Indianerhäuptling, dem der Präsident der Vereinigten Staaten das Angebot gemacht hatte, das Land seines Volkes zu kaufen.

Marco: Warum wollte der Präsident den Indianern das Land denn abkaufen?

Julian: Er wollte es für die weißen Siedler haben.

Marco: Ich verstehe nicht, warum Häuptling Seattle die weißen Siedler als Feinde betrachtet und ihnen trotzdem das Land verkauft hat.

Julian: Ja, er konnte doch gar nicht anders, denn wenn er das Land den Weißen nicht verkauft hätte, hätten sie es sich mit Gewalt genommen. Aber Häuptling Seattle nutzte die Gelegenheit, den weißen Siedlern ins Gewissen zu reden und ihnen die indianische Auffassung der Natur zu erklären. Für die Indianer ist die Natur wie eine Mutter, die ihnen alles gibt, was sie zum Leben brauchen. Sie ernährten sich vom Fleisch der Büffel; ihre Zelte, ihre Schuhe und Kleider stellten sie aus Büffelhaut her. Die Sehnen der Büffel benutzten sie für ihre Bögen. Die Tiere gaben den Indianern, was sie zum Leben brauchten, deshalb wurden sie als Brüder geachtet und niemals mutwillig getötet.
Die Indianer haben die Büffelherden immer erhalten. Sie haben mit der Natur gelebt, nicht gegen sie. Auch die Pflanzen wurden geachtet, denn von ihnen ernährten sich die Büffel, und das Land, denn es brachte das Gras hervor. Für die Indianer waren das Land, die Pflanzen und Tiere alle Kinder einer gemeinsamen Mutter, und seine Mutter verkauft man nicht.

Marco: Hat die Rede die Einstellung der Siedler verändert?

Julian: Nein, leider nicht. Berufsmäßige Büffeljäger schlachteten in wenigen Jahren sieben Millionen Bisons ab. Sie nahmen nur das Fell und die Zunge mit und ließen die Kadaver in der Sonne verdorren. 1874 waren die letzten großen Herden ausgerottet und die Indianer waren vom Hungertod bedroht, weil ihre wichtigste Nahrungsquelle vernichtet war.

Aufgaben

1. Gib den Text in deinen Worten wieder. ➜ M1
2. Häuptling Seattle schreibt: „Wir sind ein Teil der Erde, und sie ist ein Teil von uns." Erkläre, was damit gemeint ist. ➜ M1
3. Über den „weißen Mann" heißt es weiter: „Sein Hunger wird die Erde verschlingen und nichts zurücklassen als eine Wüste." Klärt in Gruppenarbeit, ob er damit Recht behalten hat oder nicht. ➜ M1
4. Stellt Plakate her, auf denen ihr das Verhältnis der Indianer und der weißen Siedler zur Natur darstellt. ➜ M1/M2
5. „Leben im Einklang mit der Natur" – erläutere, was das bedeutet, und begründe, warum das heute noch wichtig ist. ➜ M2

4 Alles unter Kontrolle?

M1 Naturkatastrophen

Schmelzende Gletscher
in Spitzbergen

Tornado
in den USA, 2011

Erdbeben und Tsunami
in Japan, 2011

M2 Wenn die Erde bebt

Unter Naturkatastrophen versteht man außergewöhnliche Naturereignisse, die große Schäden in der Natur oder an von Menschen geschaffenen Bauwerken anrichten. Meist haben sie außerdem zahlreiche Todesopfer, Verletzte und Obdachlose zur Folge. Beispiele für Naturkatastrophen sind gewaltige Stürme und Niederschläge, Überschwemmungen und Flutwellen, Erdbeben, Erdrutsche und Vulkanausbrüche sowie Meteoriten- oder Kometeneinschläge. Aber auch Seuchen und Schädlingsbefall können dazu gezählt werden.
Schon immer gab es Naturkatastrophen rein natürlichen Ursprungs wie beispielsweise Vulkanausbrüche oder Erdbeben. Manche Naturkatastrophen werden aber auch erst hervorgerufen oder verstärkt durch Umweltveränderungen, die vom Menschen ausgehen. So sind viele Überschwemmungen die Folge der Abholzung von Wäldern.
In letzter Zeit wird die weltweite Zunahme an Umweltkatastrophen wie Hurrikane und Überschwemmungen als eine Folge der weltweiten Klimaveränderung gesehen, die durch die technische Entwicklung bedingt ist.

M3 Hat der Mensch seine Finger im Spiel?

Klimaveränderungen hat es auf der Erde schon immer gegeben. Aber noch nie hat sich das Klima so schnell verändert wie heute. Dafür ist der Mensch verantwortlich. Dass es auf der Erde immer wärmer wird, liegt vor allem am Treibhauseffekt. Der natürliche Treibhauseffekt ist dabei eigentlich etwas Gutes. Durch den Menschen ist er aber sozusagen aus dem Gleichgewicht geraten.

Seit die Menschen Fabriken bauen und immer mehr Energie verbrauchen, gelangt immer mehr Kohlendioxid in die Atmosphäre und verstärkt so den natürlichen Treibhauseffekt um ein Vielfaches. Das meiste Kohlendioxid entsteht, wenn zur Energiegewinnung Öl, Kohle oder Erdgas verbrannt werden. Gleichzeitig werden große Waldgebiete vernichtet, so dass es weniger Bäume gibt, die das Kohlendioxid aus der Luft aufnehmen können. Vor allem die tropischen Regenwälder in Südamerika sind wichtig für unser Klima. [...] Forscher gehen davon aus, dass die Durchschnittstemperatur auf der Erde in den nächsten hundert Jahren zwischen zwei und 4,5 Grad Celsius ansteigt. [...] Die Veränderungen, die dieser Temperaturanstieg mit sich bringt, sind in Ansätzen heute schon zu spüren. Am deutlichsten zeigen sich die Folgen des Klimawandels am Nord- und Südpol. Dort gibt es immer weniger Eis. Wenn weiterhin so viel Kohlendioxid in die Atmosphäre entlassen wird wie bisher, könnte der Nordpol schon 2040 eisfrei sein. [...] Auch die Gletscher schmelzen. [...] Schon heute brechen riesige Felsen ab und geraten ins Rutschen, weil das Eis die Hänge rings um den Gletscher nicht mehr stützen kann. [...] Viele Tier- und Pflanzenarten werden durch den Klimawandel ihren Lebensraum verlieren. Feuchtgebiete werden verschwinden und Wüsten Platz machen. [...] Durch die warmen Wassertemperaturen und durch das Abschmelzen der Pole wird der Meeresspiegel ansteigen. Einige Inseln und manche Küstenregionen könnten langsam im Meer versinken. Forscher gehen außerdem davon aus, dass es in Zukunft immer häufiger zu extremen Wetterereignissen wie Stürmen, Überschwemmungen und extremer Dürre kommen wird. Auch vor Wassermangel und vor der Ausbreitung von Infektionskrankheiten warnen sie.

nach Stefanie Wilhelm, www.geolino.de

M4 Verantwortung für die Natur

Wir sind alle voneinander abhängig. Jeder von uns hängt vom Wohlergehen des Ganzen ab. Das Leben der Tiere und der Pflanzen, die mit uns diesen Planeten bewohnen, verdient Schutz, Schonung und Pflege. Als Menschen haben wir eine besondere Verantwortung für den Planeten Erde.

nach Hans Küng, S. 6-7, 30-31

Aufgaben

1 Unterscheide die abgebildeten Naturkatastrophen. Sind sie reine Naturgeschehen oder wahrscheinlich von Menschen mit verursachte Ereignisse? Ziehe für deine Antwort die Informationen aus M2 und M3 heran. ➜ M1-M3

2 Schreibe aus dem Text die Ursachen für die schnelle Klimaveränderung und die Folgen dieses Klimawandels heraus. ➜ M3

Ursachen	Folgen
- immer mehr Fabriken und Energieverbrauch	- ...
- ...	- ...

3 Gestaltet Sprechblasen zu den Kindern auf dem Bild. Was könnten sie sagen? Formuliert auch eigene Wünsche und Gedanken. ➜ M4

4 Erarbeitet ein Plakat, auf dem ihr in Bild und Text die Verantwortung der heute lebenden Menschen für die zukünftigen Generationen darstellt. ➜ M4

▶ Glossar: Treibhauseffekt, Tsunami

5 Bedrohte Natur

M1 Vermisst ...

könnte es demnächst heißen, denn viele Tiere sind vom Aussterben bedroht.

FELDHAMSTER

Er findet auf den Feldern keine geschützten Plätze, um seinen unterirdischen Bau anzulegen. Die Nester werden beim Pflügen der Felder zerstört.

EISVOGEL

Er findet kaum noch passende Brutplätze. In geschotterte Ufer und betonierte Wasserkanten kann der Eisvogel seine Nisthöhlen nicht graben.

ORANG-UTAN

Sein Lebensraum, der Regenwald in Borneo, wird abgeholzt, um Plantagen für Ölpalmen anzulegen und Öl zu produzieren.

DELFIN

Ca. 300 000 Delfine fallen jährlich dem industriellen Fischfang zum Opfer. Sie verfangen sich in den riesigen Netzen am Meeresgrund, können nicht mehr auftauchen und ersticken.

TAG FÜR TAG STERBEN WELTWEIT MINDESTENS 150 TIER- UND PFLANZENARTEN AUS. WÄHREND IHR EUCH DIE BILDER AUF DIESER DOPPELSEITE ANSEHT UND DIE TEXTE LEST, GIBT ES AUF DER ERDE SCHON WIEDER EINE TIERART WENIGER!

M2 Der Regenwald stirbt – und mit ihm das Leben

Der tropische Regenwald: Ein riesiger unerforschter Wald voller Abenteuer, denken die einen – ein großer Haufen Geld, die anderen. Teure Edelhölzer wie Mahagoni und Teakholz geben den Anreiz dazu, denn mit dem Regenwald kann man Millionen verdienen. Die „weniger wertvollen" Bäume werden einfach als Bauholz oder für die Papierverarbeitung verwendet. Außerdem werden die Wälder gerodet, damit Plantagen und Weiden für die Landwirtschaft zur Verfügung stehen. Große Regenwaldflächen werden zum Beispiel zerstört, damit Sojapflanzen angebaut werden können – hauptsächlich als Futtermittel für die Massentierhaltung der Industrieländer. Diese kaufen das Soja Ländern wie Brasilien schließlich zu günstigen Preisen ab, damit wir billige Steaks, Chicken Nuggets und Co. essen können. Pro Minute wird eine Fläche des Regenwaldes abgeholzt, die in etwa der Größe eines Fußballfeldes entspricht.

Nach einer Studie sind bis 2030 ungefähr 55 Prozent des Regenwaldes verschwunden, wenn die Zerstörung wie bisher weitergeht. Und das ist ein großes Problem! Bäume wandeln Kohlenstoffdioxid in Sauerstoff um. Der Regenwald ist nach den Meeresalgen der größte Sauerstoffproduzent auf der Erde. Ohne Sauerstoff sterben wir, und werden die großen Mengen an CO_2 nicht abgebaut, wird der so genannte Treibhauseffekt noch verstärkt. Denn die vielen Abgase steigen in die Atmosphäre auf und verhindern, dass die Wärmestrahlung von der Erde zurück ins All gelangt. Und was das bedeutet, wissen wir aus zahlreichen Horrorszenarien. Die Bäume der Regenwälder tragen zusätzlich erheblich zur Kühlung der Atmosphäre bei. Denn die riesige Wolkendecke über dem feuchtwarmen Dschungel hält Sonnenstrahlen ab. Durch die Regenwaldabholzung wird die Erderwärmung also entscheidend beeinflusst. [...]

Bei meiner Recherche zu diesem Artikel bin ich auf eine Aussage gestoßen, die meiner Meinung nach das größte Problem beschreibt, das in den nächsten Jahrzehnten auf uns zukommen wird: In der Natur hat alles seinen Sinn und Platz, es gibt keine Vergeudung von Ressourcen. Einzig der Mensch passt in diese Harmonie nicht hinein. Stirbt die Umwelt, werden auch wir vergehen! Den Menschen braucht die Natur nicht, aber der Mensch braucht die Natur. Das ist uns zwar bekannt – aber wann werden wir anfangen, auch danach zu leben?

Luisas Kolumne in: www.helles-koepfchen.de

Aufgaben

1. Setzt euch in Gruppen zusammen, wählt eine Tierart aus und erklärt den anderen, warum sie bedroht ist. ➜ M1
2. Bewertet die Tatsache, dass durch Menschenhand immer mehr Tierarten vom Aussterben bedroht sind. Was könnte man eventuell dagegen unternehmen? Listet mögliche Maßnahmen auf. ➜ M1
3. Lest Luisas Kolumne über den Regenwald und beantwortet folgende Fragen: ➜ M2
   - Wozu wird der Regenwald abgeholzt?
   - Welche Folgen hat das?
4. Klärt, was Luisa mit den „Horrorszenarien" meint, die durch den Treibhauseffekt hervorgerufen werden können. ➜ M2
5. Diskutiert Luisas Aussage: „Den Menschen braucht die Natur nicht, aber der Mensch braucht die Natur." ➜ M2
6. Schreibt zu Luisas Beitrag einen Kommentar. ➜ M2 (www.helles-koepfchen.de/hauptseite/luisas_kolumne/)

▶ Glossar: Ressourcen

6 Natur schützen und bewahren

M1 Wenn die Erde…

Wenn die Erde nur einen Durchmesser von einem Meter hätte und irgendwo über einem Feld schwebte, würden die Menschen von überall herkommen, um sie zu bestaunen. Sie würden um sie herumgehen und ihre großen und kleinen Wassertümpel, ihre kleinen Hügel und ihre Löcher bestaunen. Sie würden die sehr dünne Gasschicht bestaunen, die sie umgibt, und die Wolken, die in diesem Gas hängen. Die Menschen würden all die Geschöpfe bestaunen, die über die Oberfläche der Kugel wandern, und die Geschöpfe im Wasser. Die Menschen würden die Kugel für heilig erklären, weil sie einzigartig ist, und sie würden sie schützen, um sie nicht zu verletzen. Die Kugel wäre das größte Wunder im Universum, und die Menschen würden kommen, um sie anzubeten, um geheilt zu werden, um Wissen zu erlangen, um Schönheit zu erfahren und immer wieder darüber zu staunen, dass es sie gibt. Die Menschen würden sie lieben und ihr Leben aufs Spiel setzen, um sie zu verteidigen, da sie wüssten, dass ihr Leben ohne sie nichts wert wäre. Wenn die Erde nur einen Durchmesser von einem Meter hätte.

Joe Miller, S. 24

M2 Nachhaltige Entwicklung

Marco führte für die Schülerzeitung ein Interview mit dem Schriftsteller Ulrich Grober, der ein Buch mit dem Titel Die Erfindung der Nachhaltigkeit *geschrieben hat.*

Marco: Herr Grober, Sie haben geschrieben: „Wenn mich jemand fragen würde, welches das wichtigste Wort der Gegenwart ist, dann würde ich sagen: Nachhaltigkeit." Warum?

Grober: Seit der Weltklimakonferenz 1992 in Rio de Janeiro sind sich alle Wissenschaftler darüber einig, dass die Zerstörung der Natur nur durch nachhaltige Entwicklung aufgehalten werden kann.

Marco: Und was bedeutet das?

Grober: Das versteht man am besten, wenn man sich die Geschichte dieses Begriffes einmal genauer ansieht. Der Begriff wurde 1713 von dem Förster Carl von Carlowitz geprägt. Bis dahin wurden immer so viel Bäume im Forst geschlagen, wie gerade für den Bau von Häusern usw. benötigt wurden. Nun wachsen Bäume aber sehr langsam, es dauert mehrere Jahrzehnte, bis neue Bäume nachgewachsen sind.

Carl von Carlowitz ist nun aufgefallen, dass zu seiner Zeit mehr Bäume gefällt wurden, als wieder nachwachsen konnten. Der Wald wurde also immer kleiner, und es bestand die Gefahr, dass für die späteren Generationen eines Tages kein Wald und damit kein Holz mehr da sein würde. Also stellte er eine Regel auf: Es dürfen nicht mehr Bäume geschlagen werden, als nachwachsen können, damit auch unseren Nachkommen noch Holz zur Verfügung steht. Das nannte er nachhaltiges Wirtschaften.

Marco: Und was hat das mit der heutigen Naturschutzbewegung zu tun?

Grober: Das liegt doch auf der Hand: Wir müssen bei allem, was wir tun, darauf achten, dass unseren Nachkommen noch genügend Rohstoffe zur Verfügung stehen, um auf der Erde leben zu können, wir müssen ihnen eine intakte Natur hinterlassen. Und das bedeutet, dass wir unseren Verbrauch von natürlichen Rohstoffen einschränken und sparsamer mit dem umgehen müssen, was die Natur uns gibt.

nach Ulrich Grober. In: Die Zeit, 24.07.2008

METHODE

Cluster bilden

Cluster (= Knoten) dienen dazu, Ideen zu sammeln und Gedanken zu sortieren. Man beginnt mit dem Cluster-Kern, einem einzelnen Wort oder einem kurzen Satz. Er wird in die Mitte des Blattes geschrieben und mit einem Kreis versehen. Hiervon ausgehend werden Gedanken, so wie sie gerade auftauchen, aufgeschrieben, und zu jedem neuen Wort werden wiederum weitere Einfälle notiert. Jedes neue Wort, jeder neue Einfall wird wieder umkreist und mit dem vorangehenden Wort durch einen Strich verbunden. Ein Cluster zum Begriff Natur kann dann z. B. so aussehen:

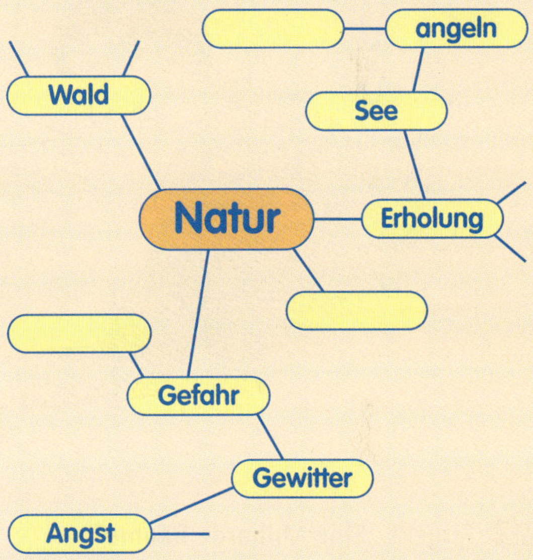

Aufgaben

1. Formuliere, was Joe Miller deiner Meinung nach aussagen will. ➜ M1
2. Stellt euch vor, dass ein Mensch die Erde wirklich so sehen könnte, wie Joe Miller es beschreibt. Erläutert, was es vielleicht für sein weiteres Handeln bedeuten würde. ➜ M1
3. Setzt eure Ideen zu dieser Begegnung von Mensch und Erde in einen mehrteiligen Comic um. ➜ M1
4. Entwerft einen Cluster, auf dem ihr darstellt, was „nachhaltige Entwicklung" bzw. Nachhaltigkeit bedeutet. ➜ M2

▶ Glossar: Weltklimakonferenz

7 Was sollen wir tun?

M1 Entschuldigung

Freimut Wössner/Baaske Cartoons

M2 Projekt „Eine Milliarde Bäume"

„Erwachsene sind manchmal schwer zu verstehen: Die Sonne schickt uns täglich mehr Energie als wir brauchen, trotzdem führen sie Kriege um Öl. Als ich geboren wurde, haben sie versprochen, Autos zu bauen, die ganz wenig CO_2 produzieren, aber heute fahren Geländewagen auf der Autobahn", sagt der zehnjährige Felix Finkbeiner. Er wollte seinen Beitrag zum Klimaschutz leisten und hatte die Idee zu dem deutschlandweiten Schülernetzwerk „Plant for the Planet", das das Ziel der Vereinten Nationen unterstützt, in diesem Jahr [2007] eine Milliarde Bäume zu pflanzen. Zum Projektstart wurde als Symbolbaum ein Zierapfel gepflanzt. Und obwohl die Homepage www.plant-for-the-planet.org, die von einer Studentengruppe erstellt wurde, ganz neu ist, sind im Internet bereits mehr als 40 Schulen dabei und zirka 1000 Bäume versprochen.

Begonnen hatte das alles im Unterricht. „Meine Lehrerin hat uns die Aufgabe gestellt, uns mit dem warmen Wetter in diesem Winter und den Klimaveränderungen zu befassen. Ich habe mich gefragt, was kann man tun? Und bin dann im Internet auf die Eine-Milliarde-Baum-Kampagne von Wangari Maathai gestoßen. In Deutschland hatte sich noch niemand dafür interessiert", erzählt Felix.

Als erste begeisterte er seine Schwester Franziska für die Idee, danach seine Eltern, die Schulleitung usw. Jeder kann sich an dem Programm beteiligen und Bäume pflanzen.

nach Blanche Mamer. In: Süddeutsche Zeitung, 29.03.2007

M3 Wozu wir uns verpflichten

Der „Kindergipfel" ist ein Treffen für Kinder und Jugendliche zwischen 12 und 15 Jahren und findet mittlerweile alle zwei Jahre statt. Auf dem Kindergipfel 2008 verabschiedeten die Teilnehmer einen Zukunftsvertrag, in dem auch Verpflichtungen formuliert waren, an die die Kinder und Jugendlichen sich halten wollen, um die Umwelt zu schützen. Hier ein Auszug daraus:

Bedrohte Arten

- Wenn wir uns in der Natur bewegen, respektieren wir den Lebensraum der Tiere und Pflanzen, die dort leben. Wir werfen keinen Müll weg.
- Wir verpflichten uns, mit unseren Eltern über das Thema Möbel aus Tropenholz zu reden und als Familie keine Möbel aus Tropenholz zu kaufen.
- Wir verpflichten uns, weniger Coca-Cola zu trinken, weil die Firma Coca-Cola 40 Milliarden Liter Wasser verbraucht und große Felder vergiftet und dadurch den Lebensraum von vielen Arten zerstört und gefährdet.

Lebensräume

- Wir verpflichten uns dazu, mehr CO_2-sparende Verkehrsmittel zu nutzen und kürzere Strecken zu Fuß zu gehen oder mit dem Fahrrad zu fahren.
- Wir wollen darauf achten, dass wir ebenfalls etwas zum Erhalt der Lebensräume beitragen, indem wir beispielsweise Recycling-Papier benutzen, damit die natürlichen Wälder nicht weiter abgeholzt werden, und dass wir nicht in die Natur eingreifen.
- Wir verpflichten uns dazu, Recyclingprodukte zu benutzen und Energiesparlampen einzubauen; außerdem trennen wir Müll und animieren andere Menschen, ihren Müll fachgerecht zu entsorgen.

Nachhaltigkeit lernen

- Wir verpflichten uns, die Idee der Nachhaltigkeit über kreative, öffentlichkeitswirksame Aktionen (Demonstrationen, Homepages, ...) zu vermitteln.
- Wir verpflichten uns, beim Einkaufen auf nachhaltige Produkte zu achten.
- Wir verpflichten uns, unserem Bekanntenkreis (Mitschüler, Freunde, Verwandte) zu zeigen, wie man nachhaltig leben kann.

http://2008.kindergipfel.de/ergebnisse/zukunftsvertrag_2008/

PROJEKT

Sag mir, wo die Blumen sind

Informiert euch über die Wahl zur „Blume des Jahres" und führt eine eigene Aktion durch zu Blumen, die geschützt werden sollen.

www.nabu.de/tiereundpflanzen/pflanzen/aktionen

Abenteuer Faltertage

Macht mit bei der Aktion „Abenteuer Faltertage" des Bundes für Umwelt und Naturschutz Deutschland (BUND). Informationen zu der Aktion und wie man Schmetterlinge schützen kann (im eigenen Garten, Schulgarten oder auch nur auf dem Balkon) gibt es z. B. unter:

www.bund.net/themen_und_projekte/abenteuer_faltertage/faltertage_fuer_kinder/

www.bund.net/themen_und_projekte/abenteuer_faltertage/tipps/schmetterlingsparadiese/

Regenwald-Projekt

Sammelt Spenden für ein Projekt zur Bewahrung des Regenwaldes, z. B.:

www.geo.de/GEO/natur/oekologie/regenwaldverein/

Aufgaben

1 a) Welche Frage hat wohl das Mädchen gestellt? Notiert eure Vorschläge. → M1
b) Wie geht der Erwachsene mit der Verantwortung für die Natur um? Schreibe auf, was du zu ihm sagen würdest. → M1

2 Informiert euch im Internet über das Projekt „Plant for the Planet" und sammelt eure Ergebnisse. → M2

3 Vergleicht Felix' Aussagen mit den Worten des Erwachsenen in M1. → M1/M2

4 Sprecht in Gruppen über die Selbstverpflichtungen der Teilnehmer des Kindergipfels. Welchen dieser Verpflichtungen könnt ihr euch anschließen? Welche Verpflichtungen würdet ihr darüber hinaus eingehen? Begründet eure Auffassung. → M3

5 Stellt die Ergebnisse der Gruppenarbeit den anderen vor und überlegt, auf welche Verpflichtungen ihr euch in eurer Klasse einigen könnt. Haltet das Ergebnis auf einem Plakat fest. → M3

6 Diskutiert darüber, ob auch Kinder und Jugendliche eine Verantwortung für die Umwelt haben. → M3

Was wir wissen

Der Mensch in der Gemeinschaft

Niemand lebt gerne ganz allein. Jeder braucht Gemeinschaften, um seine körperlichen und geistigen Fähigkeiten zu entwickeln und um sich wohl zu fühlen. Wenn du dich mal zurückziehen willst, wirst du dich bald wieder nach anderen Menschen sehnen. Dann suchst du das richtige Verhältnis von Nähe und Abstand in der Gemeinschaft.
Die ursprüngliche Gemeinschaft ist die Familie, in die man hineingeboren wird. Freunde kann man sich hingegen aussuchen. Auch eine Schulklasse oder einen Sportverein kann man in begrenztem Umfang frei wählen. In diesen verschiedenen Arten von Gemeinschaft gelten jeweils unterschiedliche Regeln, die jeder befolgen soll, damit das Zusammenleben funktioniert. Darüber hinaus gibt es allgemeine Regeln, die für alle Gemeinschaften Geltung haben. „Fair play" ist nicht nur im Sport wichtig, sondern auch in der Schule. Höflichkeit beschränkt sich ebenfalls nicht auf Begrüßungsformen und Tischsitten, sondern erleichtert z. B. auch den Umgang zwischen Lehrern und Schülern. Die allgemeinste Regel ist die „Goldene Regel". Sie besagt, dass man andere Menschen so behandeln soll, wie man selbst behandelt werden will. Die vom Staat aufgestellten Regeln heißen Gesetze.

Von und mit der Natur leben

Regeln und Gesetze bilden nicht nur den Rahmen für das Zusammenleben der Menschen in Gemeinschaften. Sie richten sich auch und immer mehr auf die natürlichen Lebensbedingungen. Wir müssen viele Regeln einhalten und Gesetze befolgen, damit die uns umgebende Natur erhalten bleibt. Außerdem ist jeder Einzelne dazu aufgerufen, sich ganz persönlich für den Umweltschutz einzusetzen. Der Grund liegt darin, dass durch die moderne Industrie und durch den heutigen Konsum die natürliche Umwelt teilweise zerstört worden ist. Weil die Menschen die Natur weitgehend verändert haben, ist es gar nicht mehr so einfach, zwischen Natur und Kultur zu unterscheiden. Wenn man (vom Menschen gestaltete) Kulturlandschaften wie Obstplantagen oder Weinhänge betrachtet, stellt sich die Frage: Was gehört heute überhaupt noch zur unberührten Natur?

Was wir können

Aufgaben

1 Regeln in Gemeinschaften

a) Nenne aus verschiedenen Bereichen eigene Beispiele, in denen Fairness wichtig ist: Sport, Familie, Schule ...

b) Nenne andere Beispiele, in denen die„Goldene Regel" angewendet werden kann.

c) Unterscheide zwischen solchen Regeln, die du in jedem Fall befolgen sollst, und bestimmten Regeln, für deren Befolgung du ganz persönlich verantwortlich bist (wie z. B. bestimmte Dienste in der Familie, in der Klasse oder im Sportverein).

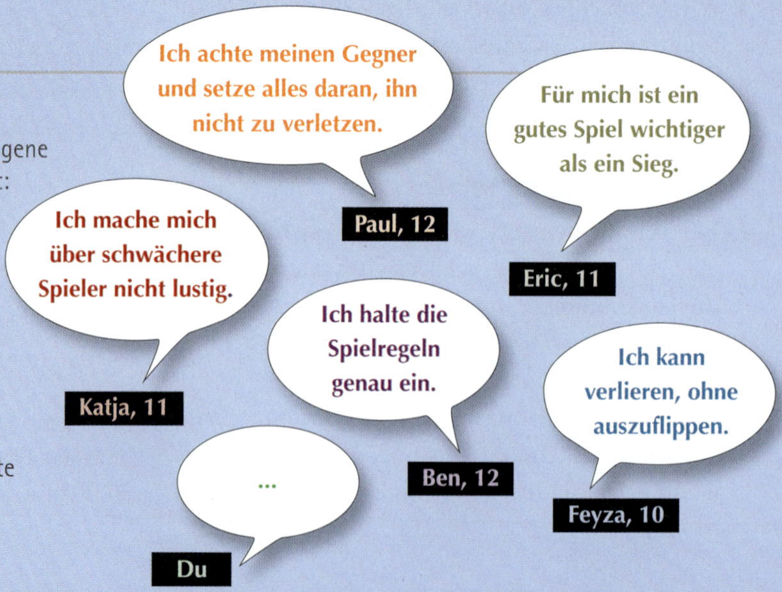

2 **Zweimal Erde**

a) Stelle dir vor, zwei Fremde von einem anderen Planeten würden die Erde besuchen. Die eine Fremde käme auf der Erde an, wie du sie im oberen Bild siehst, die andere im unteren Bild der Erde. Erkläre den Fremden jeweils, warum die Erde hier so aussieht.

b) Die beiden Fremden senden gemeinsam eine Nachricht auf ihren Planeten, in der sie beschreiben, was sie auf der Erde gesehen haben. Wie könnte diese Nachricht lauten?

3 **Natur und Kultur**

Gestalte einen eigenen Cluster mit den Begriffen „Natur“ und „Kultur“. Vergleicht eure Cluster, indem ihr sie einander vorstellt. Erarbeitet zu diesem Thema in Gruppen ein Wandplakat oder eine Collage mit Bildern und Texten.

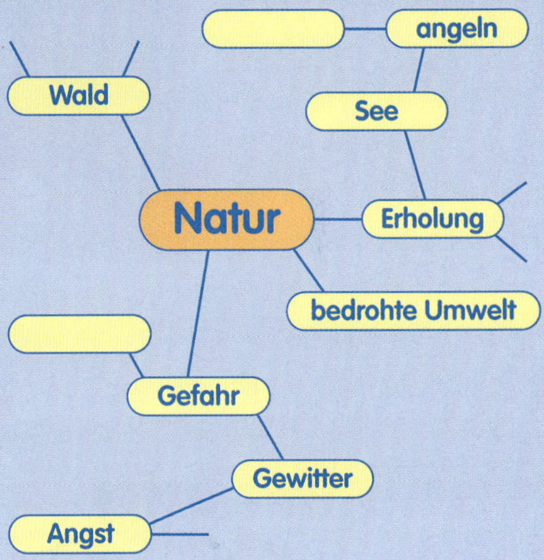

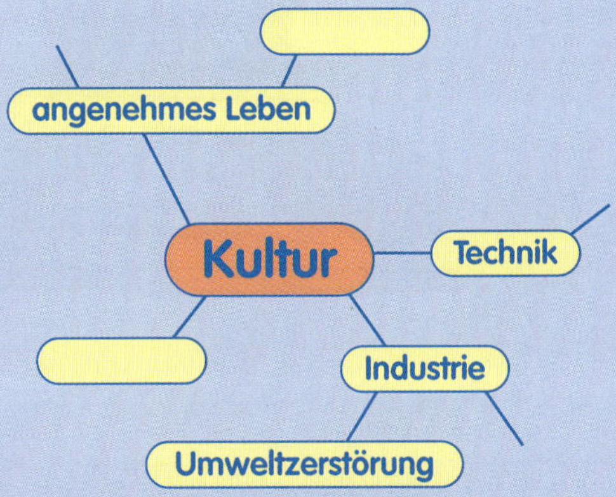

WAHLTHEMEN

In diesem Kapitel stehen drei Themen zur Auswahl. Nur eines davon wird von dir und deiner Klasse bearbeitet. Um euch die Entscheidung leichter zu machen, folgt hier eine kurze Vorstellung:

Ich und meine Zukunft:

Hier dreht sich alles um dich selbst. Du stellst dir Fragen wie: Wer bin ich? Was ist mir wichtig? Wie stelle ich mir mein weiteres Leben vor? Was wünsche ich mir für meine Zukunft?

Aus Misserfolgen lernen:

Du lernst deine Stärken kennen und erfährst, wie wichtig Selbstvertrauen und Motivation für Erfolge (und Misserfolge) sind. Und nicht zuletzt erhältst du praktische Erfolgstipps!

Demokratie in der Schule:

Wer soll Klassensprecherin bzw. Klassensprecher werden und wie funktioniert so eine Wahl? Was macht die Schülervertretung eigentlich? In diesem Kapitel lernst du wichtige Rechte und Pflichten als Schülerin bzw. Schüler kennen.

Monika Sieveking

1 Wer bin ich? WAHLTHEMA

M1 Kartons zum Kennenlernen

Hier siehst du die Schuhkartons von Ayten und Nico. Beide besuchen die 5. Klasse und fühlen sich an ihrer neuen Schule sehr wohl.

Damit sich aber alle Kinder der Klasse untereinander noch besser kennenlernen, hat sich die Lehrerin, Frau Mertens, etwas Besonderes einfallen lassen. Sie hat die Schülerinnen und Schüler gebeten, sich in einem Schuhkarton vorzustellen. Das heißt natürlich nicht, dass sie in einen Schuhkarton steigen sollten, dafür wäre jeder noch so große Karton zu klein! Nein, sie sollten mit Hilfe von Gegenständen, Zeichnungen oder Bildern, die sie in einen bemalten Schuhkarton kleben, den anderen mehr über sich und ihr persönliches Leben „erzählen". So etwas nennt man „Autoporträt" (Selbstbildnis).

Ayten und Nico haben ihr Autoporträt gestaltet und damit den anderen etwas über sich, ihre Vorlieben, ihre Hobbys, ihre Wünsche und andere in ihrem Leben wichtige Dinge mitgeteilt:

Nico spielt leidenschaftlich gerne Fußball und ist gut in Kunst. Deshalb siehst du in seinem Karton unter anderem das Bild eines Fußballs und einen Zeichenpinsel.

Wie du in Aytens Schuhkarton sehen kannst, mag sie offensichtlich gerne Musik hören und Urlaub in der Sonne machen. Außerdem scheint sie Babys im Augenblick besonders gerne zu haben – kein Wunder, denn sie hat gerade einen kleinen Bruder bekommen.

M2 Genau wie ich?

1. Suche jemanden, der im gleichen Monat wie du geboren ist.
Geburtsmonat:
Name:

2. Suche jemanden, der das gleiche Hobby hat wie du.
Hobby:
Name:

3. Suche jemanden, der das gleiche Lieblingstier hat wie du.
Lieblingstier:
Name:

4. Suche jemanden, der das gleiche Lieblingsgericht hat wie du.
Lieblingsgericht:
Name:

5. Suche jemanden, der für dieselbe Musikgruppe schwärmt wie du.
Musikgruppe:
Name:

6. Suche jemanden, der derselben Religion angehört wie du.
Religion:
Name:

7. Suche jemanden, der in deiner Nähe wohnt.
Straße und Ort:
Name:

8. Suche jemanden, der ebenso viele Geschwister hat wie du.
Geschwisteranzahl:
Name:

M3 Das bin ich!

Aufgaben

1 Beschreibt, was ihr in den Autoporträts von Ayten und Nico noch erkennen könnt. Wofür könnten die Gegenstände und Symbole in den Kartons stehen? Was erfahrt ihr dadurch über die beiden? Was könnt ihr nicht über die beiden durch die Autoporträts erfahren? ➜ M1

2 Gestalte dein Autoporträt mit Dingen, die etwas über deine Person verraten. Stelle dich mit Hilfe deines Autoporträts deiner Klasse vor. Stellt anschließend die gestalteten Kartons im Klassenraum aus. ➜ M1

3 Übertrage zunächst die einzelnen Punkte (1. Geburtsmonat, 2. Hobby usw.) auf ein DIN A4-Blatt und beantworte sie für dich selbst. Du kannst natürlich auch noch weitere Aspekte ergänzen. Auf Kommando bewegen sich jetzt alle frei im Klassenraum und suchen Mitschüler oder Mitschülerinnen, die gleiche Beschreibungen aufgeschrieben haben. Notiere jeweils den Namen desjenigen bei der entsprechenden Antwort. Überlegt anschließend, wie viele Eigenschaften ihr mit den anderen teilt und was euch jeweils alleine ausmacht. ➜ M2

4 Notiere Fragen, die dir durch den Kopf gehen, wenn du in dein Spiegelbild schaust. Welche Fragen davon kann dir dein Spiegelbild beantworten? ➜ M3

5 Schreibe einen Dialog mit deinem Spiegelbild. Was würde dir dein Spiegelbild alles über dich verraten? ➜ M3

6 Untersuche, was andere Personen über dich sagen können, was du deinem Spiegelbild nicht entnehmen kannst. ➜ M3

7 Stell dir vor, du begegnest eines Tages einem Menschen, der genauso aussieht wie du. Was würde in dir vorgehen? Wäre er dein Spiegelbild? Begründe deine Antwort. ➜ M3

2 So sehe ich mich – so siehst du mich

WAHLTHEMA

M1 So war ich – so bin ich – so möchte ich sein

Suche dir fünf Punkte der folgenden Liste aus; verfasse jeweils einen kurzen Text dazu oder male ein Bild. Findest du weitere Punkte für die Liste?
Überlege jeweils: Möchtest du deinen Text oder dein Bild deinen Mitschülerinnen und Mitschülern zeigen oder lieber nicht?

1. **Das fällt mir besonders leicht:**

   Das fällt mir besonders schwer:

2. **Das will ich gerne einmal tun:**

   Das würde ich nie wieder tun:

3. **Das habe ich getan, und keiner hat es gemerkt:**

   Das habe ich getan, und es gab großes Aufsehen:

4. **Das finde ich besonders interessant:**

   Das finde ich langweilig:

5. **Das würde ich gerne noch einmal erleben:**

   Das möchte ich nie mehr erleben:

6. **So war ich früher:**

   So will ich werden:

7. **Das kann ich besser als früher:**

   Das will ich noch besser können:

8. **Das war früher mein größter Wunsch:**

   Das ist jetzt mein größter Wunsch:

9. **Darüber denke ich oft nach:**

   Davon träume ich:

M2 Ein Wunsch geht in Erfüllung

Charles M. Schulz

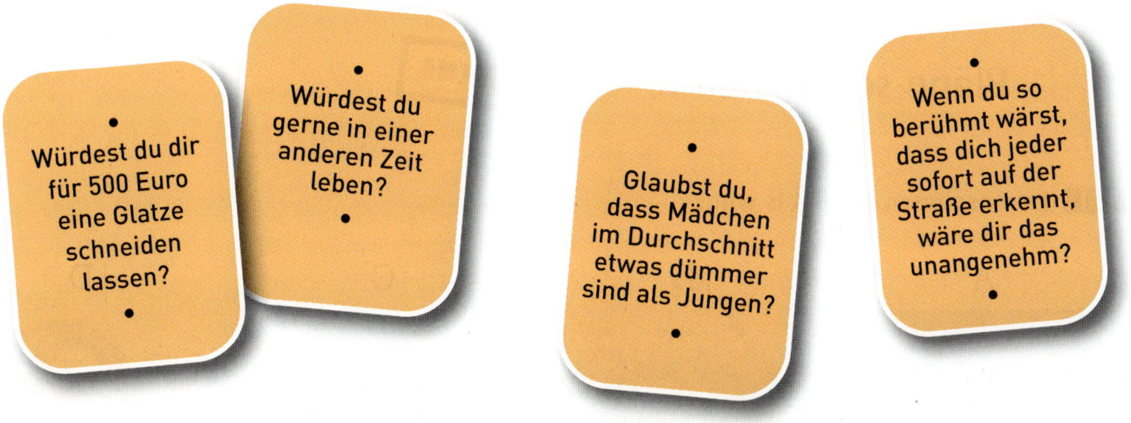

M3 Wie wirst du antworten? – Ein Spiel

Durch das folgende Spiel könnt ihr euch selbst und andere genauer kennenlernen. Und so ganz nebenbei ist dieses Spiel auch höchst vergnüglich. Zunächst sind aber ein paar Vorbereitungen nötig:

- Überlegt euch alle jeweils mindestens drei Fragen, die ihr euren Mitschülern und Mitschülerinnen stellen wollt; diese Fragen müssen sich mit „Ja" oder „Nein" beantworten lassen. Schreibt diese Fragen jeweils auf gesonderte Zettel.
- Lest diese Fragen in der Gruppe vor; die Fragen, die einem von euch unpassend erscheinen, sortiert ihr aus und ersetzt sie durch neue.
- Nun braucht ihr für jeden noch zwei „Antwortkarten": Diese müssen von hinten alle gleich aussehen, auf einer steht „Ja", auf der anderen „Nein".
- Legt einen weiteren leeren Zettel, den Auswertungszettel, und einen Stift bereit.

Jetzt kann das eigentliche Spiel beginnen:

- Mischt die Zettel mit den Fragen und verteilt sie gleichmäßig, jeder hat also drei Fragezettel.
- Die erste Schülerin oder der erste Schüler stellt dem nächsten die Frage von einem der Fragezettel.
- Die oder der Befragte gibt keinesfalls eine laute Antwort, sondern wählt die passende Antwortkarte, deckt sie aber nicht auf.
- Alle anderen überlegen sich: Wie wird wohl die Antwort des oder der Befragten ausfallen? Zieht verdeckt die entsprechende Antwortkarte.
- Wenn alle sich entschieden haben, werden die Antwortkarten hochgehoben.
- Jetzt kann jeder sehen, ob er die Antwort des oder der Befragten richtig erraten hat. Für jede Antwort, die ihr richtig erraten habt, markiert ihr euch einen Strich auf dem Auswertungszettel.
- Das geht reihum, bis alle einmal befragt wurden, dann beginnt sofort die zweite Runde und evtl. noch eine dritte.
- Am Schluss könnt ihr einen „Ratekönig" feststellen: Wer hat die meisten Antworten im Voraus richtig erraten? *nach Peter Lauster, Sensis (Gesellschaftsspiel)*

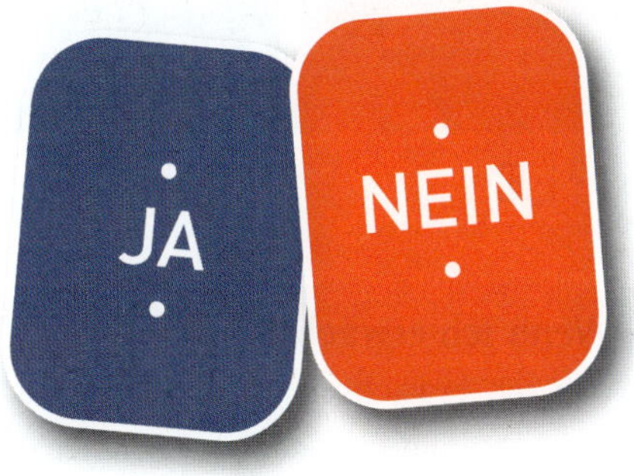

Aufgaben

1 Erstellt eine „Hitliste": Welcher Punkt wurde am häufigsten bearbeitet, welcher am seltensten? ➜ M1
2 Lege eine Zeitleiste an; beginne mit dem Jahr deiner Geburt. Trage wichtige Ereignisse aus deiner Vergangenheit ein (z. B. das erste Mal auf dem Fahrrad, die erste Bootsfahrt, das schönste Geburtstagsfest). Führe die Leiste in die Zukunft fort (z. B. die nächste Sportmeisterschaft, das erste Solokonzert, die Erfüllung deines größten Wunsches). ➜ M1
3 Überlegt gemeinsam und notiert eure Antworten: Warum sagt sich der Hund Snoopy, dass er sich das „schon immer gewünscht" habe? Freut er sich wirklich über das Schild? Wird Snoopy mit dem Schild jetzt anders wahrgenommen? ➜ M2

3 Pläne schmieden ... WAHLTHEMA

M1 Lebensphasen – Who is who?

A
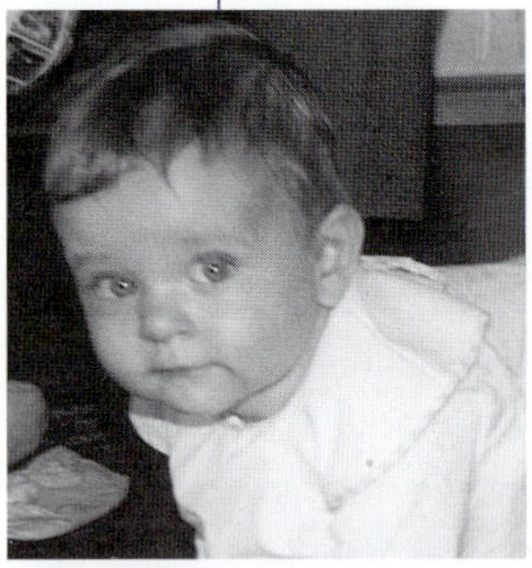

B
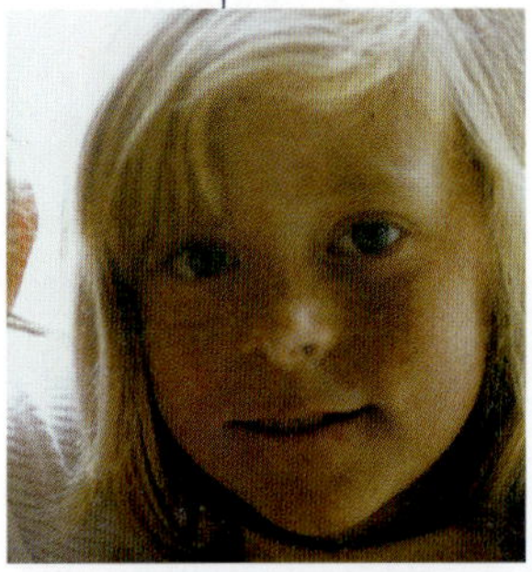

C
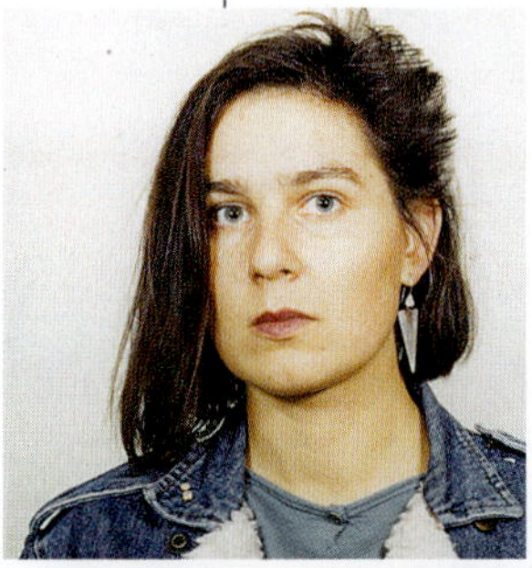

D

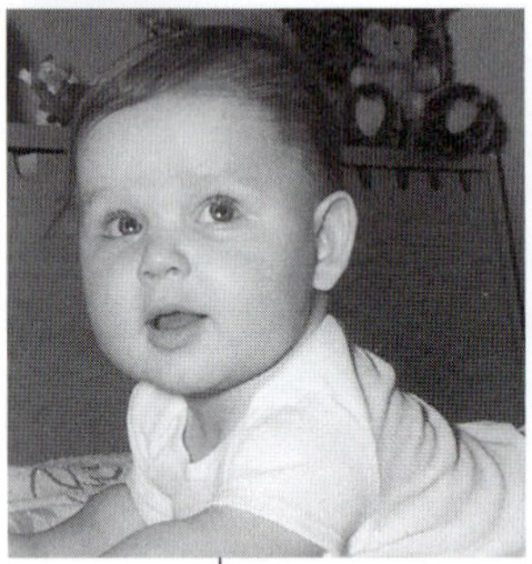
E

F

G

H

M2 Wenn ich erwachsen bin ...

Uta: Wenn ich erwachsen bin, möchte ich Karriere machen – als Managerin oder so ... Am liebsten würde ich in einer großen Stadt leben, wie London oder New York, vielleicht auch München, in der man viel unternehmen kann. Zum Ausruhen könnte ich mir z. B. eine kleine Wohnung auf Mallorca vorstellen. Ich möchte viel Geld verdienen, eine schöne Wohnung haben, ein teures Auto fahren und schicke Klamotten besitzen. Mein Beruf wird viel Arbeit und viele Reisen erfordern, so dass ich mir nicht vorstellen kann, verheiratet zu sein.

Maira: Ich kann mir gut vorstellen, in Tierschutzprojekten mitzuarbeiten. Ich möchte etwas Sinnvolles tun, etwas, wo ich helfen kann. Ich werde wahrscheinlich relativ einfach irgendwo in Afrika leben, aber das macht mir nichts aus. Ob ich heiraten werde und Kinder will, weiß ich wirklich nicht. Wichtiger ist es für mich, etwas zu bewegen.

Finn: Ich möchte Schauspieler werden, am liebsten an einem großen deutschen Theater mit ein paar Auftritten in TV-Produktionen im Jahr; wenn nicht, dann vielleicht an einem Theater. Mir ist es egal, ob ich dabei viel Geld verdiene, Hauptsache, ich schaffe es und kann auf der Bühne stehen.

Martin: Als Leichtathlet wäre es für mich das Größte, einmal an Europameisterschaften oder Weltmeisterschaften, am besten jedoch an Olympischen Spielen teilgenommen zu haben. Das wäre fantastisch. Klar möchte ich eine Familie und einen sicheren Beruf, der es mir aber zugleich erlaubt, meinen Sport auszuüben, in einer Bank zum Beispiel. Vielleicht arbeite ich dann auch als Trainer für Jugendliche.

Ellen: Ich will Popstar werden. Meine CDs werden dann im Radio rauf und runter gespielt und ich werde auch viel im Fernsehen auftreten. Ich werde natürlich ständig unterwegs sein, Konzerte, Autogrammstunden, das ganze Programm eben. Aber der Stress macht mir nichts aus – Hauptsache ich kann singen! Außerdem lerne ich so bestimmt viele andere berühmte Leute kennen und verdiene viel Geld. Eine eigene Familie will ich später auch haben. Ich kann mir dann ja auch ein Kindermädchen leisten oder mein Mann passt auf die Kinder auf, wenn ich auf Tour bin.

M3 Eine Geschichte in Bildern – Stationen meines Lebens

METHODE

Leporello

Ein Leporello ist eine Bilderreihe, die man aneinanderklebt. Man zeichnet oder malt verschiedene Ereignisse, Stationen usw., die einem wichtig sind, auf je gleich große Blätter (am besten DIN A 6 oder 5) und klebt diese dann aneinander oder untereinander. Selbstverständlich kann man auch Symbole verwenden.
Es geht nicht darum, möglichst genau zu zeichnen! Schon beim Zeichnen oder Malen werdet ihr ins Gespräch kommen, welche Stationen wichtig waren bzw. sind. Stellt euch danach eure verschiedenen Leporellos gegenseitig vor.

Aufgaben

1 Acht Bilder – zwei Personen: Begründe, welche Bilder jeweils zu welcher Person gehören. Vergleicht eure Ergebnisse untereinander und versucht zu klären, was jeweils das Gemeinsame dieser Person ist, obwohl sie sich doch so verändert hat. ➜ M1

2 Bringt je einen Gegenstand aus Kindergarten- und Grundschulzeit mit und erzählt euch gegenseitig, warum dieser wichtig war. ➜ M1

3 Berichte, was dir als kleinem Kind gefallen hat, wovor du Angst hattest, was du gespielt hast und wer du werden wolltest. ➜ M1

4 Besprecht miteinander folgende Fragen:
- Was gefällt dir daran, ein Kind zu sein? Weshalb?
- Warum freust du dich darauf, ein Jugendlicher zu sein? Worauf freust du dich dabei nicht?
- Wie möchtest du als Erwachsener sein? ➜ M1

5 Vergleiche die Lebensentwürfe der fünf Schülerinnen und Schüler. Welche Lebensentwürfe kannst du dir auch für dich vorstellen, welche keinesfalls? ➜ M2

6 Formuliere einen eigenen Entwurf „Wenn ich erwachsen bin, dann …"
Welche Rolle spielen für dich dabei beruflicher Erfolg, Geld, Familie, Freunde? ➜ M2

7 Fertige ein Leporello mit sechs Stationen an: ➜ M3
- Ich mit etwa 4/5 Jahren (Kindergarten)
- mit 7/8 Jahren (Grundschule)
- jetzt
- nach dem Schulabschluss oder mit 19/20
- mit 30 (im Beruf)
- mit 60

1 Jeder kann etwas! WAHLTHEMA

M1 Vom Suchen und Finden

Kristina Karlisch

M2 Deinen Stärken auf der Spur

Jeder Mensch kann bestimmte Dinge besonders gut. Auch du! Eine Möglichkeit, sich seiner Stärken bewusst zu werden, ist die Gestaltung eines Stärkekuchens.

Gerade dann, wenn du im Moment vielleicht denkst: „Was soll ich schon können?", solltest du deine Stärken suchen und sie dir bewusst machen. Du wirst sehen, was das für ein gutes Gefühl ist. Denk darüber nach, wo dein besonderes Talent und deine Stärken liegen. Was sind Dinge, die du schon kannst oder die du gerade lernst? Was findest du selbst gut an dir? Wie oder wo zeigst du, was du kannst?

M3 Spiel: Ich mag an dir ...

Andere schätzen Dinge an dir, derer du dir vielleicht gar nicht bewusst bist. Aber seien wir mal ehrlich: Nette Worte von anderen sind doch das Beste, was es gibt, um sich stark zu fühlen und sein Selbstvertrauen zu steigern ...

Jeder von euch schreibt auf ein festes Blatt Papier oder Pappe die Überschrift „ICH MAG AN DIR ..." und heftet es sich auf den Rücken. Wenn ihr wollt, könnt ihr zur Durchführung ruhige Musik im Hintergrund abspielen. Das Spiel startet damit, dass alle durch den Raum gehen. Jeder von euch hat nun die Aufgabe, jedem anderen eine positive Eigenschaft, eine positive Äußerlichkeit oder etwas Ähnliches auf den Rücken zu schreiben. Ausflüchte wie „Bei dem fällt mir nichts ein" gelten absolut nicht, denn an *jedem* Menschen gibt es etwas Positives!

Wenn alle fertig sind, setzt ihr euch in einen Kreis und jeder für sich liest das Geschriebene in Ruhe durch. Anschließend liest jede Person ihren Zettel laut vor, und zwar umformuliert: Beispiel: Auf dem Zettel steht „Ich mag an dir deine Freundlichkeit", vorgelesen wird: „Ihr mögt an mir meine Freundlichkeit".

nach IGS Hannover Linden u. a. (Hrsg.), S. 74

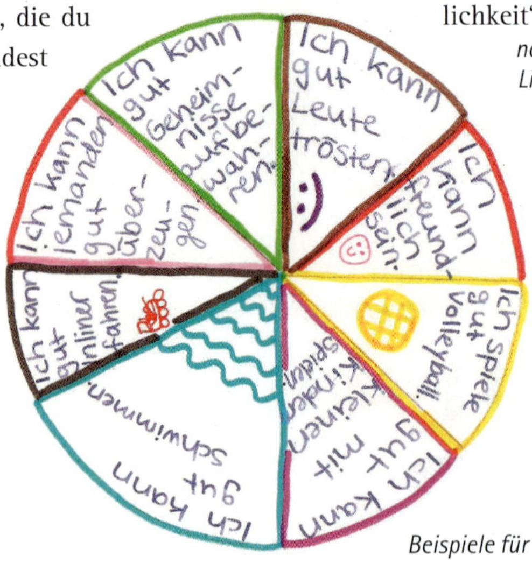

Beispiele für einen Stärkekuchen von Berkay und Kübra, 6b

M4 Alle haben zum Erfolg beigetragen!

Als Harry, Ron und Hermine in die Zauberschule Hogwarts kommen, werden sie der Gruppe der Gryffindors zugewiesen. Im Verlauf des Schuljahres müssen sie Punkte für ihre Gruppe sammeln und sich vor allem gegen ihre Erzfeinde, die Slytherins, durchsetzen. Die Gruppe mit den herausragendsten Taten wird am Ende mit vielen Punkten belohnt und kann den Hauspokal vom Schulleiter Dumbledore entgegennehmen.

„Ich habe hier noch ein paar letzte Punkte zu vergeben. Schauen wir mal. Ja ... Zuerst – an Mr. Ronald Weasley ...“ Ron lief purpurrot an; er sah aus wie ein Radieschen mit einem schlimmen Sonnenbrand.

„... für die beste Schachpartie, die in Hogwarts seit Jahren gespielt wurde, verleihe ich Gryffindor fünfzig Punkte.“ Fast hoben die Jubelschreie der Gryffindors die verzauberte Decke noch höher in die Lüfte; die Sterne über ihren Köpfen schienen zu erzittern. Endlich kehrte wieder Ruhe ein. „Zweitens – Miss Hermine Granger ... für den Einsatz kühler Logik im Angesicht des Feuers verleihe ich Gryffindor fünfzig Punkte.“ Hermine begrub das Gesicht in den Armen; Harry hatte das sichere Gefühl, dass sie in Tränen ausgebrochen war. Tischauf, tischab waren die Gryffindors vollkommen aus dem Häuschen – sie hatten hundert Punkte mehr.

„Drittens – Mr. Harry Potter ...“, sagte Dumbledore. In der Halle wurde es totenstill. „Für seine Unerschrockenheit und seinen überragenden Mut verleihe ich Gryffindor sechzig Punkte.“ Ein ohrenbetäubendes Tosen brach los. Wer noch rechnen konnte, während er sich heiser schrie, wusste, dass Gryffindor jetzt vierhundertundzweiundsiebzig Punkte hatte – genauso viel wie Slytherin. Sie hatten im Kampf um den Hauspokal Gleichstand mit den Slytherins erreicht. Dumbledore erhob die Hand. In der Halle wurde es allmählich still. „Es verlangt einiges an Mut, sich seinen Feinden entgegenzustellen, doch genauso viel, den eigenen Freunden in den Weg zu treten. Deshalb vergebe ich zehn Punkte an Mr. Longbottom.“ Jemand draußen vor der großen Halle wäre vielleicht auf den Gedanken gekommen, dass eine Explosion stattgefunden hätte, so ohrenbetäubend war der Lärm, der am Tisch der Gryffindors ausbrach.

nach Joanne K. Rowling (gekürzt), S. 331-333

INFO

Selbstvertrauen

Selbstvertrauen ist das Vertrauen in die eigenen Stärken und Fähigkeiten. Du hast ein gesundes Selbstvertrauen, wenn du dir bewusst bist, was du kannst, und auch dementsprechend handelst.
Ein hohes Selbstvertrauen gegenüber Herausforderungen zeigt sich, wenn man das Gefühl hat, dass man diese Situation erfolgreich meistern kann.
Selbstvertrauen kann durch eigene Erfahrungen oder Rückmeldungen von anderen positiv und negativ beeinflusst werden. Das bedeutet auch: Jeder kann aktiv etwas dafür tun, um sein Selbstvertrauen zu stärken!

Aufgaben

1 Beschreibe das Bild und überlege dir, was der Junge gerade denken könnte. Diskutiert: Warum ist es wichtig, seine Stärken und besonderen Talente zu kennen, um erfolgreich zu sein? ➜ M1

2 Entwirf deinen ganz persönlichen „Stärkekuchen“. Male dafür einen Kreis und schreibe deine Stärken, Talente und Fähigkeiten hinein. Je größer die jeweilige Stärke, desto größer kann natürlich auch das Tortenstück sein. ➜ M2

3 Führt das Spiel durch und erklärt anschließend, wodurch euer Selbstvertrauen gestärkt worden ist. ➜ M3

4 Bestimmt kennen einige von euch die Geschichten um Harry Potter und seine Freunde. Erzählt euch gegenseitig von dem ersten Abenteuer der drei Hauptfiguren Harry, Ron und Hermine im Band *Harry Potter und der Stein der Weisen*. Erläutert, worin ihre Stärken jeweils liegen. ➜ M4

5 Erkläre, wie es die Gruppe der Gryffindors geschafft hat, sich gegen die Slytherins durchzusetzen. ➜ M4

6 „Die Stärke einer Gruppe ergibt sich aus den Stärken ihrer einzelnen Mitglieder.“ – Schreibe zu dieser Überschrift eine kurze Erzählung. ➜ M4

2 Schwer motiviert ... WAHLTHEMA

M1 Gründe für unsere Entscheidungen

Karin steht morgens vor dem Kleiderschrank und überlegt, was sie anziehen soll. Da es heute regnet, wäre es sinnvoll, zum Radfahren Regenkleidung anzuziehen. Aber der neueste Trend ist das nun wirklich nicht! Außerdem könnte sie Tobi aus der 6c treffen und der hat neulich gesagt, dass Regensachen uncool aussehen. Ohne ihre Regenkleidung rennt sie zum Schulbus.

Ahmeds Schwester feiert morgen mit der ganzen Familie ihre bestandene Ausbildung. Als Ahmed die Geburtstagseinladung von seinem besten Freund Felix in die Hand nimmt, sieht er voller Entsetzen, dass dieser ebenfalls morgen feiern möchte. Und es soll auch noch in den Hochseilgarten gehen – da wollte er schon immer einmal hin. Schweren Herzens greift Ahmed zum Telefonhörer und sagt seinem Freund ab.

Die Mutter bittet Melanie freundlich, Kartoffeln aus dem Keller zu holen. Melanie weigert sich, weil es da unten viel zu dunkel und zu gruselig ist.

M2 Keinen Bock mehr?

Ricarda erhält eine schlechte Note in ihrer Englisch-Arbeit zurück. Genervt sagt sie beim Mittagessen zu ihrer Oma: „Ich hab keinen Bock mehr auf Schule. Am liebsten würde ich nie mehr hingehen." Die Großmutter schaut Ricarda einen Moment lang an und antwortet dann: „Langsam, langsam. Immer mit der Ruhe. Eine schlechte Note und du willst gleich alles hinschmeißen? Überleg doch mal, warum du eigentlich lernst. Hast du denn unsere geplante Reise in den Sommerferien vergessen?" „Das stimmt! Du und Opa, ihr wollt mich ja dieses Jahr mit zu Onkel Michael nach England nehmen. Mama hat erst gestern gesagt, sie fände die Idee gut, weil ich doch jetzt schon seit einem Jahr Englisch in der Schule habe." Ricardas Oma nickt: „Und denk doch mal an deine beiden Kusinen." „Auf Jenny und Maria freue ich mich besonders!", ruft Ricarda. „Jetzt kann ich mich endlich direkt mit ihnen unterhalten. Bei ihrem letzten Besuch in Deutschland vor zwei Jahren musste Onkel Michael immer alles für sie übersetzen. Die verstehen ja wirklich kein einziges Wort Deutsch!" „Michael hat übrigens vorgeschlagen, wir könnten vielleicht auch einen Ausflug nach London machen", sagt Ricardas Großmutter. „Oh, klasse, das wäre ja toll!" „Weißt du was, jetzt machst du erst mal deine Englisch-Hausaufgaben ..." Ricarda stöhnt.

„... und dann schenke ich dir ein Foto von unserem letzten London-Besuch, das du dir über den Schreibtisch hängen kannst. Und vielleicht können wir ja jeden Montag eine halbe Stunde Englisch zusammen üben?"

M3 Erfahrungen prägen

Jeder Mensch sammelt im Leben sehr viele Erfahrungen, die sich auf die Motivation, etwas zu lernen oder eine Leistung zu erbringen, entscheidend auswirken.

a) Lili hilft ihrem Vater beim Backen und schmeißt die teure Rührschüssel runter, so dass sie zerbricht. Der Vater schimpft heftig mit ihr.

b) Yasemin zeigt ihrer Mutter stolz ihre Siegerurkunde für den 100 m-Lauf. Die Mutter schaut kaum von ihrer Zeitung auf und nippt an ihrem Wasserglas.

c) Paul hat es geschafft, sich die Hauptrolle im Schultheaterstück zu erarbeiten. Seine Eltern sind unglaublich stolz und loben ihn sehr.

d) Leon und Nadine versuchen beim Weitsprung genauso gute Ergebnisse zu bekommen wie die Schüler aus der 10. Klasse. Sie springen aber noch nicht einmal halb so weit.

e) Klaas steht das erste Mal auf Schlittschuhen und legt sich gleich beim ersten Versuch aufs Eis. Sein Freund tröstet ihn und macht ihm Mut, es noch einmal zu versuchen.

1) Wenn Misserfolge durch Überforderung entstehen oder bestraft werden, geht man in Zukunft Herausforderungen eher aus dem Weg, um Misserfolge zu vermeiden. Man wählt auch nur ganz einfache Aufgaben, um Misserfolgen aus dem Weg zu gehen.

2) Wenn Erfolge gelobt werden, wählt man in Zukunft eher auch schwierige Aufgaben, um echte Erfolgserlebnisse zu haben. Man traut sich viel zu.

3) Wenn Erfolge übersehen werden, versucht man in Zukunft entweder noch größere Erfolge zu erzielen oder verliert seine Motivation, Herausforderungen anzunehmen.

4) Wenn Misserfolge aufgefangen werden, wird man trotz Misserfolg die Aufgabe wahrscheinlich noch einmal in Angriff nehmen.

INFO

Motive – Motivation

Motive nennt man die Antriebe, etwas Bestimmtes zu tun. Manche Motive sind angeboren und daher für alle Menschen gleich, z. B. Hunger und Angst. Die meisten Motive entwickeln sich erst im Verlauf des Lebens, z. B. der Wunsch nach Anerkennung und Lob.
Alle Motive zusammen genommen, die in einer Situation das Verhalten beeinflussen, nennt man die **Motivation**. Wenn mich in einer Situation nichts dazu bringen kann, etwas zu tun, so nennt man dies **Demotivation**.

Aufgaben

1 Welche Motive haben die Kinder vermutlich zu ihrer Entscheidung bewegt? Ordnet passende „Motive von der Leine“ zu und besprecht eure Ergebnisse. ➜ M1

2 Stell dir vor, du wärst Ricarda. Hättest du jetzt wieder mehr Lust auf deine Englisch-Hausaufgaben und auf Schule? Begründe deine Antwort. ➜ M2

3 Hast du schon einmal eine Situation erlebt, in der du wieder neues Interesse an einer Sache entdeckt hast? Wie ist es dazu gekommen? Berichte davon. ➜ M2

4 Welche Folgen können (Miss-)Erfolgserlebnisse auf den zukünftigen Umgang mit Herausforderungen haben? Ordne die Fallbeispiele den möglichen Folgen passend zu. Doppelte Zuordnungen sind möglich! ➜ M3

3 Erfolgreich – aber wie?

WAHLTHEMA

M1 Am Anfang war das Chaos

„Ich muss noch Mathe lernen ..."

„Wo ist nur mein Taschenrechner geblieben ...?"

„Wenn Mama die Unordnung in meinem Zimmer sieht ..."

„Die Hausaufgaben mache ich kurz vor dem Schlafengehen ..."

„Für das Klavierkonzert nächste Woche habe ich noch nicht geübt ..."

„Ich muss noch Torben anrufen und mich bei ihm entschuldigen, weil ich in der Hektik heute so unfreundlich war ..."

„Wann war ich noch mal mit Franzi verabredet?"

„Für Oma sollte ich doch noch einkaufen ..."

„Meine Füllerpatrone ist gleich leer ...!"

M2 Tierische Erfolgstipps

Bruno Bär, der weise und gelassene Lehrmeister der unzufriedenen Tiere, möchte der Eule, der Biene und dem Hasen zu einem erfolgreicheren Leben verhelfen. Dazu fragt er sie, wo sie sich heute in fünf Jahren sehen. In den Antworten der Tiere sind viele Erfolgstipps versteckt ...

Eusebia Eule sieht sich auf ihrem Lieblingsast sitzen. Sie ist voller Tatendrang und fühlt sich rundum gesund, da sie immer ausreichend Schlaf bekommt. Statt wieder mal einen Tag kein Auge zuzutun und immer weiterzuarbeiten, hat sie nur erledigt, was wirklich wichtig und notwendig war. Dazu hat sie sich eine Liste mit Zielen und Terminen und einen genauen Zeitplan erstellt. Ihre Aufgaben erledigt sie mit großer Sorgfalt, aber nicht immer perfekt bis ins kleinste Detail. Deshalb hat sie jetzt viel mehr Zeit als früher und sie will auch genau darüber nachdenken, wie sie diese Zeit füllen möchte.

Beate Biene stellt sich vor, wie sie auf einer prächtigen Wildblume sitzt und kräftigen Nektar sammelt. Ihre Arbeit, das Honigsammeln, macht ihr noch immer großen Spaß. Das liegt daran, dass die Zeiten, in denen sie Honig sammelt, genau festgelegt sind und sie sich mit ihrem Eifer darauf stürzt. Denn sie weiß, dass danach ausgiebig Zeit ist, ihre Freundinnen zu treffen und mit ihnen zusammen um die Wette zu fliegen.

Harry Hase sieht sich entspannt in der Küche sitzen. Seine beiden Ältesten sind aus dem Haus und haben eigene Familien. Eines der kleinen Hasenkinder hat Kochen gelernt und zaubert jeden Tag ein neues Mohrrüben-Gericht. Die zwei anderen Kleinen helfen ihm bei der Hausarbeit. „Ja, so wird es sein", denkt er sich, „ich werde ein ganz ruhiger Zeitgenosse und renne nicht unzähligen verschiedenen Aufgaben hinterher. Ohne Stress. Ohne Druck. Ich werde das, was ich mir vornehme, nach und nach tun", denkt er zufrieden.

nach Lothar Seiwert, S. 33-36

M3 Dranbleiben wie die Ameisen …

Beobachte mal eine Ameise, die ihren Geschäften nachgeht, und stell ihr deinen Fuß in den Weg. Was wird sie tun? Sie wird sicher versuchen unten drunter durchzugehen, sie wird versuchen oben drüber zu klettern und sie wird versuchen durch ihn hindurchzugehen! Wie lange wird sie das versuchen? Lange!
Stell dir jetzt vor, du hast gerade mit Klavierstunden begonnen – und schon denkst du: „Das ist mir aber zu schwer. Vielleicht sollte ich lieber Triangel spielen lernen …“
Nein! Die beste Zeit aufzuhören ist, nachdem du Erfolg gehabt hast! Warum? Weil Erfolg mehr mit Ausdauer als mit Talent zu tun hat. Mit Übung kannst du die meisten Dinge recht gut meistern – vielleicht nicht so gut wie ein Experte. Aber doch recht gut.
Und du ahnst nicht, wie viel Spaß etwas machen kann, bis du es einigermaßen gut kannst. Du wirst nie die Begeisterung des Musikers erleben, wenn du nicht wenigstens ein Dutzend Lieder auf dem Klavier spielen kannst. Sicher, manchmal versucht man sich an etwas und es ist ganz offensichtlich: „Das war wirklich eine dumme Idee!“ Aber ansonsten kommt es vor allem auf Ausdauer an. Wenn du alles zu Ende bringst, was du einmal angefangen hast, dann passiert Folgendes:

1. Du überlegst und prüfst sehr sorgfältig, bevor du etwas Neues anfängst und
2. du gewöhnst dich an Erfolg. Setz dir ein erreichbares Ziel, erfülle es und entscheide dann, ob du aufhören willst. Es ist erstaunlich, wie ein bisschen Erfolg deine Meinung ändern kann.

nach Andrew Matthews, S. 112–113

M4 Wege zum Erfolg?

Um erfolgreich zu sein, muss man auch manchmal schummeln.

Der sicherste Weg zum Erfolg ist, ein Ziel vor Augen zu haben.

Erfolg hat man nur, wenn man sich gegen andere durchsetzen kann.

Wenn man etwas nicht kann, sollte man es am besten gleich lassen.

Der Weg zum Erfolg ist manchmal so mühsam wie der Aufstieg auf einen Berg.

Erfolgreich ist, wer Misserfolge erfolgreich meistert.

Wenn man es allen recht macht, hat man bestimmt Erfolg.

Geduld und Ausdauer führen meistens zum Erfolg.

An sich zu glauben und auch bei Misserfolgen nicht gleich aufzugeben, ist das beste Erfolgsrezept.

Ich kann nur erfolgreich sein, wenn andere mir helfen.

Aufgaben

1 Beschreibe, in welcher Situation sich der Junge befindet, und überlege, ob er seine zu erledigenden Aufgaben erfolgreich bearbeiten kann. Begründe deine Antwort. ➜ M1

2 Welche Erfolgstipps stecken in den Antworten der Tiere? Stelle zusammen, was die Tiere dem Jungen raten könnten. ➜ M1/M2

3 Wo siehst du dich in fünf Jahren? Was hast du erreicht? Gestalte einen Brief an Bruno Bär. ➜ M2

4 Erläutere anhand des Textes, warum es wichtig ist, nicht aufzugeben. ➜ M3

5 Skizziere ein eigenes Beispiel, in dem dir das Vorgehen der Ameisen helfen könnte, zum Erfolg zu kommen. ➜ M3

6 Setzt euch in Partnerarbeit mit den Aussagen auseinander und diskutiert, welche euch überzeugen und welche nicht. ➜ M4

7 Gestaltet mit den Sätzen, die euch überzeugt haben, eine Zeichnung:
„Meine Schlüssel zum Erfolg“ oder
„Auf der Erfolgsleiter“ oder … ➜ M4

1 Schüler mischen mit

WAHLTHEMA

M1 Problemfälle aus dem Schulleben

Fall 1 Mützen und Kappen während des Unterrichts

Während der letzten Monate werden vor allem in den Jahrgangsstufen 5 und 6 regelmäßig Mützen und Kappen im Unterricht aufbehalten. Fast jeder zweite will sich nicht mehr von seiner Kopfbedeckung trennen. Einige Lehrer haben Schwierigkeiten, die Gesichter ihrer Schüler unter den Schirmen der Kappen zu erkennen. Andere Lehrer bemängeln das unpassende Erscheinungsbild im Unterricht. Lehrer empfinden es auch als respektlos, wenn junge Menschen vor ihnen die Kopfbedeckung aufbehalten.

Fall 2 Ball zerstört zentralen Schulcomputer

Schon zum zweiten Mal ist ein hart aufgepumpter Lederball durch das geöffnete Fenster der Schulleiterin geflogen und hat den Rechner samt Monitor umgestoßen. Nach dem ersten Vorfall konnten noch die meisten Daten gerettet werden. Dieses Mal sind größere Teile der Festplatte zerstört worden. Das häufige Ballspielen auf den Pausenhöfen und um das Schulgebäude herum hat bereits mehrere Glasscheiben zerstört und auch anderen Sachschaden verursacht. In der letzten Woche fiel ein Schüler während des Ballspiels gegen eine Tischtennisplatte und musste ins Krankenhaus gebracht werden.

Fall 3 Fahrraddiebstähle auf dem Schulgelände

Seit einiger Zeit häufen sich die Diebstähle von Fahrrädern von dem eigens hierfür eingerichteten Fahrradparkplatz der innerstädtischen Schule. Es werden vorwiegend Fahrräder gestohlen, die nicht mit dem dort befindlichen Fahrradständer über ein Stahlbügelschloss fest verbunden sind. Diebe, die versucht haben, diese Stahlbügel aufzusägen, sind hierbei von Schülern bemerkt und gestört worden und haben dann das Weite gesucht.

Fall 4 Störende Gespräche im Selbstlernbereich

Einige Schüler beklagen, dass im Selbstlernbereich der Schule häufig laut diskutiert und gesprochen werde. Sie fühlen sich durch laut redende Schüler aber auch durch die Appelle und Erklärungen des Aufsicht führenden Lehrers gestört. Wenn auch noch viele Multimedia-Computer betrieben werden, erhöhe sich der Lärmpegel, so dass ein konzentriertes Arbeiten nicht mehr möglich sei. Zuletzt übten einige Schülerinnen und Schüler zudem für einen Karaoke-Wettbewerb.

Fall 5 Streit um den Ausflug ins Erlebnisbad

Die Planung des Wandertages hat in der Klasse 5a für viel Ärger gesorgt. Die Mehrheit möchte gerne in ein Erlebnisbad fahren, in dem es eine Riesen-Wasserrutsche und andere Attraktionen gibt. Zwei Schülerinnen haben bereits gesagt, dass ihre Eltern da aus religiösen Gründen bestimmt nicht mitspielen werden, drei weitere Schüler haben sich wegen des hohen Eintrittspreises beschwert.

M2 Das Schulgesetz – Regeln für die Schule

Ein Gesetz enthält für die Allgemeinheit verbindliche Regeln. Im Schulgesetz stehen die Regeln, die für alle Schulen in Sachsen gelten. Es legt unter anderem fest, welchen Auftrag die Schulen haben, wie sie organisiert sein sollen, welche Möglichkeiten der Mitbestimmung es für Schülerinnen und Schüler, Eltern und Lehrkräfte gibt und welche Rechte und Pflichten Schülerinnen und Schüler haben.
Kann das Schulgesetz dabei helfen, Problemsituationen in der Schule zu lösen? Ja, denn für viele Fälle ist klar geregelt, wie sich die Beteiligten verhalten müssen. Im Schulgesetz wird geklärt, welche Rechte Schülerinnen und Schüler haben, beispielsweise das Recht auf freie Meinungsäußerung im Unterricht. Genauso sind aber auch die Pflichten erwähnt, wie etwa die Pflicht zur Erledigung der Hausaufgaben. Im Schulgesetz ist auch bestimmt, wie Entscheidungen innerhalb der Schule getroffen werden müssen und wer an den Entscheidungen beteiligt werden muss. Jede Schule hat darüber hinaus auch noch eigene Ordnungen und Gremien, die sie selbst bestimmt hat, z. B. die Hausordnung, Streitschlichter, Klassenregeln oder Klassenräte.

M3 Mitwirkung an Entscheidungen

Auszug aus dem Sächsischen Schulgesetz:

§ 51 Schülermitwirkung, Schülervertretung

(1) Im Rahmen der Schülermitwirkung wird den Schülern die Möglichkeit gegeben, Leben und Unterricht ihrer Schule mitzugestalten. [...] Zu den Aufgaben der Schülermitwirkung gehören insbesondere die Wahrnehmung schulischer Interessen der Schüler, die Mithilfe bei der Lösung von Konfliktfällen und die Durchführung gemeinsamer Veranstaltungen. Zu den Rechten der Schülermitwirkung gehört es,
1. in allen sie betreffenden Angelegenheiten durch die Schule informiert zu werden (Informationsrecht);
2. Wünsche und Anregungen der Schüler an Lehrer, den Schulleiter und den Elternrat zu übermitteln (Anhörungs- und Vorschlagsrecht);
3. auf Antrag des betroffenen Schülers ihre Hilfe und Vermittlung einzusetzen, wenn dieser glaubt, es sei ihm Unrecht geschehen (Vermittlungsrecht);
4. Beschwerden allgemeiner Art bei Lehrern, beim Schulleiter und in der Schulkonferenz vorzubringen (Beschwerderecht).

(2) Die Aufgaben der Schülermitwirkung werden insbesondere durch die Klassenschülersprecher, den Schülersprecher der Schule und die Schülerräte (Schülervertretungen) wahrgenommen. Dazu werden Fortbildungen für Schülervertreter angeboten.

§ 53 Schülerrat, Schülersprecher

(1) Die Klassenschülersprecher bilden den Schülerrat der Schule.

(2) Dem Schülerrat obliegt die Vertretung der Interessen der Schüler [...]. Er hat gegenüber dem Schulleiter ein Auskunfts- und Beschwerderecht. Vor Beschlüssen der Konferenzen, die von grundsätzlicher Bedeutung für die Erziehungs- und Unterrichtsarbeit der Schule sind, ist ihm Gelegenheit zur Stellungnahme zu geben.

(3) Der Schülerrat wählt aus der Mitte der Schüler einen Vorsitzenden (Schülersprecher) und dessen Stellvertreter.

www.revosax.sachsen.de, Alphabetischer Index, „S", SchulG

Aufgaben

1 Bildet Gruppen und setzt euch (arbeitsteilig) mit den geschilderten Fällen auseinander. → M1
Entscheidet:
1. Das Problem soll durch eine allgemein geltende Regel gelöst werden.
2. Die Betroffenen sollen für das Problem ihre eigene Lösung finden. Legt für jeden Fall einen Lösungsweg fest und begründet eure Entscheidung.

Solltet ihr euch für die erste Lösung entscheiden, formuliert die allgemeingültige Regel. Haltet eure Ergebnisse (in ganzen Sätzen) z. B. auf Folie fest. Stellt anschließend eure Lösungen Fall für Fall vor. Sollte es verschiedene Lösungsvorschläge geben, besprecht die jeweiligen Begründungen.

2 Diskutiert: Welche Vor- und welche Nachteile haben allgemeine Regeln? → M1

3 Stelle die Rechte und Pflichten, die Schülerinnen und Schüler in Sachsen an der Schule haben, in einer Tabelle gegenüber. → M2/M3

4 Wenn ihr das Schulgesetz ändern dürftet, was würdet ihr ändern oder ergänzen? Tauscht euch in Gruppen aus und stellt die Ergebnisse der Klasse vor. → M3

▶ Glossar: Respekt

2 Wer wird Klassensprecher(in)?

WAHLTHEMA

M1 Klassensprecher oder Superstar?

Deutschlands Superstar 2011.

Pietro Lombardi verteilt Autogramme an seine Fans von „Deutschland sucht den Superstar".

M2 Schulgesetz in Sachsen

§ 52 Der Klassensprecher

(1) Von Klassenstufe 5 an wählen die Schüler jeder Klasse unverzüglich nach Schuljahresbeginn aus ihrer Mitte einen Klassenschülersprecher und dessen Stellvertreter.

www.revosax.sachsen.de, Alphabetischer Index, „S", SchulG

M3 Die Kandidaten stellen sich vor

Zu Beginn eines jeden Schuljahres werden die Klassensprecher gewählt. In der Klasse 6b haben sich vier Kandidaten vorgestellt: Lisa, Hakim, Svenja und Marcel. Hier erklären sie, warum sie sich für das Amt des Klassensprechers bewerben:

Lisa:
„Ich war schon im letzten Jahr Klassensprecherin und das hat mir ziemlich Spaß gemacht. Vor allem die „Freistunden", in denen sich die Schülervertretung getroffen hat, fand ich toll. Dort sind auch viele nette Typen aus den anderen Klassen, mit denen man gut quatschen kann. Die geben auch Tipps, was man bei Problemen mit Lehrern machen kann."

Hakim:
„Einer der beiden Klassensprecher sollte unbedingt ein Junge sein, denn sonst werden die Mädchen bevorzugt. Ich habe auch ganz gute Noten und traue mich mit den Lehrern zu reden, falls es mal Stress gibt. Letztes Jahr war ich in der Theater-AG, da habe ich gelernt, wie man ein gutes Gespräch führt. Damit kann ich die Interessen unserer Klasse gegenüber den Lehrern hoffentlich gut vortragen."

Svenja:
„Für mich ist es wichtig, dass sich unsere Klasse gut versteht. Deshalb will ich für alle Ansprechpartner sein. Wenn es Streit gibt, will ich eine Lösung finden, mit der alle zufrieden sind. Außerdem macht es mir Spaß, im Team zu planen und zu organisieren. Ich habe schon einige Ideen, z. B. wie wir unser Klassenzimmer gestalten und wie wir unsere Klassenfahrt finanzieren können."

Marcel:
„Ein Klassensprecher sollte auch ein Vorbild sein. Er sollte nie etwas von den Leuten erwarten oder fordern, was er selbst nicht erfüllt. Das halte ich für das Wichtigste – und das ist auch mein Motto: „Gemeinsam sind wir stark und können auch etwas erreichen." Im Sport, bei meinem Fußballverein, erlebe ich das bei jedem Spiel, in jedem Training: Man gewinnt nur, wenn man ‚zusammenspielt'. In schwierigen Situationen hilft dann auch der Trainer."

M4 Die Klassensprecherin oder der Klassensprecher soll …

- selbstbewusst sein
- die eigene Meinung durchsetzen können
- in der Klasse beliebt sein
- laut und deutlich sprechen können
- die Klasse über wichtige Entscheidungen des Schülerrats informieren
- mit dem Lehrer sprechen, wenn es Probleme gibt
- dem Lehrer z. B. beim Einsammeln von Heften helfen
- cool aussehen bzw. angezogen sein
- für Ruhe sorgen, falls kein Lehrer da ist
- zu den Klassenbesten gehören
- die Schüler für den Tafel- und Ordnungsdienst bestimmen
- die Freunde immer um Rat fragen
- auch für die eigenen Fehler einstehen
- verschwiegen sein, wenn ein Mitschüler ihm oder ihr etwas anvertraut
- bei Streitfällen oder Raufereien einschreiten
- witzig sein
- die rechtlichen Bestimmungen der Schülervertretung kennen
- darauf achten, dass niemand von der Klasse ausgestoßen oder vernachlässigt wird
- sportlich sein
- Ideen zur Verbesserung der Klassengemeinschaft haben

M5 Klassensprecherwahl

Die Wahl erfolgt jährlich zu Beginn des Schuljahres bis spätestens zwei Wochen nach Unterrichtsbeginn. Insbesondere in neu zusammengesetzten Klassen müssen die Schüler sich erst kennenlernen. Die Wahl sollte deshalb nicht unmittelbar nach Schuljahresbeginn stattfinden. Für die Vorbereitung und Durchführung der Wahl muss ausreichend Unterrichtszeit zur Verfügung gestellt werden. Die Kandidaten werden durch Zuruf oder durch geheime schriftliche Vorschläge aufgestellt. Der alte Klassensprecher sollte, wenn möglich, einen kurzen Bericht über seine Arbeit im vergangenen Jahr abgeben.
Der Klassensprecher und sein Vertreter müssen in geheimer Wahl und in getrennten Wahlgängen bestimmt werden. Gewählt ist, wer die meisten Stimmen erhalten hat. Bei Stimmengleichheit findet eine Stichwahl statt. Die Stimmen werden öffentlich ausgezählt und es wird überprüft, ob die Zahl der abgegebenen Stimmen mit der Zahl der Anwesenden übereinstimmt. Die Gewählten erklären, ob sie die Wahl annehmen, und es wird ihnen gratuliert.
Über die Wahl muss ein Protokoll angefertigt werden, das folgende Angaben enthält: Wahlzeitpunkt, Zahl der Stimmberechtigten, Namen der Kandidaten, Wahlergebnis, Feststellung, ob die Gewählten das Amt angenommen haben. Gegen die Wahl kann innerhalb einer Frist von zwei Wochen beim Schulleiter schriftlich Einspruch erhoben werden.

Aufgaben

1 Würdet ihr Deutschlands Superstar zu eurem Klassensprecher wählen? Begründet eure Antwort: „Ich würde Deutschlands Superstar (nicht) wählen, weil …" ➜ M1/M2

2 Welche Probleme ergeben sich, wenn der Klassensprecher nur der Star einer Klasse ist? ➜ M1

3 Welcher Kandidat ist deiner Meinung nach für das Amt des Klassensprechers am besten geeignet? Nenne deine Gründe. ➜ M3

4 Welche Eigenschaften muss ein Klassensprecher besitzen, wie muss er sich verhalten? ➜ M4
   a) Ordne die Vorschläge nach ihrer Wichtigkeit und schreibe die fünf wichtigsten heraus.
   b) Vergleicht eure Ergebnisse. Worüber herrscht Uneinigkeit? Versucht herauszufinden, woran das liegen könnte.

5 Fertigt in Partnerarbeit eine „Checkliste" für den Ablauf der Wahl an. Die Liste sollte in der richtigen Reihenfolge der einzelnen Handlungsschritte angelegt sein. Was ist bei der Wahl besonders zu beachten? ➜ M5

3 Was ist die Schülervertretung? WAHLTHEMA

M1 Organisation der Schülervertretung

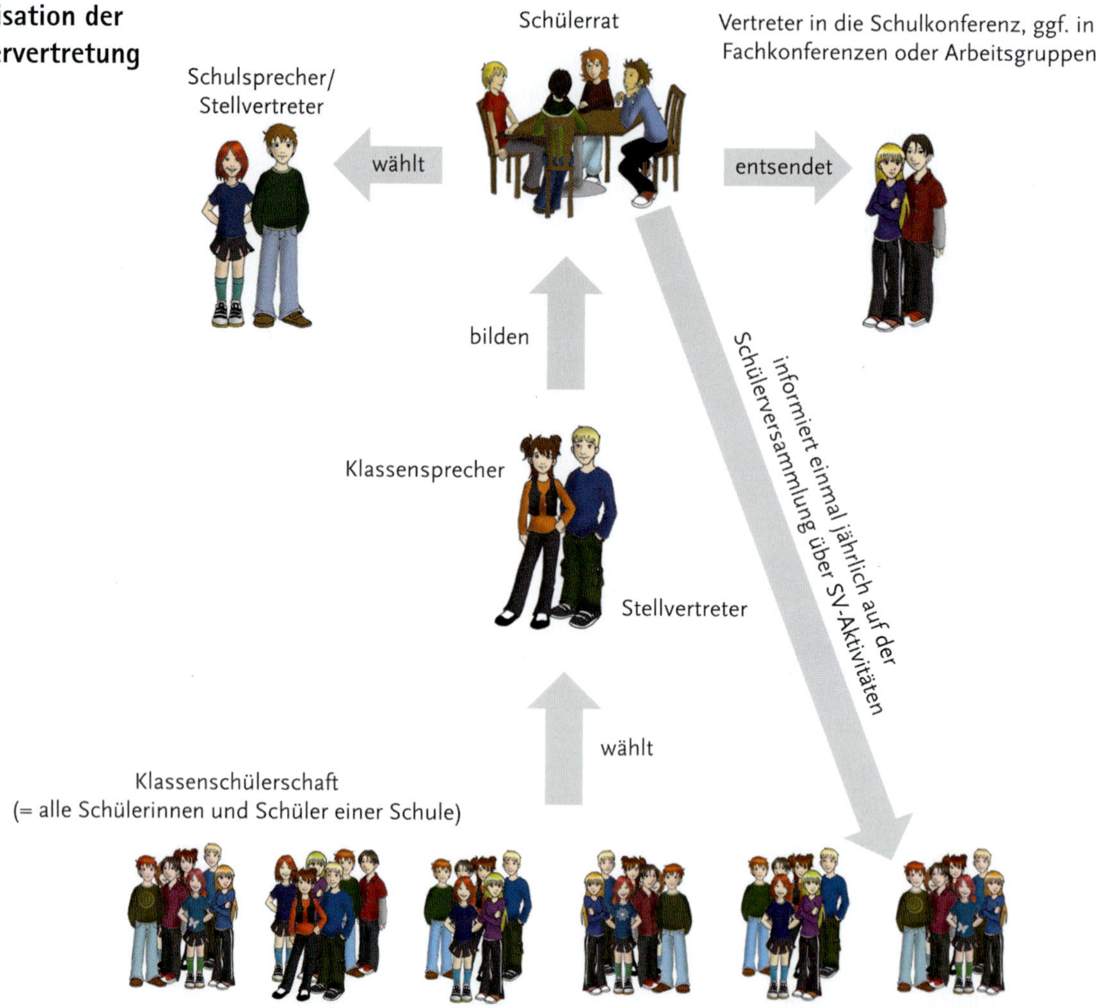

M2 Grundlagen der Arbeit der Schülervertretung

- Die gewählten Klassensprecherinnen und Klassensprecher bilden den Schülerrat und wählen aus dessen Mitte Schülersprecherin bzw. Schülersprecher und Stellvertreter sowie die weiteren Vertreter der Schüler für die Schulkonferenz.
- Der Schülersprecher lädt zu den Sitzungen des Schülerrates ein, bereitet sie vor und leitet diese. Der Schülerrat muss auch einberufen werden, wenn ein Drittel der Mitglieder dies verlangt.
- Mindestens zweimal im Schulhalbjahr nehmen der Schulleiter und der Vertrauenslehrer an den Sitzungen des Schülerrates teil. (Der Vertrauenslehrer wird von den Schülern auf ein Jahr gewählt und soll die Schülervertretung beraten, unterstützen und in Konfliktfällen vermitteln).
- Die Mitglieder des Schülerrates sind verpflichtet, den Mitschülern in den Klassen regelmäßig über ihre Tätigkeit zu berichten. Der Schülerrat hat auch das Recht, auf einer eigenen Anschlagtafel in der Schule und ohne Genehmigung durch die Schulleitung zu informieren.

M3 Der Schülerrat stellt sich vor

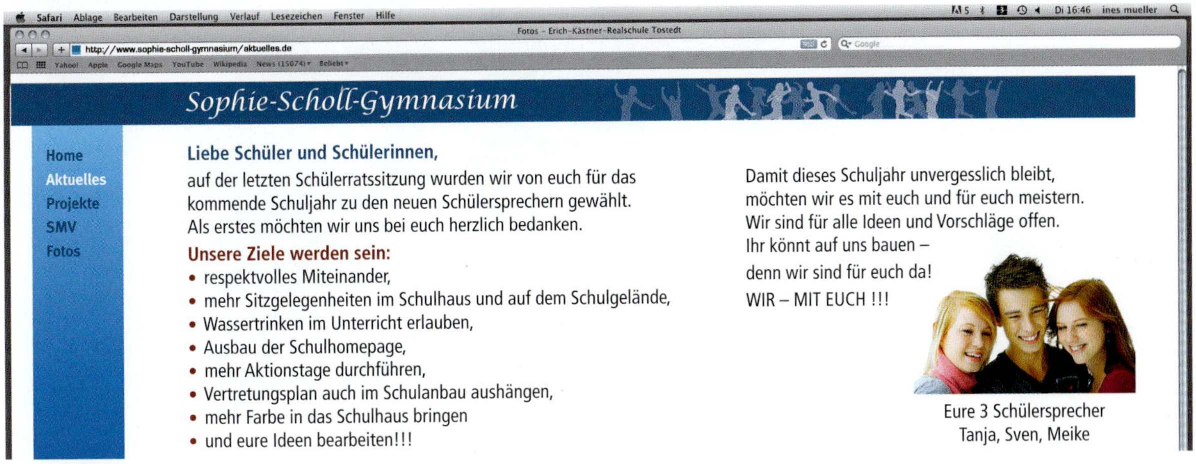
http://www.sophie-scholl-gymnasium/aktuelles.de

Sophie-Scholl-Gymnasium

Home
Aktuelles
Projekte
SMV
Fotos

Liebe Schüler und Schülerinnen,
auf der letzten Schülerratssitzung wurden wir von euch für das kommende Schuljahr zu den neuen Schülersprechern gewählt. Als erstes möchten wir uns bei euch herzlich bedanken.

Unsere Ziele werden sein:
- respektvolles Miteinander,
- mehr Sitzgelegenheiten im Schulhaus und auf dem Schulgelände,
- Wassertrinken im Unterricht erlauben,
- Ausbau der Schulhomepage,
- mehr Aktionstage durchführen,
- Vertretungsplan auch im Schulanbau aushängen,
- mehr Farbe in das Schulhaus bringen
- und eure Ideen bearbeiten!!!

Damit dieses Schuljahr unvergesslich bleibt, möchten wir es mit euch und für euch meistern. Wir sind für alle Ideen und Vorschläge offen. Ihr könnt auf uns bauen – denn wir sind für euch da!
WIR – MIT EUCH !!!

Eure 3 Schülersprecher
Tanja, Sven, Meike

M4 Im Schülerrat

Die Schülersprecherin oder der Schülersprecher ist Vorsitzende bzw. Vorsitzender des Schülerrates. Sie oder er beruft den Schülerrat ein, leitet die Sitzungen und setzt die Beschlüsse um. Der Schülerrat kann während der Unterrichtszeiten zusammentreten. Er muss aber auf die Unterrichtsveranstaltungen Rücksicht nehmen. Einmal im Monat kommt auch der Schulleiter oder die Schulleiterin zu der Schülerratssitzung und bespricht aktuelle schulische Fragen. Die Themen, die besprochen werden sollen, werden auf eine Tagesordnung gesetzt. Ein Mitglied des Schülerrates führt über die Ergebnisse der Diskussionen ein Protokoll.

M5 Wer soll entscheiden?

Der Schülerrat kommt zu einer Sitzung zusammen. Beim letzten Tagesordnungspunkt „Verschiedenes“ fragt Jana, ob es nicht besser wäre, wenn grundsätzlich die Schülerversammlung und damit alle Schülerinnen und Schüler bei allen Fragen und Plänen mitentscheiden könnten. Es seien doch alle Schülerinnen und Schüler von den Entscheidungen betroffen.
Diese Frage wird im Schülerrat ausführlich diskutiert. Der Schülersprecher leitet die Diskussion. Er ruft diejenigen auf, die sich zu Wort melden. Er fasst zusammen, wie sich die Schülerratsmitglieder geäußert haben. Er achtet darauf, dass alle ausreden können und es nicht zu unruhig wird. Am Ende führt er durch eine Abstimmung ein Meinungsbild herbei.

Aufgaben

1 Beschreibe anhand der Grafik und des Textes, wie die Schülervertretung organisiert ist. ➜ M1/M2

2 Beurteilt, wie sich die Schülervertretung vorstellt. Was erfahrt ihr über die Aktivitäten der Schülervertretung (SV) an der Schule? Stellt eure Eindrücke in der Klasse vor. ➜ M3

3 Was wisst ihr über die Schülervertretung (SV) an eurer Schule? Am Informationsbrett oder im Internet findet ihr sicher einige Informationen: Wer sind die Schülersprecher? Welche Aktivitäten hat die SV an eurer Schule durchgeführt? Wie präsentiert sich eure SV im Schulhaus bzw. auf der Schulhomepage? Tragt eure Informationen zusammen. ➜ M3

4 Sprecht mit dem Schülersprecher über seine Aufgaben und Tätigkeiten. ➜ M3

5 Welche Ziele sollte die Schülervertretung (SV) an eurer Schule haben? Diskutiert in Kleingruppen und formuliert dann konkrete Aufgaben, wie diese Ziele umgesetzt werden können (SV zusammen mit den Schülern). Schreibt mindestens drei Aufgaben auf Kärtchen, vergleicht eure Vorschläge mit denen der anderen Gruppen. ➜ M4

6 Versetzt euch in die Rolle der Schülerratsmitglieder und diskutiert die gestellte Frage. Einer sollte die Rolle des Schülersprechers übernehmen und damit die Diskussionsleitung. Haltet eure Argumente und das Ergebnis schriftlich fest. ➜ M5

M.C. Escher, Day and Night, 1938

Tom Körner

Kompetenzen

Am Ende dieses Kapitels solltest du Folgendes wissen und können:

- Beispiele für Sinnestäuschungen kennen
- Dinge aus mehreren Perspektiven wahrnehmen
- Täuschungen durch andere Menschen erkennen
- zwischen Irrtum und Lüge unterscheiden
- ein Dilemma behandeln, in dem man glaubt, lügen zu müssen
- Vorurteile erkennen
- die Entstehung von Vorurteilen beschreiben
- wissen, wie man mit Vorurteilen vernünftig umgehen kann

Soll man immer die Wahrheit sagen oder gibt es Ausnahmen, in denen Lügen erlaubt ist? Wenn auch du dir diese Frage stellst, wirst du in diesem Kapitel viele Antworten finden. Richtig oder falsch? Diese Frage beginnt schon bei der Wahrnehmung durch deine Sinne Sehen, Hören, Tasten. Wenn du Bilder betrachtest, dir Filme ansiehst oder Gegenstände fühlst, kannst du dich leicht täuschen. Getäuscht werden kannst du aber auch von anderen Menschen, die dir die Unwahrheit sagen. Doch zwischen einem harmlosen Irrtum und einer bösartigen Lüge ist gar nicht so leicht zu unterscheiden ... Mit Unwahrheit haben auch Vorurteile zu tun. Auch Vorurteile können harmlos sein, wenn sie den Betroffenen nicht schaden. Doch allzu häufig werten sie andere Menschen ab, die dann darunter zu leiden haben. Wie aber erkennt man Vorurteile – und wie kann man sie überwinden?

1 Sich nicht täuschen lassen

M1 Was siehst du?

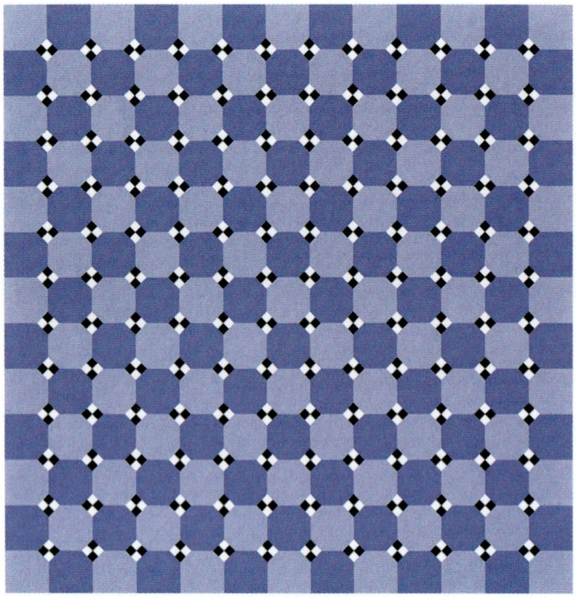

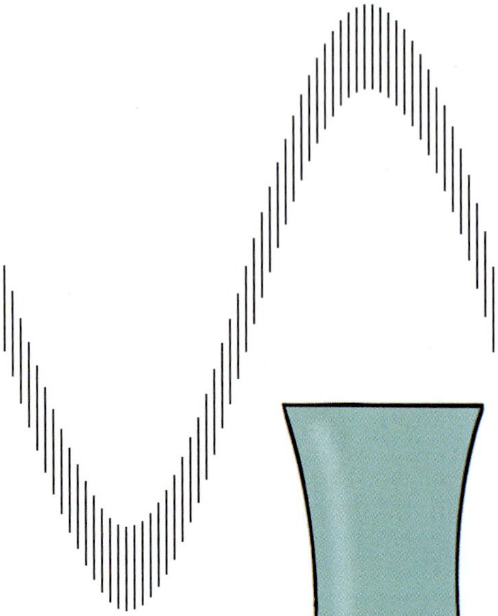

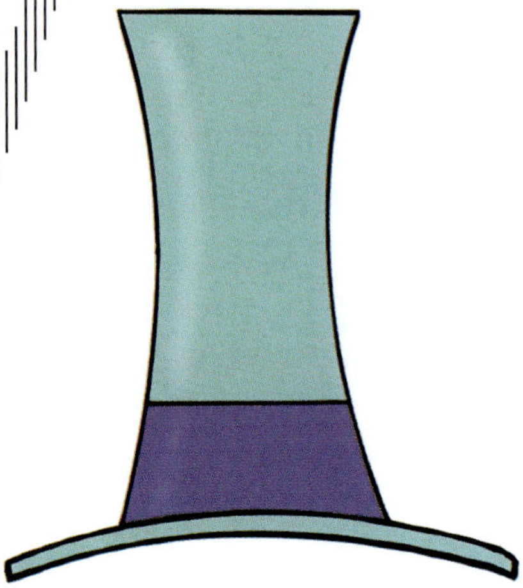

M2 Was ist das?

M3 Wie schwer ist das?

Jeder von euch bringt einen der folgenden Gegenstände in den Unterricht mit:

- eine Packung Haferflocken oder Müsli
- ein Päckchen Butter
- eine Flasche Limonade oder Saft
- ein Englisch-Buch
- ein Kissen
- ein Netzgerät für einen Laptop
- ein Frottee-Badetuch
- einen Ziegelstein
- ein Glas Honig oder Marmelade
- ein großes Kuscheltier
- einen Kochtopf
- …

Stellt nun so viele Tische in Kreisform auf, dass jeweils zwei von euch an einem Tisch stehen und jeweils zwei Gegenstände auf dem Tisch liegen. Jeder von euch nimmt nun die beiden Gegenstände in die Hände und schätzt ab, welcher von beiden schwerer ist. Notiert eure Ergebnisse, z. B. „Das Kissen ist leichter als ein Päckchen Butter.“

Tauscht jetzt im Uhrzeigersinn jeweils einen Gegenstand aus: Nach links gebt ihr einen Gegenstand zum Nachbartisch, vom rechten Nachbartisch erhaltet ihr einen anderen. Auf jedem Tisch liegen also wieder zwei Gegenstände. Schätzt wiederum ab, welcher Gegenstand schwerer ist, notiert auch diese Ergebnisse.
Tauscht erneut die Gegenstände aus, und zwar so, dass ihr den Gegenstand, den ihr vom Nachbartisch erhalten habt, weitergebt; den zweiten Gegenstand, den ihr ursprünglich auf dem Tisch hattet, behaltet ihr.
Ordnet anschließend gemeinsam alle Gegenstände nach dem geschätzten Gewicht, erstellt eine Liste.
Besorgt euch eine Waage (z. B. von einer Lehrkraft in Physik) und stellt nun das wirkliche Gewicht der Gegenstände fest. Fertigt eine weitere Liste mit dem gemessenen Gewicht an.
Vergleicht nun die beiden Listen. Wo findet ihr Abweichungen? Was könnten Gründe für diese Abweichungen sein?

M4 Täuschungen durch Technik

In unserem Alltag lassen wir uns gerne eine „Wirklichkeit" vorspielen, z. B. bei Filmen.
Sowohl im Fernsehen als auch im Kino werden in rascher Folge hintereinander einzelne stehende Bilder gezeigt. Damit in unserem Gehirn die Illusion einer fließenden Bewegung entsteht, müssen zwei Voraussetzungen erfüllt sein:
Die Unterschiede zwischen den einzelnen Bildern dürfen nicht allzu groß sein, und es müssen mindestens etwa 18 Bilder pro Sekunde (oder mehr) gezeigt werden. Wir füllen aufgrund bisheriger Erfahrungen beim Sehen wirklicher Bewegungen die kleinen „Lücken" zwischen den einzelnen Bildern.
Der Schall einer Schallquelle, z. B. einer Stimme, breitet sich gleichmäßig aus. Unsere Ohren registrieren kleinste Unterschiede der Zeit, die die Schallwellen brauchen, um unsere beiden Ohren zu erreichen. Daher können wir feststellen, aus welcher Richtung uns jemand anspricht.

Auch unsere Ohren lassen sich gerne täuschen: Durch zwei Lautsprecher (wie bei einer Stereo-Anlage oder bei Kopfhörern) wird der Eindruck erweckt, dass die Schallquelle sich irgendwo zwischen den beiden Lautsprechern oder sogar außerhalb befindet. Besonders raffinierte Effekte lassen sich durch mehrere Lautsprecher beispielsweise in jeder Ecke des Raumes erzielen; in einem Kino hören wir etwa einen Hubschrauber über unserem Kopf kreisen.
Die Abgrenzung zwischen Realität und Täuschung fällt schwer. Gerade Filme mit ihren optischen und zugleich akustischen Eindrücken wirken besonders stark auf uns ein.

Aufgaben

1 a) Prüft nach, ob die Linien gerade oder gekrümmt sind, ob der Zylinder höher als die Krempe breit ist und ob alle Striche der Kurve gleich lang sind.
b) Versucht gemeinsam zu erklären: Warum erscheinen die Linien gekrümmt? Warum erscheint der Zylinder höher als breit? Warum erscheinen die Striche unterschiedlich lang? ➜ M1

2 Was seht ihr? Vergleicht eure Wahrnehmungen. ➜ M2

3 Unsere Sinne, vor allem die Augen und Ohren, täuschen uns oft. Sammelt Beispiele für optische Täuschungen (z. B. sogenannte Vexierbilder wie M2). ➜ M1/M2

4 Antwortet spontan: Was ist schwerer: ein Einfamilienhaus oder eine Elektro-Lokomotive? Ein Elefant oder ein Kleinwagen? Eine ausgewachsene Kuh oder ein Kubikmeter Wasser? Eure Schultasche oder eine Kiste Limonade?
Überprüft eure spontanen Antworten mit einer Waage, mit Hilfe eines Lexikons oder per Internet. ➜ M3

5 Stellt ein „Daumenkino" her. Erkundigt euch auch bei eurer Kunstlehrkraft. Für ein Daumenkino braucht ihr einen kleinen Notizblock, bei dem ihr in rascher Folge den unteren Rand der Blätter mit dem Daumen ein wenig aufblättern könnt. Zeichnet auf diesen Rand Bilder, die beim schnellen Aufblättern eine Bewegung zeigen. ➜ M4

6 Findet weitere Sinnestäuschungen, z. B. im Internet unter www.michaelbach.de/ot/index-de.html.

7 Diskutiert, in welchen Fällen Sinnestäuschungen Schaden anrichten können und wann sie harmlos sind.

▶ Glossar: Illusion, Vexierbild

2 Wahrnehmung und Wirklichkeit

M1 Ansichtssache

M2 Tasten und fühlen

Besorgt euch verschiedene Materialien wie zum Beispiel: Sand, kleine Tannenzapfen, Reis, eine große Menge kurzer Wollfäden, Styroporflocken, kleine Steine, Tischtennisbälle, Fell, Mehl, stumpfe Schrauben. Diese Materialien werden in große Vasen gefüllt, in die man bequem mit der Hand greifen kann, ohne dass der Inhalt sichtbar wird. Eine Alternative stellen auch Pappschachteln (Schuhkartons) oder Stoffsäckchen dar. Sind solche Behälter nicht vorhanden, kann man sich auch die Augen verbinden. Wer in eine solche Vase fasst, darf vorher nicht wissen, um welches Material es sich handelt.

Die Aufgabe lautet: Errate, um was es sich handelt, das du im Verborgenen ertastest. Achte auch darauf, wie es sich anfühlt, ob du das Gefühl magst oder nicht.

nach Philipp Thomas. In: ZDPE 02/2001, S. 110

M3 Zweifaches Tasten

Die Hand liegt auf dem Tisch. Ich nehme den Tisch als etwas Festes, Kaltes, Glattes wahr. Wenn ich mit der Hand über den Tisch streiche, erkenne ich die Oberfläche und Gestalt des Tisches. Ich erfahre den Tisch als einen dinglichen Gegenstand.

Zugleich aber kann ich auch auf meine Hand achten. Wenn ich auf meine Fingerkuppen achte, spüre ich dort Empfindungen, die auch noch nach der Berührung des Tisches nachklingen. Die Empfindungen des Druckes gegen den Tisch, seiner Kälte und der Glätte wirken noch eine Weile nach. Auf diese Weise empfinde ich nicht nur den Tisch, sondern gleichzeitig auch meinen eigenen Leib.

nach Edmund Husserl, S. 146, 150

M4 Der Elefant und die Blinden

Es waren einmal fünf weise Gelehrte. Sie alle waren blind. Diese Gelehrten wurden von ihrem König auf eine Reise geschickt und sollten herausfinden, was ein Elefant ist. Und so machten sich die Blinden auf die Reise nach Indien. Dort wurden sie von Helfern zu einem Elefanten geführt. Die fünf Gelehrten standen nun um das Tier herum und versuchten, sich durch Ertasten ein Bild von dem Elefanten zu machen.

Als sie zurück zu ihrem König kamen, sollten sie ihm nun über den Elefanten berichten. Der erste Weise hatte am Kopf des Tieres gestanden und den Rüssel des Elefanten betastet. Er sprach: „Ein Elefant ist wie ein langer Arm."

Der zweite Gelehrte hatte das Ohr des Elefanten ertastet und sprach: „Nein, ein Elefant ist vielmehr wie ein großer Fächer."

Der dritte Gelehrte sprach: „Aber nein, ein Elefant ist wie eine dicke Säule." Er hatte ein Bein des Elefanten berührt.

Der vierte Weise sagte: „Also ich finde, ein Elefant ist wie eine kleine Strippe mit ein paar Haaren am Ende", denn er hatte nur den Schwanz des Elefanten ertastet.

Und der fünfte Weise berichtete seinem König: „Also ich sage, ein Elefant ist wie eine riesige Masse, mit Rundungen und ein paar Borsten darauf." Dieser Gelehrte hatte den Rumpf des Tieres berührt.

Nach diesen widersprüchlichen Äußerungen fürchteten die Gelehrten den Zorn des Königs, konnten sie sich doch nicht darauf einigen, was ein Elefant wirklich ist. Doch der König lächelte weise: „Ich danke euch, denn ich weiß nun, was ein Elefant ist: Ein Elefant ist ein Tier mit einem Rüssel, der wie ein langer Arm ist, mit Ohren, die wie Fächer sind, mit Beinen, die wie starke Säulen sind, mit einem Schwanz, der einer kleinen Strippe mit ein paar Haaren daran gleicht, und mit einem Rumpf, der wie eine große Masse mit Rundungen und ein paar Borsten ist."

Die Gelehrten senkten beschämt ihren Kopf, nachdem sie erkannten, dass jeder von ihnen nur einen Teil des Elefanten ertastet hatte und sie sich zu schnell damit zufriedengegeben hatten.

www.clara-elisen-stift-koeln.de/content/pdfs/maerchen.pdf

Aufgaben

1 Beschreibe, was du auf den Bildern siehst. Aus welcher Perspektive sind die Dinge jeweils aufgenommen? ➜ M1

2 Bringt Gegenstände mit und beschreibt sie aus unterschiedlichen Perspektiven. Versucht zu erklären, worin das „Gesamtbild" eines Gegenstandes besteht. ➜ M1

3 Schaut euch die Materialien anschließend an. Besprecht, worin der Unterschied besteht, ob ihr die Gegenstände mit den Augen seht oder mit den Händen ertastet. ➜ M2

4 Wenn ihr die Materialien ertastet und erraten habt, denkt darüber nach, dass ihr nicht nur die Materialien, sondern auch eure eigenen Hände fühlt. Schreibt über diese Gefühle kleine Geschichten. ➜ M3

5 Wie kommen die Blinden zu ihrem Urteil? Obwohl keine ihrer Aussagen falsch ist, treffen ihre Beschreibungen doch nicht das Ganze des Elefanten. Erkläre, woran das liegt. ➜ M4

6 Sammelt Beispiele, die zeigen, dass unsere Fähigkeit zur Wahrnehmung begrenzt ist. ➜ M4

▶ Glossar: Perspektive

3 Wahrnehmen und Staunen

M1 Erstaunlich ...

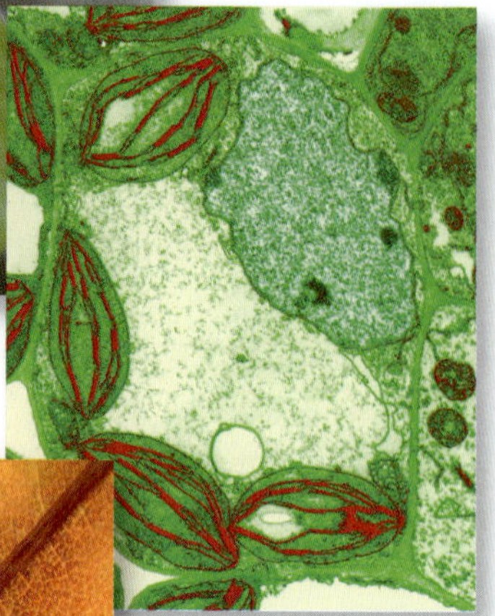

M2 Kann das wirklich sein?

Manchmal passieren merkwürdige Dinge: Die sonst so schlechtgelaunte Nachbarin grüßt freundlich; das Schulhaus ist morgens von einem Gerüst umgeben; in der Mittagssonne frieren wir; in der Mathematikstunde gibt es keine Hausaufgabe.

Überrascht bleiben wir stehen, wir fragen unsere Mitschülerinnen oder Mitschüler, ob sie das auch sehen oder vielleicht schon wissen; wir überprüfen schnell unsere Wahrnehmung und stellen fest, dass wir uns nicht täuschen. Irgendetwas ist eingetreten, an das wir nicht gewöhnt sind und das wir nicht erwartet haben. Kann das wirklich sein? Passt das zu unserem Wissen? Wir wundern uns und staunen. Wenn wir unsere Sprachlosigkeit überwunden haben, stellen wir Fragen: Gibt es dafür eine Erklärung? Warum ist das so? Und meist erhalten wir eine erste Antwort. Diese Antworten sind für uns dann neue Wahrnehmung, neues Wissen. Oder anders ausgedrückt: Durch das Staunen lernen wir.

Wer also über vieles staunt, lernt viel; wer nicht staunt, lernt nichts? Können wir nur leben, indem wir staunen? Oder ist es nicht vielleicht besser, wenn wir über eine heranfahrende Trambahn nicht staunen?

M3 Eine Wolke ist (k)eine Wolke

Harry und Markus konnten sich noch nicht entschließen, nach Hause zu gehen. Sie legten sich auf eine Wiese, kauten Grashalme und blickten zum Himmel. Der Himmel war klar und blau, bis auf eine riesige weiße Wolke. Plötzlich rief Markus: „Harry, das ist Europa!" Und so sah es wirklich aus. Da waren Finnland und Schweden und Griechenland. Nur Spanien und Frankreich schienen irgendwie verwischt und verzerrt. Die Buben beobachteten fasziniert, wie der große weite Kontinent majestätisch in den blauen Atlantik wanderte. [...] „Ich glaube", bemerkte Harry, „man muss nicht auf den Mond fliegen, um Abenteuer zu erleben oder wundervolle Dinge zu sehen. Manchmal sind sie genau vor dir, du musst sie nur sehen."

nach Matthew Lipman, Harry Stottelmeiers Entdeckung, S. 27-28

M4 Eine Düne ist eine Düne

Anna, die Ich-Erzählerin, und ihr kleiner Bruder Caleb leben zusammen mit ihrem Vater auf einem Bauernhof im Landesinneren. Die Mutter der beiden ist kurz nach Calebs Geburt gestorben. Der Vater hat eine Anzeige in die Zeitung setzen lassen: Er suche eine Frau. Daraufhin kommt Sarah zu ihnen; sie ist in Maine direkt an der Atlantikküste aufgewachsen.

„Mühle war das erste Wort, das ich konnte“, sagte Caleb. „Das hat Papa mir erzählt.“

„Meins war Blume“, sagte ich. „Was war dein erstes Wort, Sarah?“

„Düne“, sagte Sarah.

„Düne?“ Caleb schaute auf.

„In Maine“, sagte Sarah, „gibt es Felsenklippen, die am Meeresufer emporragen. Und es gibt Hügel, auf denen Kiefern wachsen und die grün sind vor lauter Nadeln. Aber mein Bruder William und ich haben ganz für uns allein eine Sanddüne entdeckt. Sie war weich und glitzerte, weil Glimmer im Sand war. Als wir klein waren, sind wir von der Düne ins Wasser gerutscht.“

Caleb sah zum Fenster hinaus.

„Wir haben hier keine Dünen“, sagte er.

Papa stand auf.

„Doch, die haben wir“, sagte er. Er nahm die Leiter und ging zum Stall.

„Die haben wir?“, rief Caleb ihm nach.

Er lief vorneweg. Sarah und ich kamen hinterher, und die Hunde folgten dichtauf.

Neben dem Stall lag das Heu, das als Streu diente. Der Heuhaufen reichte bis zur halben Höhe des Stalls und war mit einer Plane abgedeckt, damit das Heu im Regen nicht faulte. Papa lehnte die Leiter an den Heuhaufen.

„So.“ Er lächelte Sarah zu. „Unsere Düne.“

Sarah war sehr still. Die Hunde sahen zu ihr auf und warteten. Caleb beugte sich vor und nahm Sarah bei der Hand.

„Es ist sehr hoch“, sagte er. „Hast du Angst, Sarah?“

„Angst?“, rief Sarah. „Von wegen! Ich hab doch keine Angst!“

Sie stieg die Leiter hinauf und kletterte bis ganz nach oben, setzte sich und schaute auf uns herunter. Unten häufte Papa mit der Heugabel ein Polster aus losem Heu auf. Er lächelte hinauf zu Sarah.

„Gut so?“, rief Papa.

„Ja, prima“, sagte Sarah. Sie hob die Arme über den Kopf und rutschte den Heuhaufen hinunter, tief und immer tiefer, bis in das weiche Heu unten am Boden. Dort lag sie und lachte.

„Ist das eine schöne Düne?“, rief Caleb.

„Ja“, sagte Sarah. „Es ist eine prima Düne.“

nach Patricia MacLachlan, S. 33–35

M5 Das Glas ist voll leer

Aufgaben

1 Beschreibe genau, was du auf jedem einzelnen Bild siehst. ➜ M1

2 Schreibe anhand der Bilder jeweils drei Sätze, die beginnen mit: „Es ist erstaunlich ...“ ➜ M1

3 Erkläre die Bedeutung des Staunens. ➜ M2

4 Gebt wieder, an welchen Stellen es um ein Staunen geht. ➜ M3

5 Notiere genau die einzelnen Schritte, wie aus dem Heuhaufen eine Düne wird. ➜ M4

6 Ist das Glas „halb voll“ oder „halb leer“? Wer hat Recht? Sucht nach Gründen für die unterschiedlichen Wahrnehmungen. ➜ M5

7 Schreibt oder zeichnet eine kleine Vorgeschichte zu jeder der drei Figuren. Stellt eure Ergebnisse einander vor. ➜ M5

4 Nicht alles glauben

M1 Vom Moppel-Ich zum Magermodel

Die Schauspielerin Kate Winslet ist eigentlich gar nicht dünn. In der Schule wurde sie als „Fettwanst" gehänselt. Doch das ist vorbei. Schlank und makellos zeigte die britische Zeitschrift „GQ" vor einiger Zeit den sonst molligen „Titanic"-Star auf dem Cover. Es gibt dabei nur einen Fehler: Das Bild auf dem Cover hat mit der Wirklichkeit nichts zu tun. Winslets wundersamer Gewichtsverlust ist allein der geschickten Bearbeitung des Bildes am Computer zu verdanken. Den Wandel vom Moppel-Ich zum Magermodel fand selbst Winslet überzogen: Die Bildbearbeitung sei zu viel des Guten. Sie sei stolz auf ihre „muskulösen Oberschenkel, die breiten Hüften und den ganzen Rest". [...]

So viel Ehrlichkeit gibt es sonst nicht [...]. Die digitale Bildbearbeitung ist längst der Regelfall. Kaum ein Titelbild [...] erscheint, ohne dass Falten, Speck und Leberfleck am PC durch ein paar Mausklicks getilgt werden. Auch bei Promis in Hochglanzanzeigen und Werbespots ist so gut wie alles manipuliert. [...]

Hübscher, straffer, schlanker [...]. Der Versuchung digitaler Schönheits-OPs kann fast keiner widerstehen ... *nach Der Spiegel Kultur, 01/2004, S. 15*

Bilder und Wahrheit

INFO

Bilder in der Fotografie oder im Fernsehen gelten im Allgemeinen als genaue Abbildung der Wirklichkeit und man hält sie für glaubwürdig. Aber was wir auf Bildern sehen können, muss keineswegs der Wahrheit entsprechen. Heute hat die Bildbearbeitung am Computer der Manipulation von Bild- und Filmmaterial ungeahnte Möglichkeiten eröffnet. Veränderungen am Original sind kaum noch nachvollziehbar und die Glaubwürdigkeit von Fotografien und Filmen als Dokumente der Wirklichkeit wird damit in Frage gestellt.

M2 Wie Schönheit hergestellt wird

Mit welchen Tricks in der Werbung gearbeitet wird, hat die Firma Dove in einem Videoclip einmal dargestellt.

M3 UFO

Ufos – gibt es die eigentlich? Am 17. Dezember 1994 behauptet eine Schlagzeile in der *Berliner Zeitung* „Ufos über Thüringen? Ja, es stimmt! Zwei Schüler lieferten den Foto-Beweis". Zwei Jungen hatten mehrere Fotos von einem vermeintlichen Ufo aufgenommen. Mitglieder einer Organisation zur Erforschung von Ufo-Phänomenen untersuchten den Fall. In einem Fernsehinterview mit *n-tv* sagen sie, die Berichte der beiden „Zeugen" seien glaubwürdig.

Schließlich gesteht einer der Jungen, dass es sich bei dem Ufo um ein Spielzeug handle, das sie in die Luft geworfen und dabei fotografiert hätten. Die TV-Sendung *Ufos – es gibt sie doch* habe sie dazu angeregt. Sie hätten sich nach dem Presserummel nicht mehr getraut, ihren Streich zuzugeben. Sogar das Nachrichtenmagazin *Focus* berichtet über die Geschehnisse und die Blamage für die „Ufo-Forscher".

Jedes Jahr gibt es Tausende angeblicher Ufo-Sichtungen. Viele weisen Parallelen zu aktuellen Science-Fiction-Filmen oder -Serien auf. Bekannte Vorstellungen und Fantasien bestimmen die Bilder. Bisher ließen sich alle Fälle, die von der Gesellschaft zur Erforschung des Ufo-Phänomens (GEP) näher untersucht worden sind, auf natürliche Erscheinungen zurückführen.

nach Bettina Oesl, S. 70

M4 Ein Skeptiker

Es gibt Menschen, die nennt man Skeptiker. Was ein Skeptiker ist? Ganz einfach: ein Mensch, der grundsätzlich skeptisch ist. Weißt du jetzt mehr? Natürlich nicht. Also: grundsätzlich skeptisch ist ein Mensch, der nicht alles glaubt, was gesagt oder geschrieben wird. Er zweifelt erst einmal, ob das richtig ist, was er gehört oder gelesen hat. Er denkt selbst nach und stellt, wenn dies möglich ist, selbst Nachforschungen und Überprüfungen an. Ich, René Descartes, würde allen Menschen raten, skeptisch zu sein und nicht alles zu glauben, was andere behaupten. Was der Vorteil davon ist? Na: man fällt nicht auf Lügen rein, sitzt keinen Irrtümern auf; man wird nicht reingelegt, sondern kann sich immer sicher sein.

René Descartes

Aufgaben

1 Was wurde bei Kate Winslet für das Zeitschriftencover verändert? Nenne mögliche Gründe, warum dies geschah. ➜ M1

2 Stelle dir vor, du bist Kate Winslet. Schreibe einen Tagebucheintrag oder eine E-Mail an eine Freundin, in der du deine Gefühle ansprichst, nachdem du dein Bild in der Zeitschrift gesehen hast. ➜ M1

3 Beschreibe, wie das schöne Gesicht auf dem Plakat zustande kommt. Schaut euch den Videoclip dazu auf www.youtube.com/watch?v=hibyAJOSW8U&NR=1 an. ➜ M2

4 Schaut euch das Foto an, auf dem ein UFO zu sehen ist. Beweist das Foto, dass es UFOs gibt? Begründet eure Meinung. ➜ M3

5 Erläutert, wieso sich die UFO-Experten in diesem Fall blamieren. ➜ M3

6 Diskutiert, ob man Bildern uneingeschränkt glauben darf. ➜ M1-M3

7 Erklärt mit eigenen Worten, was ein Skeptiker ist. ➜ M4

8 Besprecht, wozu es gut sein könnte, skeptisch zu sein. ➜ M4

9 Zeigt an Beispielen, wie ein Skeptiker eine Untersuchung anstellt. ➜ M4

10 Bist du selbst schon einmal skeptisch gewesen? Hat sich das ausgezahlt? Erzähle davon. ➜ M4

▶ Glossar: Manipulation, René Descartes

5 Wahrheit und Irrtum

M1 „…"

Norman Rockwell, 1948

M2 Stille Post

Alle Teilnehmerinnen und Teilnehmer am Spiel ordnen sich in einer Reihe oder einem Kreis an. Eine Person überlegt sich eine Nachricht und flüstert diese seinem rechten Nachbarn ins Ohr. Dieser flüstert den gehörten Satz wiederum seinem rechten Nachbarn ins Ohr. Dies wird so lange wiederholt, bis die Nachricht den letzten Spielteilnehmer erreicht. Dieser sagt dann, was er verstanden hat.

M3 Irrtümer

Irrtum ist nicht gleich Irrtum:

„Ich dachte, ich hätte die Datei gesichert."

„Ich bin der Meinung, die Ampel hätte grün gezeigt."

„Sie dachten wohl, die Pilze seien genießbar."

„Er glaubte, auf dem Kabel sei kein Strom."

„Die Festplatte meines Computers ist garantiert virenfrei."

M4 Der Begriff „Irrtum"

Liebe Anna,

herzlichen Dank für Deinen Brief. Du möchtest von mir wissen, was ein Irrtum genau ist, weil ich mich lange mit dem Thema Irrtum auseinandergesetzt habe. Mal sehen, ob ich Dir helfen kann: Ein Irrtum kann eine falsche Annahme sein oder eine falsche Behauptung oder eine falsche Meinung. Der Irrtum setzt sich damit von einer Lüge ab. Warum?, fragst du dich jetzt sicherlich. Der Unterschied ist folgender: Wenn du lügst, dann machst du das mit Absicht, weil du jemanden täuschen willst. Ein Irrtum entsteht aber unabsichtlich aus falschen Informationen oder Schlüssen und jemand kann von seinem Irrtum „wahrhaftig" überzeugt sein. Vielleicht sollte ich dir diesen Unterschied an zwei Beispielen deutlich machen.

Du lügst, wenn du deinen Eltern erzählst, du hast deine Deutsch-Arbeit noch nicht zurück, obwohl sie in deiner Schultasche ist. Du willst die Arbeit deinen Eltern aber nicht zeigen, weil du eine „5" geschrieben hast.

Du irrst dich, wenn du glaubst, Spaghetti würden aus Italien stammen. Tatsächlich kennt man die Nudel dort erst seit ungefähr 800 Jahren. Ursprünglich stammen Spaghetti aus China. Marco Polo hat sie von dort nach Italien gebracht.

Ich hoffe, ich habe dir bei der Beantwortung deiner Frage helfen können. Sollte dir noch irgendetwas unklar sein, darfst du mir natürlich wieder schreiben.

Liebe Grüße

Dein Freund Phil Sofus

M5 Irrtum oder Wahrheit?

1.

„Das Foto zeigt das Ungeheuer von Loch Ness."

2.

„Kolumbus hat den Seeweg nach Indien entdeckt."

3.

„Der Koala ist ein Bär."

Aufgaben

1. Beschreibt das Bild und gebt ihm einen Titel. → M1
2. Entwerft Sprechblasen zum Bild: Was könnten die einzelnen Menschen einander sagen? → M1
3. Spielt das Spiel „Stille Post" mehrmals. Was ist passiert auf dem Weg von der ersten zur letzten Person? → M2
4. Ist die Aussage der letzten Person gelogen? Begründet eure Meinung. → M2
5. Prüft die Beispiele für Irrtümer. Worin bestehen die Irrtümer und wie unterscheiden sie sich? → M3
6. Erklärt, was der Philosoph unter einem Irrtum versteht. → M4
7. Besprecht, ob ein weitererzählter Irrtum eine Lüge ist. → M4
8. Irrtum oder Wahrheit – was meint ihr? Begründet eure Antworten. → M5 (Die Lösung findet ihr auf S. 206.)
9. Sucht weitere Beispiele für Irrtümer. → M1–M5

6 Lügen, bis sich die Balken biegen

M1 Die traurigen Seegurken

Opa isst gern saure Gurken. „Ich hab euch, glaub ich", kaut er vergnügt, „noch nicht von dem schrecklichen Geheule der traurigen Seegurken erzählt. Nun ja, das kam so. Ich sollte damals eine Ladung Einmachgläser zur Insel Corny Chong bringen. Das ist eine Insel, die mitten im Sauren Ozean liegt, ich weiß nicht, ob ihr davon schon mal gehört habt. Diese Insel ist in der ganzen Welt berühmt für das süß eingelegte Gemüse. Da befinden sich auch die berühmten Perlenriffe, wo die einheimischen Perlentaucher nach Perlzwiebelchen tauchen. Die schmecken übrigens auch sehr gut."

Wie die sauren Gurken. Die isst Opa mit großem Vergnügen, wie es aussieht. „Auf den Riffen von Corny Chong wuchsen übrigens auch Seegurken. Doch als die Einheimischen die auch ernten und verkaufen wollten, passierte das Malheur ..." Opa spricht etwas undeutlich, weil er mit vollem Maul erzählt. „Als die Einwohner nämlich versuchten, die Gurken süß einzulegen, fingen die Gurken ganz fürchterlich an zu heulen. Schlimmer als jede Heulboje. Der ganze Schiffsverkehr drohte zusammenzubrechen, denn nun konnte man die Heulbojen nicht mehr richtig hören und von den traurigen Seegurken unterscheiden. Das ist aber äußerst wichtig für die Seefahrt. Ein guter Kapitän muss sogar verschiedene Heulbojentöne unterscheiden können: die normale Heulboje, die beleidigte Boje und die gefürchtete Baby-Boje. Doch nun konnte man nichts mehr unterscheiden. Das größte Geheule in der christlichen Seefahrt erhob sich über dem weiten Meer. Doch da hatte ich die rettende Idee: Mir ist nämlich aufgefallen, dass die Einwohner der Insel immer lustig waren – auch wenn die Arbeit noch so schwer war. Das kam wahrscheinlich von dem sauren Ozeanwasser. Davon wurden die lustig, denn sauer macht lustig. Das weiß jeder Grottenolm. Da machte ich den Vorschlag, die Seegurken einfach sauer einzulegen, in saures Wasser. Und tatsächlich. Das Geheule hörte ruckartig auf. Und die sauer eingelegten Seegurken wurden obendrein ein großer Verkaufsschlager. Die schmecken auch zu gut. Ich wurde sogar zum Gurkenkönig von Corny Chong gekrönt, ehrenhalber."

Opa nimmt sich gleich noch eine Gurke. Hm. Die Bärchen gucken eher etwas sauer aus ihren Pelzen.

Bernhard Lassahn, S. 101-104

Lügenbuch

PROJEKT

Jede bzw. jeder von euch schreibt eine Geschichte in der Ich-Form. Sie kann sich auch auf etwas beziehen, was ein anderer erlebt hat, eine Freundin, ein Freund oder ein Verwandter. Jede Geschichte sollte mit der Frage „Gelogen oder wahr?" enden. Malt Bilder zu euren Geschichten und heftet sie zu einem „Lügenbuch der Klasse 6" zusammen. Vergesst nicht, am Schluss eine Seite mit den Lösungen anzufügen. Vielleicht könnt ihr euer Buch bei der nächsten Schulveranstaltung zum Verkauf anbieten.

M2 Als ich mich selbst aus dem Sumpf befreite

Wer je bei einem Ausflug in einem Sumpf zu versinken droht, der sollte sich an diese Geschichte erinnern, die ich wirklich erlebt habe. Bei einem Ausflug gerieten mein Pferd und ich eines Tages in sumpfiges Terrain. Aber wir mussten da durch, es gab keinen anderen Weg zu unserem Ziel. Durchlaufen konnten wir den Sumpf natürlich nicht, also mussten wir das Hindernis überspringen.

Den ersten Anlauf hatte ich allerdings zu kurz berechnet. Im Flug machten wir kehrt und landeten sicher auf der Stelle, von der aus wir abgesprungen waren. Wir setzten zum zweiten Sprung an – doch dieses Mal konnten wir nicht in der Luft wenden und landeten unsanft auf dem morastigen Untergrund.

Mein Pferd und ich wären hoffnungslos versunken, wenn ich es nicht geschafft hätte, mich an meinem eigenen Haarschopf aus dem Sumpf zu ziehen. Dass ich dadurch auch mein treues Pferd gerettet habe, versteht sich ja von selbst. Es kann eben doch von Vorteil sein, wenn man einen gut trainierten Körper hat.

Baron von Münchhausen

M3 Das Lügengedicht

Dunkel war's, der Mond schien helle,
Schnee lag auf der grünen Flur,
als ein Auto blitzeschnelle
langsam um die Ecke fuhr.
Drinnen saßen stehend Leute,
schweigend ins Gespräch vertieft,
als ein totgeschossner Hase
auf der Sandbank Schlittschuh lief.

Auf einer roten Bank,
die blau angestrichen war,
saß ein blondgelockter Jüngling
mit kohlrabenschwarzem Haar.
Neben ihm 'ne alte Schrulle,
die gerade sechzehn war.
Diese aß 'ne Butterstulle,
die mit Schmalz bestrichen war.

Droben auf dem Apfelbaume,
der sehr süße Birnen trug,
hing des Frühlings letzte Pflaume,
und an Nüssen noch genug.

Eine Kuh, die saß im Schwalbennest
mit sieben jungen Ziegen,
die feierten ihr Jubelfest
und fingen an zu fliegen.
Der Esel zog Pantoffeln an,
ist übers Haus geflogen,
und wenn das nicht die Wahrheit ist,
so ist es doch gelogen. *Edmund Jacoby, S. 49*

Aufgaben

1 Prüfe, an welchen Stellen Käpt'n Blaubär nicht die Wahrheit sagt. Warum erzählt er Lügen? → M1
2 Erkläre, warum Münchhausens Geschichte nicht zu glauben ist. → M2
3 Warum erzählt er diese Lügengeschichte? Erarbeite seine Motive. → M2
4 Notiert die Lügen, die ihr im Gedicht entdeckt. → M3
5 Schreibt selber eine neue Strophe für das Lügengedicht. → M3
6 Beschreibt, woran ihr erkennen konntet, ob jemand eine Lügengeschichte erzählt hat. → M1-M3
7 Seit der Antike haben Menschen Freude an Lügengeschichten. Tauscht euch darüber aus, woher dieses Vergnügen kommen könnte. Wird im strengen Sinne überhaupt gelogen? → M1-M3

7 Lügen – warum denn nicht?

M1 Der 1. April

Charles M. Schulz

M2 Zu spät

Corinna schlief gern lange. An diesem Morgen hatte ihre Mutter sie rechtzeitig geweckt, bevor sie zur Arbeit fuhr. „Ich steh' gleich auf", hatte Corinna gemurmelt und sich wieder umgedreht. Nur zehn Minuten, hatte sie gedacht. Aber sie war wieder eingeschlafen. Als sie wach wurde, überfiel sie Panik. Sie sprang aus dem Bett, machte sich blitzschnell schulfertig und ohne zu frühstücken holte sie ihr Fahrrad aus der Garage und raste los.

Sie würde mindestens zwanzig Minuten zu spät kommen. Diesmal konnte sie nicht schon wieder sagen: „Entschuldigung, ich habe verschlafen." Der Schell würde sicher einen ironischen Kommentar loslassen. Das konnte sie nicht ertragen. Was tun? Nachdem sie ihr Rad abgestellt hatte, fasste sie mit beiden Händen an die schwarz verschmierte Fahrradkette und verrieb den klebrigen Ölschmutz. Ihre Hände sahen nach harter Arbeit aus.

Als Corinna in die Klasse kam, sagte sie mit einer Leidensmiene: „Entschuldigung für meine Verspätung. Aber die Kette ist abgesprungen." Und sie zeigte ihre verschmutzten Hände. „Ja, das ist wirklich ärgerlich", sagte Schell. „Ist mir auch schon passiert." Corinna setzte sich erleichtert neben ihre Freundin Becki, die leise fragte: „Stimmt das mit der Kette?" „Aber ja", gab Corinna grinsend zurück.

M3 So ist Ingo

Als Alex mit neuer Frisur in die Klasse kam, zogen alle über ihn her. Man zeigte mit dem Finger auf ihn und wollte sich ausschütten vor Lachen. Der angedeutete Irokese stand ihm wirklich nicht. Sein Kopf wirkte zu klein und zu schmal. Es hieß: „Wie siehst du denn aus? Jetzt musst du dir noch einen Ring durch die Nase ziehen. Eine Leopardenhose dazu wäre auch nicht schlecht.“ Ingo fand die Frisur auch scheußlich. Er sagte zu Alex: „Dass du den Mut hast, dir die Frisur machen zu lassen, das finde ich gut.“ Alex schaute verlegen zur Seite, schien aber dankbar für die Bemerkung zu sein.

M4 Ist Lügen schlimm?

Tim: Wenn ich herausgefunden habe, dass ich angelogen worden bin, dann denke ich: Der Lügner hält mich für so dumm, dass ich die Lüge nicht bemerke. Für dumm gehalten zu werden, das empört mich einfach.

Christina: Ich habe Schwierigkeiten, auszudrücken, was ich empfinde. Ich will's versuchen. Ich fühle mich dann nicht ernstgenommen; das ist so, als ob ich nicht ich selbst wäre. Ich fühle mich so, als sei eine Wand heruntergelassen worden zwischen mir und der Lügnerin oder dem Lügner.

Katrin: Von Fremden angelogen zu werden, ist nicht gerade angenehm, aber von Menschen, die einem nahe stehen, das ist schlimm. Es wird ein Band zerrissen. Ich gehöre nicht mehr dazu. Anders ausgedrückt: Ich habe den Eindruck, dass mir eine Tür vor der Nase zugeschlagen worden ist.

Phil: Es gibt Leute, die mich belügen, um mich zu schonen. Die denken wahrscheinlich: Der Phil kann die Wahrheit nicht vertragen, die verkraftet er nicht. Die halten mich anscheinend für einen Schwächling. Das finde ich gar nicht gut. Ich halte mich selbst für stark genug, um auch mit unangenehmen Dingen fertig zu werden.

Suse: Das Schlimmste für mich ist, dass ich dem Lügner nicht mehr vertrauen kann. Er hat einmal gelogen, dann wird er wohl wieder lügen. Schlimm, kein Vertrauen mehr haben zu können.

Karla: Als ich klein war, haben mir meine Eltern immer was vom Nikolaus, vom Christkind und Weihnachtsmann erzählt. Ich glaube, auch vom Osterhasen. Sie fanden das süß, dass ich geglaubt habe, die brächten die Geschenke. Nein, vom Klapperstorch haben sie mir nichts erzählt. Als ich älter wurde und gemerkt habe, dass mich meine Eltern, aber auch meine Oma, angeschwindelt haben, da hatte ich große Schwierigkeiten. Warum sollte ich glauben, was sie über Gott oder Seele oder Jenseits oder Unsterblichkeit gesagt hatten? Vielleicht gab es das so wenig wie den Weihnachtsmann, der die Gaben bringt.

Aufgaben

1 Beschreibe, wie Lucy Charlie Brown hereinlegt. ➜ M1

2 Erzählt über Aprilscherze, die ihr mit euren Eltern, Geschwistern oder Freund(inn)en gemacht habt oder bei denen ihr selbst hereingelegt worden seid. ➜ M1

3 Ist ein Aprilscherz eine Lüge? Begründet eure Antwort. ➜ M1

4 Bildet zwei Gruppen und bearbeitet arbeitsteilig die Texte M2 und M3 unter folgenden Fragestellungen:
- Worum geht es in dem Text genau?
- Überlegt, warum der Mensch bzw. die Menschen in eurer Geschichte so handeln.
- Würdet ihr das als „lügen“ bezeichnen?

Haltet eure Ergebnisse auf Plakaten fest und präsentiert sie euren Mitschülerinnen und -schülern als Wandzeitung. ➜ M2/M3

5 Diskutiert eure Ergebnisse aus Aufgabe 4. Würdet ihr in allen Fällen Ausnahmen zulassen? Warum bzw. warum nicht? ➜ M2/M3

6 Erarbeitet die unterschiedlichen Erfahrungen, die die Kinder mit Lügen gemacht haben. ➜ M4

7 Erzählt, wie ihr es findet, angelogen zu werden. ➜ M4

8 In der Zwickmühle

M1 Den Freund verpetzen?

Maria Sebald

Manuel sucht seinen Freund Marko in der Pause; da er ihn auf dem Schulhof nicht findet, geht er ins Gebäude zurück, kommt zufällig am Klassenzimmer vorbei und sieht, wie sein Freund die Schultasche seines Banknachbarn durchsucht und schnell ein Portemonnaie in seiner Hosentasche verschwinden lässt.

Was soll er jetzt tun?

- Zum Klassenlehrer gehen und ihm den Diebstahl berichten? – Dann würde er seinen Freund verpetzen.
- Einfach so tun, als hätte er nichts gesehen? – Aber dann würde er dem bestohlenen Mitschüler schaden.
- Mit Marko reden? Und wenn er will, dass Manuel schweigt? Er will ihn gerne als Freund behalten. – Aber Diebstahl ist Diebstahl!

Dilemmadiskussion

METHODE

Es gibt im Alltag viele Situationen, in denen man in einen Konflikt mit sich selbst geraten kann, wenn man moralisch richtig handeln will. Man gerät dann in eine Zwickmühle, ein sogenanntes Dilemma.
Das heißt, man muss sich zwischen zwei einander widersprechenden Handlungen entscheiden. Und oft muss die Entscheidung sehr schnell getroffen werden.

Wenn ihr ein Dilemma diskutiert, könnt ihr wie folgt vorgehen:

- Jeder äußert sich zu dem Dilemma spontan (Wie würde ich mich entscheiden?). Führt eine Abstimmung durch und schreibt die Gründe für eure Entscheidung auf.
- Sammelt Argumente und ordnet sie: Was spricht für die einzelnen Standpunkte, was dagegen? Erstellt gemeinsam eine Liste.
- Bezieht Stellung (pro oder contra) und tauscht euch über die verschiedenen Argumente aus. Begründet jeweils eure Standpunkte.
- Bewertet die Argumente des Standpunkts der Gegenseite.
- Stimmt abschließend noch einmal ab. Jeder begründet dabei noch einmal seinen (endgültigen/neuen?) Standpunkt. Hat sich etwas verändert?

M2 Die Mathearbeit kopieren?

Da vier Gastschüler in der Klasse 6b sind, bittet der Deutschlehrer S. die beiden Klassensprecher Kim und Sandra, für ihn während des Unterrichts vier weitere Kopien des Arbeitsblattes anzufertigen. Sie erhalten von ihm den Schlüssel für den Kopierraum und finden im Kopierer eine Klassenarbeit, die ein Lehrer oder eine Lehrerin dort vergessen haben muss. Während Kim kopiert, liest Sandra und stellt fest: „Mensch, das ist unsere Mathearbeit für morgen ... Komm, die kopieren wir für uns beide!"

Kim hat aber Bedenken, ob man das so einfach machen kann.

M3 Was würdest du tun?

Auf dem Nachhauseweg vom Supermarkt bemerkst du, dass man dir 10 Euro zu viel herausgegeben hat.
Was tust du?

a. Ich drehe um und gebe das Geld zurück.

b. Ich gehe nach Hause.

Ein Freund bietet dir die Raubkopie eines dringend benötigten Computerprogramms an. Du sparst dadurch 50 Euro.
Was tust du?

a. Ich lehne sein freundliches Angebot ab.

b. Ich nehme das Angebot an.

Du hast die Hausaufgaben vergessen. Diesmal musst du mit ernsten Folgen rechnen. Was tust du?

a. Ich leihe mir das Heft meines Nachbarn und gebe die Hausaufgaben als meine aus.

b. Ich melde mich und sage, dass ich sie vergessen habe.

M4 Warum hast du gelogen?

Unsere Straße ist ziemlich schmal. Sie liegt im Ostteil von Damaskus. [...] Die Dächer sind flach und fast gleich hoch (alle Häuser haben zwei Stockwerke), so kann man ohne Mühe von einem Dach zum anderen wandern. Ich erinnere mich noch, wie wir eines Tages beim Frühstück auf der Terrasse saßen, als plötzlich ein junger Mann vom Dach herunterschaute. Er wollte wissen, wo die Haustür sei. Meine Mutter zeigte sie ihm. Er sprang auf die Terrasse, von da aus rannte er zur Treppe und auf die Gasse hinaus. Meine Mutter holte gerade die Teekanne aus der Küche, als plötzlich zwei Polizisten auftauchten. „Hast du einen jungen Palästinenser gesehen?", fragte der eine. „Einen Palästinenser? Nein! Schämt ihr euch nicht, einfach in die Häuser einzudringen! Hier sind Frauen und Kinder!", rief sie wütend. Der Polizist entschuldigte sich, und beide machten kehrt. Ich staunte über meine Mutter, die weiter frühstückte, als sei nichts passiert. Am Nachmittag konnte ich meine Frage nicht mehr unterdrücken. „Warum hast du gelogen?" „Der junge Mann sah sehr ängstlich aus. Er hat eine Mutter, und sie wird euch auch nicht anzeigen, wenn ihr vor der Polizei wegrennt!", sagte sie. „Und woher willst du das wissen? Bist du sicher?" „Ja, ich bin sicher. Ich bin eine Mutter." Sie lächelte und küsste mich auf die Stirn.

Rafik Schami, S. 6-7

Aufgaben

1 Spielt die „Zwickmühle" im Rollenspiel nach: Marko, Manuel, bestohlene Schüler, Klassenlehrer. → M1

2 a) Schreibe die Gedanken nieder, die durch den Kopf von Kim gehen könnten. → M2
b) Finde Gründe, die Sandra überzeugen können, es nicht zu tun. → M2

3 Teilt euch in Gruppen und spielt den Moraltest durch. Welche Zwickmühlen bereiten besondere Schwierigkeiten? Welche lassen sich nicht so einfach auflösen? → M3

4 Überlegt euch eigene „Zwickmühlen" und sucht dafür nach Lösungen.

5 Beschreibe die Situation, in der die Mutter gelogen hat. Nenne Gründe für diese Lüge. Bewerte ihr Handeln. → M4

6 Führt eine Dilemmadiskussion durch. Berücksichtigt dabei die unterschiedlichen Standpunkte (Mutter/Polizist). → M4

▶ Glossar: Argument

9 Soll man immer die Wahrheit sagen?

M1 Was man so sagt

WER EINMAL LÜGT, DEM GLAUBT MAN NICHT UND WENN ER AUCH DIE WAHRHEIT SPRICHT!

Im Deutschen lügt man, wenn man höflich ist.

Eine Lüge ist wie ein Schneeball. Je länger man ihn rollen lässt, desto größer wird er.

Der Beste muss mitunter lügen, zuweilen tut er's mit Vergnügen.

Mit jeder Lüge betrügt man sich ein bisschen selbst.

Ein Lügner muss ein gutes Gedächtnis haben.

Lügen haben kurze Beine.

M2 Der Hirtenjunge und der Wolf

Die folgende Fabel geht auf den griechischen Dichter Äsop zurück, der um 600 v. Chr. gelebt hat. Seit über zwei Jahrtausenden versucht man also, Kinder und Erwachsene vor dem Lügen zu warnen.

Es war einmal ein Hirtenjunge, der hütete jeden Tag eine Schafherde. Jeden Morgen holte er die Tiere von ihren Besitzern ab und trieb sie in die Berge, wo die Schafe frisches Gras fressen sollten. Und an jedem Abend brachte der Junge die Schafe wieder zurück ins Dorf. Doch manchmal langweilte sich der Hirtenjunge, weil er den ganzen langen Tag nichts anderes sah als nur die Schafe. Daher wollte er sich einmal einen Spaß erlauben und rief: „Der Wolf! Der Wolf! Der Wolf will sich ein Schaf holen!" Da kamen alle Leute mit ihren Mistgabeln und Dreschflegeln aus dem Dorf gelaufen, um den Wolf zu verjagen. Doch es war kein Wolf da! Der Hirtenjunge musste über seinen Streich und die verdutzten Gesichter der Bauern herzlich lachen. Die Bauern fanden es nicht lustig. Dem Jungen gefiel sein Streich so gut, dass er ihn nach einigen Tagen wiederholte. Und wieder rief er: „Der Wolf! Der Wolf will sich ein Schaf holen!" Wieder kamen alle Bewohner des Dorfes angerannt, um den Wolf zu verscheuchen, doch es war kein Wolf zu sehen.
Eines Abends, als sich der Hirtenjunge mit den Schafen auf den Heimweg machen wollte, kam wirklich ein Wolf. Der Junge schrie voller Angst: „Der Wolf! Der Wolf will eines der Schafe holen!" Doch diesmal kam nicht ein einziger Bauer, um ihm zu helfen. Und so trieb der Wolf die Schafe in die Berge und fraß sie alle auf.

Das große Fabelbuch, S. 25

M3 Du sollst nicht lügen

Das Gebot „Du sollst nicht lügen" ist eines der Zehn Gebote, die die wichtigsten Lebensregeln für Juden und Christen darstellen. Das Alte Testament (die hebräische Bibel), das auch von Muslimen als Teil der göttlichen Offenbarung verehrt wird, berichtet davon, wie Moses die Gebote auf zwei Steintafeln von Gott erhalten hat (s. auch S. 156).

M4 Was eine Lüge ist

Der Kirchenvater Augustinus hat zwei Bücher zur Lüge geschrieben. Das erste hat er im Jahre 395 verfasst – also vor mehr als 1600 Jahren. Dieses Buch heißt Über die Lüge *und er definiert sie darin folgendermaßen:*

[Derjenige] lügt [...], der etwas anderes, als was er im Herzen trägt, durch Worte oder beliebige sonstige Zeichen zum Ausdruck bringt. Daher spricht man ja auch von einem doppelten Herzen bei einem Lügner, will heißen von einem doppelten Gedanken, einmal an das, was wahr ist, wie er weiß oder meint, ohne es auszusprechen, und zweitens an das, was er statt dessen ausspricht, obwohl er weiß oder meint, dass es falsch ist. [...] Die Schuld des Lügners [...] besteht in der Absicht, zu täuschen bei der Aussprache seiner Gedanken. *Aurelius Augustinus, Über die Lüge, S. 3*

M5 Muss man immer die Wahrheit sagen?

Bei einem Betrug, der Lüge und auch der Nichterfüllung von Versprechen geht es um den Missbrauch von Vertrauen. Wenn jemand ein Versprechen gibt, geht er eine Verpflichtung dem anderen gegenüber ein. Hält er es nicht, missbraucht er das Vertrauen, das er selbst im anderen geweckt hat. Dasselbe gilt für die Lüge, denn wenn wir mit anderen sprechen, nehmen wir grundsätzlich an, dass sie uns vertrauen. Dieses Vertrauen missbrauchen wir, wenn wir etwas Falsches behaupten, und ganz besonders dann, wenn wir etwas versprechen und hinterher nicht halten.

Ein Beispiel:

„Es kann beispielsweise wirklich wehtun, wenn ein Versprechen nicht gehalten wird", sagte Sebastian.

„Mir hat einmal ein Onkel", sagte Alvaro, „einen Stadionbesuch versprochen, für den unwahrscheinlichen Fall, dass ich eine Zwei in Mathematik schreiben würde. Ich hab gebüffelt wie noch nie und tatsächlich die Zwei geschafft! Und nun warte ich den ganzen Sonnabend auf meinen Onkel mit den Eintrittskarten, und was passiert? Gar nichts, er kommt nicht, der Herr hat die Sache glatt vergessen. Ihr glaubt nicht, was ich damals für eine Stinkwut auf ihn hatte!"

Die Beurteilung:

„Lügen und Versprechen nicht halten ist beides schlecht, das sollte man niemals tun", sagte Gloria.

„Ich glaube, Gloria hat recht", pflichtete Manuel ihr bei. „Versprechen, die nicht gehalten werden, und Lügen sollten nicht nur dann als etwas Schlechtes betrachtet werden, wenn sie zu einem Leiden führen. Auch wenn sie das nicht tun, sind sie schlecht."

„Damit bin ich nicht einverstanden", sagte Sebastian, „denn wenn es bei diesen Dingen niemanden gibt, der leidet, dann wird auch kein Schaden angerichtet."

nach Ernst Tugendhat, S. 61-62

M6 Ausnahmen erlaubt

Natürlich [muss] man [nicht] in jedem erdenklichen Fall die Wahrheit sagen [...]. Es gibt Situationen, in denen das verhängnisvoll wäre. Ein Arzt muss unter Umständen einen Patienten, um ihm nicht allen Lebenswillen zu nehmen, über den Ernst seiner Erkrankung täuschen. Man darf in Krisenzeiten das Versteck seiner Freunde nicht verraten und muss daher in der gegebenen Situation sein Wissen ableugnen. Man darf ein Geheimnis, das einem anvertraut worden ist, nicht preisgeben und muss deshalb unter Umständen Ausflüchte suchen. *Wilhelm Weischedel, S. 202-203*

Aufgaben

1 Suche nach dem gemeinsamen Grundgedanken der verschiedenen Sprüche über die Lüge. ➜ M1

2 Formuliere die allgemeine „Lehre", die aus der Geschichte des Hirtenjungen folgt. ➜ M2

3 Schreibe eine eigene Geschichte, in denen diese „Lehre" enthalten ist. ➜ M2

4 Nennt Gründe, warum sich das Gebot „Du sollst nicht lügen" auf der Gesetzestafel findet. ➜ M3

5 Gebt die Bestimmung der Lüge von Augustinus mit eigenen Worten wieder. ➜ M4

6 Erarbeitet aus dem Text die Gründe, warum man nicht lügen soll. Überprüft in Gruppen die Meinungen von Gloria, Manuel und Sebastian. ➜ M5

7 Beschreibt Fälle, in denen es erlaubt sein kann, vom Lügenverbot abzuweichen. Berücksichtigt dabei auch die Fallbeispiele aus den vorangegangenen Doppelseiten. ➜ M6

8 Führt ein Gedankenexperiment durch: Was wäre, wenn alle Menschen immer die Wahrheit sagen würden?

▶ Glossar: Aurelius Augustinus

1 Vorurteile erkennen

M1 Typisch Mann, Frau, Lehrer ...

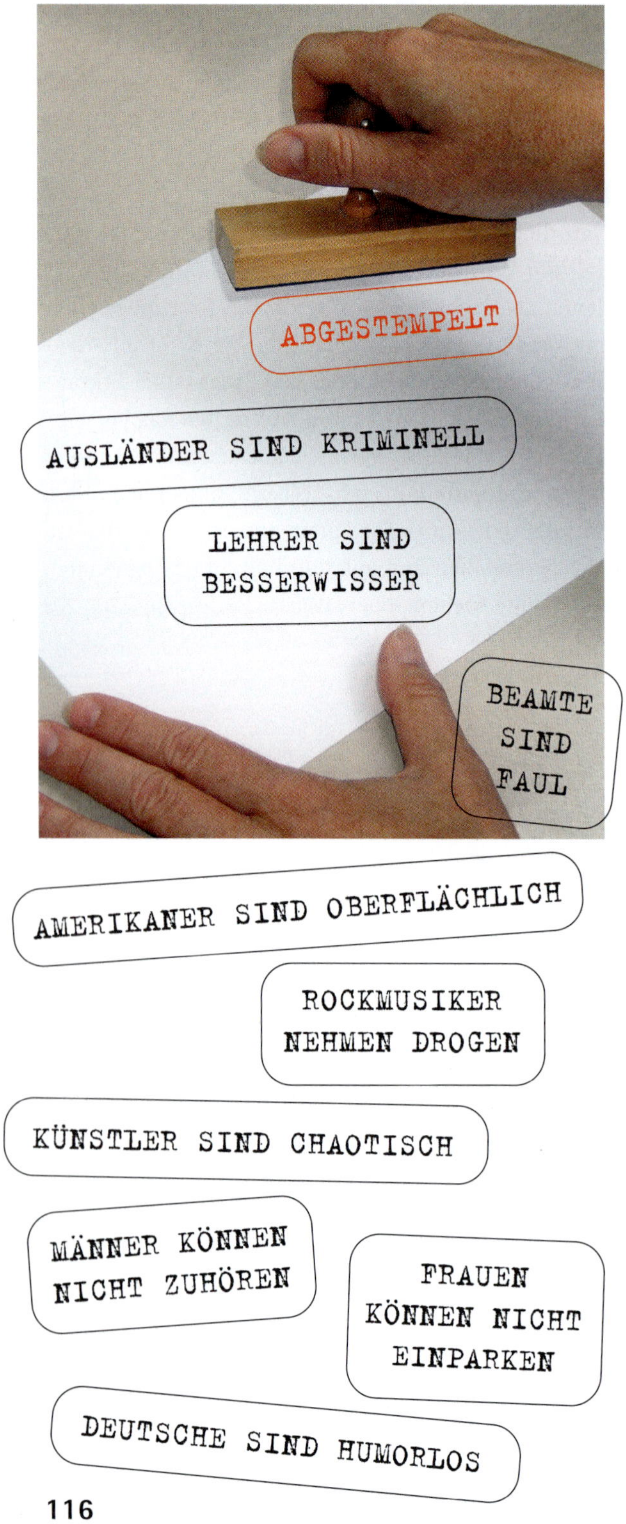

M2 Mädchen können nicht Ball spielen – Jungen sind unordentlich

„Da stimmt doch etwas nicht!“ werdet ihr vielleicht sagen, wenn ihr so eine Äußerung hört. Oder ihr stimmt vielleicht spontan zu. Führt in eurer Klasse eine anonyme Umfrage durch. Alle schreiben auf, was ihnen zu den folgenden Sätzen einfällt.

Mädchen verhalten sich so:

Jungen verhalten sich so:

An Mädchen mag ich:

An Jungen mag ich:

Das mag ich an Mädchen nicht:

Das mag ich an Jungen nicht:

Sammelt eure Antworten getrennt nach Mädchen und Jungen. Wertet die Ergebnisse in Gruppen aus und stellt sie an einer Plakatwand zusammen; die Antworten der Mädchen und die der Jungen sollen gesondert dargestellt sein. Stellt dann fest, welche Eigenschaften in den Äußerungen enthalten sind.

nach Grundschule Sachunterricht, Nr. 33/2007, S. 11

Urteil und Vorurteil

INFO

Ein **Urteil** besteht in der Anwendung einer allgemeinen Regel auf einen besonderen Fall. Beispiel: Alle Italiener essen gerne Spaghetti. Marco ist Italiener. Also isst Marco gerne Spaghetti. Häufig sind solche Verallgemeinerungen voreilig, weil sie nicht für alle Fälle gelten und den einzelnen Menschen nicht gerecht werden. Ein derart voreiliges Urteil, das eine Person, Menschengruppe oder Nation beschreibt und bewertet, nennt man **Vorurteil**. Dabei werden nicht selten Behauptungen geäußert, über die man nicht nachgedacht hat. Häufig sind Vorurteile negativ, indem behauptet wird, die gemeinten Personen und Gruppen hätten schlechte Eigenschaften wie z. B. die Aussage: „Südländer haben keinen Sinn für Tüchtigkeit.“ Doch können Vorurteile auch gut gemeint sein: So gelten die Franzosen als Vertreter guter Lebensart.

M3 Eigenschaften-Spiel

Räumt Tische und Stühle zur Seite, so dass in der Mitte des Klassenzimmers Platz ist. Stellt nun drei Stühle bereit. Auf den ersten Stuhl stellt ihr ein Schild mit der Aufschrift „Mädchen", auf den zweiten eines mit „Jungen und Mädchen" und auf den dritten eines mit „Jungen". Nun wird jeweils eine Eigenschaft laut vorgelesen, und jeder überlegt für sich, ob diese Eigenschaft für Mädchen, für Jungen oder für beide zutrifft. Je nachdem geht ihr zu dem passenden Stuhl.

- Einer liest die folgenden Eigenschaften laut vor, ein anderer schreibt an die Tafel, wie viele jeweils hinter welchem Stuhl stehen.

- Findet selbst weitere Eigenschaften und stellt euch entsprechend auf. Die Ergebnisse werden wieder an der Tafel notiert.
- Erstellt eine „Hitparade" für die drei Stühle: Bei welcher Eigenschaft stehen (fast) alle bei einem Stuhl, bei welchen Eigenschaften bleibt ein Stuhl (fast) leer?
- Stellt gemeinsam zusammen: Welche Vorurteile erkennt ihr?

nach Christoph Becker, Henning Hörmann, Rolf Roew, Eloise Taubenreuther, S. 70

M4 Ist das ein Urteil oder ein Vorurteil?

	ja	zum Teil	nein
Die Franzosen verstehen es, gut zu leben.			
Rheinländer sind gemütlich und Norddeutsche stur.			
Sachsen sind fleißig und freundlich.			
Türken sind irgendwie anders als wir.			
Wenn Frauen ein Auto kaufen, suchen sie es nach der Farbe aus.			
Obdachlose sind selbst an ihrem Schicksal schuld.			
Männer können nicht zuhören und wissen alles besser.			
Die meisten Arbeitslosen sind nur zu faul zu arbeiten.			
Frauen sind bessere Schulleiter, weil sie anders mit Konflikten umgehen.			
Mädchen haben im Durchschnitt bessere Noten in der Schule als Jungen.			

Aufgaben

1 Macht eine kurze Umfrage in der Pause und stellt die Ergebnisse zusammen. ➜ M1
Umfragenthema: Was fällt dir ein, was denkst du, fühlst du, wenn du folgende Worte hörst: Blondinen – Zigeuner – BMW-Fahrer – Knacki.

2 Erstellt eine Liste von Vorurteilen beispielsweise über: Lehrer – Beamte – Ausländer – Deutsche. ➜ M1

3 Überprüft selbst Vorurteile über Mädchen und Jungen. ➜ M2/M3

4 Schreibe drei Vorurteile auf, die dich am meisten stören. Erkläre deinem Nachbarn/deiner Nachbarin die Gründe, warum sie dich so stören. ➜ M1-M3

5 Prüft, welche der Sätze ein Vorurteil formulieren. Ihr könnt dabei auch abstufen wie in der Tabelle vorgegeben (Spalte „zum Teil"). Listet anschließend die Urteilssätze, die ihr herausgefunden habt, auf. ➜ M4

6 Entwerft einen Cluster zum Begriff „Vorurteil". ➜ M1-M4

2 Wie Vorurteile entstehen

M1 Die Kaninchen, die an allem schuld waren

Es war einmal – selbst die jüngsten Kinder erinnern sich noch daran – eine Kaninchenfamilie, die unweit von einem Rudel Wölfe lebte. Die Wölfe erklärten immer wieder, dass ihnen die Lebensweise der Kaninchen ganz und gar nicht gefalle. (Von ihrer eigenen Lebensweise waren die Wölfe begeistert, denn das war die einzig richtige.)

Eines Nachts fanden mehrere Wölfe bei einem Erdbeben den Tod, und die Schuld daran wurde den Kaninchen zugeschoben, die ja, wie jedermann weiß, mit ihren Hinterbeinen auf den Erdboden hämmern und dadurch Erdbeben verursachen.

Maria Sebald

In einer anderen Nacht wurde einer der Wölfe von einem Blitz erschlagen und schuld daran waren wieder die Kaninchen, die ja, wie jedermann weiß, Salatfresser sind und dadurch Blitze verursachen. Die Wölfe drohten, die Kaninchen zu zivilisieren, wenn sie sich nicht besser benähmen, und die Kaninchen beschlossen, auf eine verlassene Insel zu flüchten.

Die anderen Tiere aber, die weit entfernt wohnten, redeten den Kaninchen ins Gewissen. Sie sagten: „Ihr müsst eure Tapferkeit beweisen, indem ihr bleibt, wo ihr seid. Dies ist keine Welt für Ausreißer. Wenn die Wölfe euch angreifen, werden wir euch zu Hilfe eilen – höchstwahrscheinlich jedenfalls."

So lebten denn die Kaninchen weiterhin in der Nachbarschaft der Wölfe. Eines Tages kam eine schreckliche Überschwemmung, und viele Wölfe ertranken. Daran waren die Kaninchen schuld, die ja, wie jedermann weiß, Mohrrübenknabberer mit langen Ohren sind und dadurch Überschwemmungen verursachen.

Die Wölfe fielen über die Kaninchen her – natürlich um ihnen zu helfen – und sperrten sie in eine finstere Höhle – natürlich um sie zu schützen. Wochenlang hörte man nichts von den Kaninchen, und schließlich fragten die anderen Tiere bei den Wölfen an, was mit ihren Nachbarn geschehen sei.

Die Wölfe erwiderten, die Kaninchen seien gefressen worden, und da sie gefressen worden seien, handle es sich um eine rein innere Angelegenheit. Die anderen Tiere drohten jedoch, sich unter Umständen gegen die Wölfe zusammenzuschließen, wenn die Vernichtung der Kaninchen nicht irgendwie begründet würde. Also gaben die Wölfe einen Grund an.

„Sie versuchten auszureißen", sagten die Wölfe, „und wie ihr wisst, ist dies keine Welt für Ausreißer."

MORAL:
LAUFE – NEIN, GALOPPIERE, SCHNURSTRACKS ZUR NÄCHSTEN EINSAMEN INSEL.

James Thurber, 75 Fabeln für Zeitgenossen, S. 5-6

M2 Über wen werden Vorurteile geäußert?

Über *Menschen,*
die aus anderen Ländern kommen ...

Über *Menschen,*
die anders leben ...

Über *Menschen,*
die anders aussehen ...

Über *Menschen,*
die eine andere Sprache sprechen ...

Über *Menschen,*
von denen manche glauben, dass sie am eigenen Unglück schuld sind ...

Über *Menschen,*
die „anders" und uns „fremd" sind ...

Über *Menschen,*
die behindert sind ...

Über ...

INFO

Stufen von Vorurteilen

1. Verleumdung: Die meisten Menschen mit Vorurteilen reden auch darüber. Dabei behaupten sie negative Eigenschaften bei anderen Personen oder Gruppen. Die Betroffenen werden dadurch beleidigt und herabgesetzt.

2. Vermeidung: Wer Vorurteile verbreitet, vermeidet den Kontakt mit den Mitgliedern der abgelehnten Gruppe. Er ist sogar bereit, dafür eigene Nachteile in Kauf zu nehmen.

3. Diskriminierung: Mit diesem Fremdwort ist die „Absonderung" von Menschen anderer Herkunft gemeint (lat. *discriminare:* absondern, trennen). Damit sollen Menschen von bestimmten Berufen, von bestimmten Wohngegenden, von politischen Rechten, Erziehungs- und Erholungsmöglichkeiten und anderen sozialen Einrichtungen ferngehalten werden. Eine extreme Form ist die Rassentrennung.

4. Körperliche Gewaltanwendung: Wenn übersteigerte Gefühle hinzukommen, führen Vorurteile zu verschiedenen Arten von Gewaltanwendung. Zum Beispiel werden Grabsteine auf jüdischen Friedhöfen geschändet. Oder es werden Menschen belästigt, verletzt oder gar getötet.

5. Vernichtung: Im Nationalsozialismus führten Vorurteile sogar zu Massenmorden und zum Völkermord an den Juden (s. S. 128-129). In begrenzterem Umfang finden auch heute solche Gewaltanwendungen statt. *nach Allport-Skala*

Aufgaben

1 Lies die Fabel und notiere dir zwei wichtige Fragen zum Text. ➜ M1

2 Setzt euch in einem Team von drei bis vier Schülerinnen und Schülern zusammen und stellt euch gegenseitig die gesammelten Fragen vor. Entscheidet euch in der Gruppe für zwei Fragen und gebt diese an eine andere Gruppe weiter. Jedes Team hat damit zwei Fragen zum Text. Beantwortet diese und überlegt, wie ihr die Antworten pfiffig präsentieren könnt. ➜ M1

3 Besprecht, ob ihr mit der Beantwortung eurer Fragen zufrieden wart. ➜ M1

4 Beschreibt an Beispielen, wie Menschen mit Vorurteilen abgestempelt werden. ➜ M2

5 Überlegt euch mögliche Gründe, wie Vorurteile zustande kommen. ➜ M1/M2

3 In Deutschland ankommen ...

M1 Das ist Deutschland ...

M2 Warum wir nach Deutschland gekommen sind

Ich bin schon lange in Deutschland, weil man mich als Arbeiter angeworben hat.
Guiseppe (52) aus Italien

Die Deutschen zahlen mir als Computerspezialisten ein sehr gutes Gehalt.
Vijay (31) aus Indien

Meine Eltern haben meinen Bruder und mich nach Deutschland gebracht, als in unserer Heimat Krieg herrschte. Jetzt wollen wir nicht mehr zurück.
Milana (18) aus Bosnien

Mein Mann lebt schon lange in Deutschland. Endlich durfte ich zu ihm kommen.
Ayşe (19) aus der Türkei

Amy (23) aus den USA
Ich bin fasziniert von der deutschen Kultur und Lebensweise. Deshalb bin ich nach Deutschland ausgewandert.

Julia (14) aus Russland
Meine Eltern sind mit mir nach Deutschland gekommen, weil wir eigentlich Deutsche sind.

Phuong (28) aus Nord-Korea
Ich darf in meinem Land nicht sagen, was ich denke. Da ich Angst hatte, ins Gefängnis zu kommen, bin ich nach Deutschland ausgereist.

M3 Wenn Sie nach Deutschland kommen

Der folgende Textauszug stammt aus einer Broschüre des Bundesamtes für Migration (Einwanderung) und Flüchtlinge (BAMF):

Sie haben beschlossen, in Deutschland zu leben und sich – vielleicht zusammen mit Ihrer Familie – eine neue Existenz aufzubauen. Dieser Schritt bringt viele Veränderungen und so manche Unsicherheit mit sich. Entscheidend ist, dass Sie die Chancen sehen, die Ihnen der Neubeginn bietet. Dies wird Ihnen umso leichter fallen, je besser Sie Deutschland kennen und verstehen lernen.

Wir möchten Sie dabei unterstützen, sich dauerhaft und erfolgreich in die deutsche Gesellschaft einzuleben. Ein Ziel, das wir nur mit Ihrer Hilfe erreichen.

Besonders wichtig ist, dass Sie Deutsch lernen. Wer gut Deutsch spricht, einen Schulabschluss und eine Berufsausbildung vorweisen kann, wird sich in Deutschland schneller und besser zurechtfinden. Deshalb heißt es oft: Bildung ist der Schlüssel zur Eingliederung.

Deutschland ist ein modernes und weltoffenes Land, das sich durch seine Aufgeschlossenheit, einen hohen Lebensstandard und durch das Zusammenleben vieler Nationen auszeichnet. Zur deutschen Lebensart gehört auch ein buntes kulturelles Leben, das vielfältige Möglichkeiten der Freizeitgestaltung und der Begegnung bietet.

nach BAMF-Integrationsportal „Willkommen in Deutschland“

Aufgaben

1 Erarbeite, was man aufgrund der Bilder über Deutschland und die Deutschen sagen kann. ➜ M1

2 Sprecht über die unterschiedlichen Gründe, die dazu geführt haben, dass diese Leute nach Deutschland gekommen sind. ➜ M2

3 Beschreibt, wie das Bundesamt für Migration und Flüchtlinge Deutschland darstellt. Nennt die Tipps, die es Einwanderern gibt. ➜ M3

4 Teilt euch in zwei Gruppen auf: Die eine Gruppe macht eine Umfrage unter den ausländischen Mitschülerinnen und Mitschülern: Was denken sie über Deutschland und die Deutschen? Die zweite Gruppe macht eine Umfrage unter den deutschen Mitschülerinnen und Mitschülern: Was denken sie über Schülerinnen und Schüler mit Migrationshintergrund? Besprecht die Ergebnisse. ➜ M1-M3

▶ Glossar: Migrationshintergrund

4 Sich fremd fühlen

M1 In einem fremden Land

Als meine Mutter und mein Vater [...] heirateten, war mein Vater Gastarbeiter in Deutschland und brachte meine Mutter mit hierher. Hier ist ein Erlebnis, das sie hatte:

Knapp drei Monate, nachdem meine Mutter nach Deutschland gekommen war, wurde sie krank. Mein Vater brachte sie sofort zum Hausarzt. Der Arzt sagte: „Sie haben eine Blinddarmentzündung. Sie müssen ganz schnell ins Krankenhaus!"

Also wurde meine Mutter ins Krankenhaus gebracht. Sie war zum ersten Mal in ihrem Leben im Krankenhaus, und das nun auch noch in Deutschland. Sie verstand kein Wort von dem, was die Ärzte und Schwestern ihr sagten. Sie hatte große Angst und weinte leise vor sich hin.

Im Bett nebenan lag eine Deutsche, eine alte Frau. Als sie sah, dass meine Mutter überhaupt kein Deutsch konnte, nahm sie eine Zahnbürste in die Hand und sagte: „Das ist eine Zahnbürste!" Danach hielt sie eine Tube Zahnpasta hoch und sagte: „Das ist eine Zahnpasta!"

Alles, was sie sagte, musste meine Mutter nachsprechen. Und so brachte sie meiner Mutter wichtige Wörter bei, jeden Tag ein paar mehr. Zwei Wochen musste meine Mutter im Krankenhaus bleiben. In dieser Zeit lernte sie von der alten Frau so viel Deutsch, dass sie damit zurechtkommen konnte.

Einen Tag, nachdem meine Mutter aus dem Krankenhaus entlassen worden war, brachte sie der alten Frau einen Strauß Blumen und sagte auf Deutsch: „Danke schön!" *Uğur D., S. 20-21*

M2 Fremd bleibt fremd?

„Ich hab mich nie als Ausländerin gefühlt", erzählt Sevim. Bis zu einem gewissen Zeitpunkt. Bis zu dem Zeitpunkt, als sie zum ersten Mal bemerkte, dass sie sich zwar selbst nicht als anders betrachtete, aber von vielen Mitmenschen so gesehen wurde. Dieses „erste Mal" kann ein scheinbar unbedeutendes Erlebnis sein. So hatte etwa der kleine Mehmet den Wettbewerb „Sicher durch den Straßenverkehr" gewonnen. Daraufhin wurde er zu einem Empfang beim Bürgermeister geladen. Er war dort das einzige Kind mit Migrationshintergrund. Als der Bürgermeister fragte, woher er denn komme, da nannte Mehmet den Namen des Dorfes nahe Bielefeld, in dem er mit seinen Eltern wohnte. Worauf der gesamte Saal in Lachen ausbrach. Die Anwesenden hatten erwartet, dass der Junge sich als „Ausländer" [darstellte]: „Ich komme aus der Türkei". Für den kleinen Mehmet barg dieses Erlebnis eine [...] Erkenntnis – die Erkenntnis nämlich, dass er anders ist, dass er von woanders kommt und dass er offenbar nicht dazugehört.

Zuvor hatte Mehmet, der in Deutschland geboren wurde, fest geglaubt, dass er dazugehört – zu den anderen Kindern, zu seinem Dorf und letztlich auch zu Deutschland. Diese Selbstverständlichkeit war danach dahin. Seitdem ist er – kaum hatte jemand seine schwarzen Haare bemerkt oder seinen Namen gehört – immer wieder gefragt worden, wo er denn herkomme. Und immer wurde so lange gebohrt, bis seine „Fremdheit" zum Vorschein kam. *Mark Terkessidis in: Arbeitsgruppe Gleichbehandlung des Forums gegen Rassismus (Hrsg.), S. 25*

M3 Wir sind Deutschland

Du bist … er ist … sie ist … Wir sind Deutschland
Du bist … er ist … sie ist … Wir sind Deutschland

Ich habe keine deutschen Eltern, bin im Ausland geboren
Doch ich bin hier in diesem Land ....
Ich hab mit gefroren, mitgeschwitzt und miterlebt
Ja dieses Land hat mich ....
Ich bin einer von vielen, die sich hier ....
Die hier zu Hause sind wie ein blondes Kind
Wir sind Deutsche, auch wenn wir ....
Und ein paar wenige meinen, wir sollen rausgehen
Wir fahren deutsche Autos, gehen auf deutschen Straßen
Schauen deutsches Fernsehen, sprechen die ....
Wir hatten deutsche Lehrer, waren auf deutschen Schulen
Leben nach ...., laufen in deutschen Schuhen
Unsere Eltern haben mit angepackt und aufgebaut
.... hat Deutschland sie so sehr gebraucht
Wir sind Deutschland, ja wir sind ein Teil davon
Es ist Zeit, dass wir endlich unsere .... bekommen

Refrain: Wir sind Deutschland
Denn wir haben miterlebt, mitgeprägt und mitbewegt
Wir sind Deutschland
Ja, wir sind ein Teil davon, es ist Zeit, dass wir endlich volle .... bekommen
Wir sind Deutschland
Haben mit euch aufgebaut, lang genug habt ihr auf uns herabgeschaut
Wir sind Deutschland
Es ist Zeit, dass ihr das versteht, uns als .... und nicht mehr als .... seht

Wir sind Deutschland – unsere Kinder sind hier geboren
Manche fragen sich, was haben die hier verloren
Wir gehen zu deutschen Ärzten, trinken deutsche Medizin
Spielen Fußball gemeinsam mit Deutschen im Team
Wir haben deutsche ...., deutsche ....
Deutsche Geschwister, die an unserer Seite beten
[…]
Wir sollen uns ...., obwohl wir Deutsche sind
Auch wenn wir 30 Tage .... und in die Moschee gehen
Kein Schweinefleisch essen, 5 mal am Tag ....
Jeden Freitag der Predigt des Imam lauschen
Zum Feiern kein ...., sondern .... brauchen
Wir sind Deutschland, ja wir sind ein Teil davon
Es ist Zeit, dass wir endlich unsere Rechte bekommen

Refrain

Ihr wollt uns ...., wollt uns rausschmeißen
Wir sollen nach eurer Pfeife tanzen oder heimreisen
Hier ist unsere ...., also was ist euer Ziel
Was wollt ihr bewirken mit eurem miesen Spiel
Ihr wollt uns ausweisen, wollt uns rausschmeißen
Wir sollen nach eurer Pfeife tanzen oder heimreisen
Hier ist meine Heimat, also was ist euer Ziel
Soll ich als deutscher Flüchtling ins Exil?

Refrain

Du bist … er ist … sie ist … Wir sind Deutschland
Du bist … er ist … sie ist … Wir sind Deutschland
Du bist … er ist … sie ist … Wir sind Deutschland

Ammar 114

Aufgaben

1 Lies den Text und beantworte folgende Fragen: Wieso hat Uğurs Mutter Angst? Warum bedankt sie sich bei ihrer Bettnachbarin mit einem Blumenstrauß? ➜ M1

2 Beschreibe, wodurch Sevim und Mehmet das Gefühl bekommen haben, anders als andere Menschen zu sein. Was könnte sich für sie geändert haben, nachdem sie als „Ausländer" abgestempelt wurden? ➜ M2

3 Überlege, warum die Menschen im Saal über Mehmet gelacht haben. Wie fasst du ihr Lachen auf? Versetze dich in Mehmet und beschreibe, wie er sich gefühlt hat, als er das Lachen hörte. ➜ M2

4 Hört euch den Song an und notiert schriftlich, wie die Lücken zu füllen sind. Falls ihr das Lied nicht hören könnt, setzt die folgenden Begriffe an der richtigen Stelle ein: *anders aussehen; ausweisen; beten; Bier; Bürger; deutschem Gesetz; deutsche Sprache; fasten; Freunde; Gäste; geprägt; groß geworden; Heimat; integrieren; Kollegen; nach dem Krieg; Rechte; Rechte, schwarzen Tee; zu Hause fühlen.* ➜ M3

5 Fremdenfeindlichkeit und Rassismus

M1 Sortierte Klingelschilder

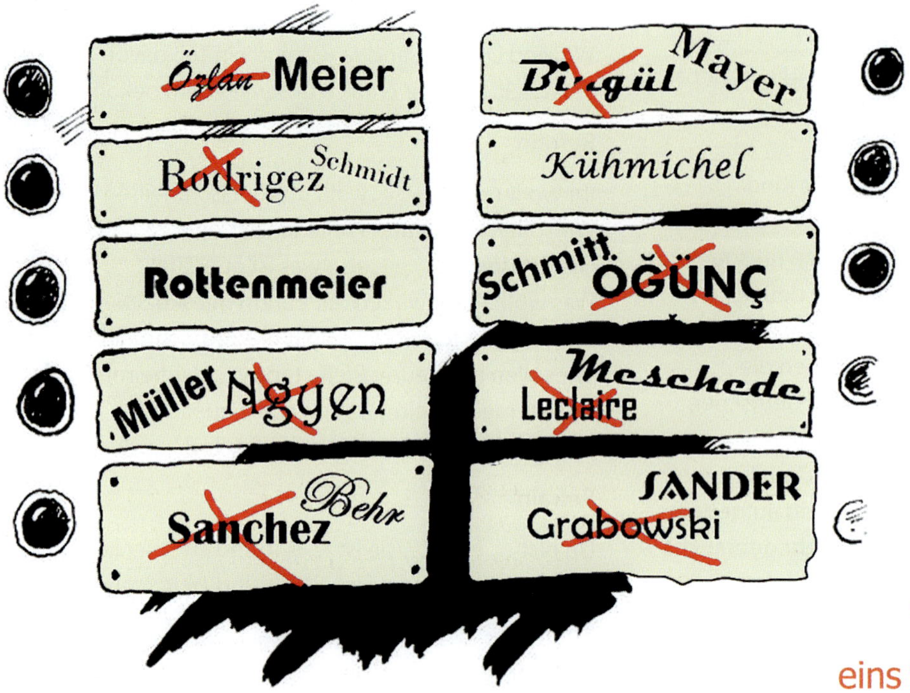

Ein Haus für Türken,

eins für Italiener,

eins für russische Spätaussiedler,

eins für Deutsche,

eins für …?

Eine der größten deutschen Wohnungsgesellschaften will ihre Wohnungen nach Volksgruppen sortiert vermieten.

„Wir setzen auf einheitliche Nachbarschaften", sagt der Geschäftsführer der Nassauischen Wohnungsgesellschaft Thomas Dilger.

GrafStat – Unterrichtsmaterial „Ausgrenzung und Integration"

M2 Rassismus – Angst vor dem Fremden

Die kleine Tochter des in Frankreich lebenden marokkanischen Schriftstellers Tahar Ben Jelloun will in einem Gespräch mit ihrem Vater wissen, was Rassismus ist:

▸ Ist Rassismus anerzogen?

Ja, zweifellos wird niemand als Rassist geboren, man wird erst dazu gemacht. Einige Politiker oder Religionsführer benutzen den Rassismus oder die Religion, um die Menschen dazu zu bringen, einander zu hassen und zu bekämpfen. Dabei kennen sich diese Menschen gar nicht. Um das zu erreichen, schüren sie die Angst vor dem Fremden. Nimm zum Beispiel unsere Nachbarn hier in Paris. Sie haben uns lange misstraut, bis wir sie eines Abends zum Kuskusessen eingeladen haben. Da haben sie gemerkt, dass wir leben wie sie.

Seitdem sind wir in ihren Augen nicht mehr gefährlich, auch wenn wir aus einem anderen Land, aus Marokko, stammen. Durch unsere Einladung haben wir ihr Misstrauen verjagt. Wir haben miteinander geredet und uns besser kennengelernt. Wir haben zusammen gelacht. Das heißt, wir fühlten uns wohl miteinander, während wir uns vorher im Treppenhaus kaum gegrüßt haben.

▸ **Also müssen wir uns gegenseitig einladen, um unsere Angst und unser Misstrauen zu verlieren!**

Das ist eine gute Idee. Sich kennenlernen, miteinander reden, zusammen lachen, gute, aber auch schlechte Augenblicke miteinander teilen, zeigen, dass wir oft gleiche Sorgen haben. Das könnte den Rassismus zurückdrängen. Auch Reisen sind eine gute Gelegenheit, um andere Völker und Kulturen besser kennenzulernen. Schon der französische Philosoph Montaigne riet seinen Landsleuten, zu reisen und die Unterschiede zu beobachten. Für ihn war Reisen das beste Mittel, um „unser Denken am anderen zu reiben und zu feilen". Denn wenn wir uns mit anderen befassen, lernen wir auch uns selbst besser kennen.

▸ **Welche Beweise hat der Rassist, die es ihm erlauben, Fremde schlecht zu behandeln?**

Das ist es ja: Er hat keine Beweise, aber er glaubt oder gibt vor, dass Fremde einer minderwertigen Rasse angehören. Viele europäische und amerikanische Rassisten behaupten zum Beispiel, dass alle Schwarzen „kräftig, aber faul, verfressen und schmutzig" seien. Schwarze wiederum behaupten, die Weißen strömten einen seltsamen Geruch aus, und manche Asiaten halten alle Schwarzen für Wilde.

▸ **Wie kann man gegen solche Vorurteile angehen?**

Zuerst muss man die Achtung vor den anderen lernen. Die Fremden fordern ja nicht, dass wir sie lieben, sondern dass wir ihre menschliche Würde achten. Jemanden achten bedeutet, sein Anderssein anzuerkennen und darauf Rücksicht zu nehmen. Das heißt auch zuhören lernen. Der Fremde fordert weder Liebe noch Freundschaft, sondern Achtung. Liebe und Freundschaft können später entstehen, wenn man sich besser kennen und schätzen gelernt hat.

nach Tahar Ben Jelloun, S. 21-25, 54-56

M3 Der eigentliche Grund der Fremdenfeindlichkeit

Beobachtungen an Stämmen, die heute noch in Verbänden zwischen 30 und 100 Mitgliedern leben, haben gezeigt, dass der Einzelne zu seinem Überleben auf die Gruppe angewiesen ist, und die Gruppe wiederum kann nur gedeihen, wenn jeder Einzelne ihr seine ganze Kraft widmet. Für solche Gruppen ist daher wichtig, dass die Gruppe zusammenhält und der Einzelne für die anderen berechenbar ist.
Wer von der Gruppennorm abweicht, wird mit Druck zur Anpassung gezwungen. Wer sich nicht anpasst, wird im schlimmsten Fall von der Gruppe verstoßen, was einem Todesurteil gleich kommt. Diejenigen, die angepasst innerhalb der Gruppe leben, werden mit einem starken Wir-Gefühl belohnt.
Wie weltweite Tests gezeigt haben, wird die eigene Gruppe immer mit positiven Eigenschaften in Verbindung gebracht. Die negativen Eigenschaften finden sich immer nur bei den anderen, bei den Fremden! Auch das kennt jeder: Die schlechten Menschen leben immer in der anderen Klasse, im anderen Dorf, auf der anderen Straßenseite. Damit enthüllt sich das grundlegende Rätsel: Der eigentliche Sinn der Fremdenfeindlichkeit ist gar nicht die Auseinandersetzung mit dem Konkurrenten, sondern der Zusammenhalt der eigenen Gruppe!

nach Nicolai Schirwaski in: P. M. 12/2000, S. 86

Aufgaben

1 Begründet, ob ihr das Vorhaben der Nassauischen Wohnungsgesellschaft richtig findet oder nicht. ➜ M1

2 Prüft, welche Gründe für eine Sortierung nach Volksgruppen sprechen und welche nicht. Welche Auswirkungen könnte eine solche Sortierung haben? ➜ M1

3 Erklärt, wie es nach Tahar Ben Jelloun zu Fremdenfeindlichkeit kommt. Welche Möglichkeiten sieht er, rassistisches Verhalten einzudämmen? ➜ M2

4 Prüfe die Antworten von Tahar Ben Jelloun. Sind damit deine Fragen zu Vorurteilen und Rassismus beantwortet? Wo würdest du weiterfragen? ➜ M2

5 Schreibe dir aus dem Text die Erkenntnisse heraus, die dir wichtig erscheinen. Was ist der eigentliche Grund für Fremdenfeindlichkeit? ➜ M3

▶ Glossar: Gruppennorm, Montaigne

6 Vorurteile und ihre Folgen

M1 Kauft nicht beim Juden!

Im Roman Damals war es Friedrich *erzählt der Schriftsteller Hans Peter Richter die Geschichte einer Freundschaft zwischen zwei Jungen während des „Dritten Reiches". Einer der Jungen, Friedrich Schneider, ist Jude und allmählich wirft der Nationalsozialismus seine Schatten über ihn. So beispielsweise, als der Ich-Erzähler und Friedrich auf dem Schulweg an einem Geschäft vorbeikommen, vor dem sich eine Menschenmenge versammelt hat.*

Nationalsozialisten mit Plakaten „Kauft nicht bei Juden!" vor einem jüdischen Geschäft

Unter dem Schild „Abraham Rosenthal, Schreibwaren" versperrte mit gespreizten Beinen ein Mann in grauer Stiefelhose den Eingang. Seine Wickelgamaschen waren unordentlich um die Waden geschlungen. Über dem linken Ärmel seines gelben Hemdes trug er eine Hakenkreuzbinde; in der rechten Hand hielt er einen Besenstiel, einen einfachen Besenstiel. An dem Besenstiel hing ein Pappschild und auf dem Pappschild stand in ungefügen Buchstaben gemalt: „Kauft nicht beim Juden!"

Eine ältere Frau mit geflickter Einkaufstasche [...] trippelte [...] vor dem Mann mit der Armbinde hin und her, schließlich blieb sie vor ihm stehen und sagte leise: „Lassen Sie mich bitte vorbei!" Ohne sich zu regen und ohne die Frau anzublicken leierte der Posten: „Kauft nicht beim Juden!" „Ich möchte aber!", beharrte die alte Frau; und als der Wächter nicht wich, zwängte sie sich zwischen ihm und der Hauswand durch und huschte die Treppe hinunter in das Geschäft.

Die Umstehenden grinsten. In den hinteren Reihen lachten sogar einige laut. Der Mann mit dem Schild verzog keine Miene; nur die linke Hand, deren Daumen hinter der Schnalle zum Bauchriemen steckte, ballte sich zur Faust. Kurz darauf ächzte die alte Frau das Treppchen wieder herauf. Aus ihrer Einkaufstasche ragte eine Rolle blaues Umschlagpapier für Schulbücher. Die Frau schob sich lächelnd mit der Schulter voran hinter dem Rücken des Postens aus dem Eingang. Kopfnickend sagte sie zu dem Mann in Stiefelhose: „Danke schön, junger Mann." Aufrecht schritt sie mit ihrer Rolle Umschlagpapier an den Zuschauern vorbei. Sie hielt die Tasche so, dass jeder sehen konnte, was sie eingekauft hatte. Kurzsichtig lächelte sie alle an und ging davon.

Hinter der alten Frau war Abraham Rosenthal in die Tür seines Kellerladens getreten. Mit ernstem Gesicht guckte er von unten zwischen den Wickelgamaschen durch auf die Leute vor seinem Geschäft. Auch uns schaute er an. Friedrich grüßte das Männchen mit dem Spitzbart höflich. Er tat es so auffällig, dass alle Umstehenden es bemerken mussten. Ich nickte nur.

Hans Peter Richter, S. 40–41

M2 Ein neues Gesetz

Es war an einem Mittwoch im Spätherbst 1935, als die Reinemachefrau Frau Penk ihre Stelle bei der jüdischen Familie Schneider kündigte, obwohl sie sehr an der Familie und vor allem Friedrich hing. Die Mutter des Ich-Erzählers ist deshalb verwundert.

„Haben Sie sich mit Frau Schneider gezankt?", erkundigte sich Mutter. „Was ist denn los? Wie können Sie eine solche Familie aufgeben?"

Frau Penk drehte Mutter den Rücken zu. Sie ergriff das Fensterleder. Während sie über die Rahmen wischte, sprach sie zur Wand hin. „Was soll ich tun? Glauben Sie, ich hätte es gern getan? Aber schließlich bin ich erst achtunddreißig."

Mutter machte ein Gesicht, als ob Frau Penk ihr ein Rätsel aufgegeben hätte. „Was hat das denn damit zu tun, dass Sie erst achtunddreißig Jahre alt sind?" Über die Schulter weg musterte Frau Penk erstaunt meine Mutter. [...] „Wissen Sie denn noch nichts von dem neuen Gesetz, das die Nazis gemacht haben?", forschte sie überlegen. „Nein!" „Juden und Nichtjuden dürfen nicht mehr heiraten", erklärte Frau Penk. „Alle Ehen zwischen Juden und Nichtjuden werden aufgelöst. Und nichtjüdische Frauen, die jünger als fünfundvierzig sind, dürfen nicht mehr bei Juden im Hause arbeiten."

„Mein Gott!", seufzte Mutter. „Vorige Woche habe ich gesehen", erzählte Frau Penk, „wie sie eine junge Frau durch die Stadt geführt haben. Um den Hals trug sie ein Schild mit dem Spruch: ‚Ich verdiene feste Hiebe, weil ich einen Juden liebe!'"

Mutter schlug die Hände vors Gesicht. „Das ist ja furchtbar!", klagte sie. „Glauben Sie, ich möchte auch so durch die Stadt getrieben werden oder sogar im Zuchthaus landen?" Frau Penk schüttelte den Kopf. Langsam ging Mutter bis zur Tür. Bevor sie das Zimmer verließ, blieb sie noch einmal stehen. „Und was sagt Ihr Mann dazu, Frau Penk?", fragte sie. Frau Penk faltete das Fensterleder. „Wissen Sie", erwiderte sie leise, „ich hätte es schon einzurichten gewusst. Aber mein Mann war früher Kommunist; er meint, wir müssten vorsichtig sein und wir dürften uns nichts zu Schulden kommen lassen." *Hans Peter Richter, S. 81–83*

M3 Der gelbe Stern

Am 1. September 1941 trat im „Dritten Reich" eine Verordnung in Kraft, nach der alle Juden den „Judenstern" auf der Kleidung tragen mussten, um erkennbar zu sein. Der Ich-Erzähler trifft in der Wohnung der Schneiders auf einen Rabbi, der gerade dabei ist, die Sterne an seinen Mantel zu nähen.

„Es ist nämlich wieder so weit. Wir müssen wieder einen gelben Stern tragen." Dabei zeigte er mir einen Stoß gelber Sterne, die auf dem Tisch lagen. Die handtellergroßen gelben Sterne mit schwarzer Umrandung mussten auf der linken Brustseite befestigt werden. Sie hatten die Form eines Davidsterns. In der Mitte war, in Schriftzeichen ähnlich den hebräischen, das Wort „Jude" eingewebt.

Herr Schneider erhob sich. Wie von einer Bühne herab verbeugte er sich vor mir. Dann knotete er seinen Schal auf und hängte ihn über den Stuhl. Mit der rechten Hand deutete er auf seine linke Seite. Auf dem Mantel – ein gelber Stern! Er knöpfte den Mantel auf. Auf der Jacke – ein gelber Stern! Er öffnete die Jacke. Auf der Weste – ein gelber Stern! „Damals mussten die Juden einen gelben spitzen Hut aufsetzen!", spottete er. „Diesmal ist es ein gelber Stern. – Wir sind in das Mittelalter zurückgekehrt!" „Und demnächst", ergänzte der Rabbi, „demnächst wird man uns vielleicht verbrennen – wie im Mittelalter!" „Und warum?", fragte ich. „Warum?", wiederholte der Rabbi leise. „Warum? [...] Weil wir anders sind, nur weil wir anders sind, deshalb verfolgt und tötet man uns."

Hans Peter Richter, S. 138–139

Aufgaben

1 Besprecht die möglichen Gründe für das Verhalten der Personen. Warum steht der Mann mit dem Schild vor dem Laden? Warum will die ältere Frau sich nicht von ihrem Einkauf abhalten lassen? Warum grüßt Friedrich besonders auffällig? Usw. → M1/M2

2 Versetze dich in die Lage des Ich-Erzählers in M1. Wie hat er sich wohl am Ende gefühlt? → M1

3 „Nur weil wir anders sind, deshalb verfolgt und tötet man uns", sagt der Rabbi. Erarbeitet die Judenverfolgung und ihre Folgen im „Dritten Reich" anhand der Infoseite (s. S. 128–129) und wiederholt auch eure Kenntnisse aus dem Geschichtsunterricht über die Judenverfolgung bereits im Mittelalter. → M3

Eine Geschichte der Vorurteile

Immer wieder kam es in der Geschichte zu falschen Anschuldigungen gegen die Juden, in deren Folge sie aus deutschen Städten, wo sie oftmals nur in abgegrenzten, schlechten Wohnvierteln leben durften, vertrieben wurden. Wider besseres Wissen wurden sie vielerorts des Ritualmordes, der Hostienschändung, der Brunnenvergiftung oder der Pestverbreitung angeklagt. Jedes Mittel war ihren Gegnern recht, sich blutig zu rächen. So wurde auch immer wieder verbreitet, dass der Talmud (s. S. 159) Mord an Christen als religiöse Vorschrift fordere. Als „Beweis" für diese Anschuldigungen genügte es, wenn ein christliches Kind vermisst wurde. Auch für die wirtschaftliche Notsituation wurden sie verantwortlich gemacht. So wurde ihnen 1614 durch Vertreter der Frankfurter Zünfte Zinswucher vorgeworfen und die Judengasse geplündert.

nach Markus Hattstein, S. 67

Anne Frank

Anne Frank war 13 Jahre alt, als sich ihre jüdische Familie nach der Flucht aus Deutschland 1942 in Amsterdam vor den Nationalsozialisten versteckte. Die Familie wurde verraten und Anne starb in Ausschwitz. In ihrem Tagebuch fasste Anne zusammen, wie nach dem Einmarsch der Deutschen in die Niederlande auch dort das Elend für die Juden begann:

Judengesetz folgte auf Judengesetz, und unsere Freiheit wurde sehr beschränkt. Juden müssen den Judenstern tragen; Juden müssen ihre Fahrräder abgeben; Juden dürfen nicht mit der Straßenbahn fahren; Juden dürfen nicht mit einem Auto fahren, auch nicht mit einem privaten; Juden dürfen nur von 3-5 Uhr einkaufen; Juden dürfen nur zu einem jüdischen Frisör; Juden dürfen zwischen 8 Uhr abends und 6 Uhr morgens nicht auf die Straße; Juden dürfen sich nicht in Theatern, Kinos und an anderen dem Vergnügen die-

Massenmord an Juden: Schoa

Bereits im Mittelalter wurden die Juden ausgegrenzt. Sie wurden immer wieder Opfer gewalttätiger Übergriffe. Im 20. Jahrhundert, während des Nationalsozialismus, wurde die Verfolgung und Vernichtung der Juden dann systematisch betrieben. Eine Auswahl von Maßnahmen:

30. Januar 1933: Adolf Hitler wird Reichskanzler.

1. April 1933: Boykott jüdischer Geschäfte.

15. September 1935: „Nürnberger Gesetze": Nur Staatsangehörige deutschen oder „artverwandten" Blutes können „Reichsbürger" werden. Juden dürfen Staatsangehörige deutschen Blutes nicht heiraten. Juden dürfen deutsche Hausangestellte unter 45 Jahren nicht beschäftigen.

7. März 1936: Juden besitzen kein Reichstagswahlrecht.

23. Juli 1938: Juden müssen ab 1. Januar 1939 Kennkarten bei sich führen.

9./10. November 1938: Pogrom („Reichskristallnacht"): Organisierte Nazibanden zerstören in ganz Deutschland jüdische Einrichtungen. Synagogen, Altersheime und Waisenhäuser werden niedergebrannt und die darin wohnenden jüdischen Menschen geschlagen, gedemütigt, verhaftet und einige auch getötet; Geschäfte werden geplündert, Wohnungen verwüstet.

15. November 1938: Alle jüdischen Kinder werden aus deutschen Schulen entfernt.

1. September 1939: Beginn des Zweiten Weltkriegs.

1. September 1941: Juden müssen einen Judenstern tragen. Sie dürfen ohne polizeiliche Genehmigung ihren Wohnbezirk nicht mehr verlassen.

14. Oktober 1941: Beginn der allgemeinen Deportationen von Juden aus Deutschland.

20. Januar 1942: Auf der sogenannten „Wannsee-Konferenz" wird die systematische Ermordung der Juden in die Wege geleitet.

Juni 1942: In Auschwitz finden erste Massenvergasungen von Juden statt.

4. Oktober 1942: Alle Juden aus deutschen Konzentrationslagern werden nach Auschwitz verlegt.

8. Mai 1945: Ende des Zweiten Weltkriegs. In Deutschland und in den von Deutschen besetzten Gebieten sind etwa sechs Millionen Juden ermordet worden.

teilweise nach Hans Peter Richter, S. 168-172

nenden Plätzen aufhalten; Juden dürfen nicht ins Schwimmbad, ebenso wenig auf Tennis-, Hockey oder andere Sportplätze; Juden dürfen nicht rudern; Juden dürfen in der Öffentlichkeit keinerlei Sport treiben; Juden dürfen nach acht Uhr abends weder in ihrem eigenen Garten noch bei Bekannten sitzen; Juden dürfen nicht zu Christen ins Haus kommen; Juden müssen auf jüdische Schulen gehen und dergleichen mehr. So ging unser Leben weiter, und wir durften dies nicht und das nicht. Jacque sagte immer zu mir: „Ich traue mich nichts mehr zu machen, ich habe Angst, dass es nicht erlaubt ist.“ *Anne Frank Tagebuch, S. 21*

Der Holocaust

Der Begriff Holocaust (von griechisch *holokaustos* = völlig verbrannt) bezeichnet allgemein die Massenvernichtung von Menschen, wird heute aber speziell auf die Ermordung der europäischen Juden durch die Nationalsozialisten im Zweiten Weltkrieg (1939-1945) angewendet. Die Juden selbst benutzen den biblischen Ausdruck Schoa (Vernichtung). Zusammen mit anderen, den Nationalsozialisten unerwünschten Menschen wurden etwa sechs Millionen Juden ermordet. Juden in Gebieten unter direkter Naziherrschaft hatten kaum Möglichkeiten zu entkommen. Sie wurden zusammengetrieben und mussten in Ghettos darauf warten, in die Arbeits- und Vernichtungslager gebracht zu werden. Trotz der ausweglosen Situation entstanden immer wieder jüdische Widerstandsgruppen, und viele Nichtjuden riskierten ihr Leben, um Juden zu beschützen oder zu retten. *nach Sehen – Staunen – Wissen, S. 28*

Eine Mahnung

Im Zentrum Berlins befindet sich das Denkmal für die ermordeten Juden Europas. Es ist die zentrale Holocaust-Gedenkstätte Deutschlands: ein Ort der Erinnerung und des Gedenkens an bis zu sechs Millionen Opfer. Seit Mai 2005 ist das Feld aus 2711 Stelen (griechisch *stele*: Grabstein, Grabsäule) Tag und Nacht frei zugänglich. Ergänzt wird das Denkmal durch den „Ort der Information“, der in einer Ecke des Stelenfelds unterirdisch angelegt ist. Wie notwendig die Erinnerung an die Verbrechen des Nationalsozialismus ist, zeigen die Angriffe, denen das Mahnmal immer wieder ausgesetzt ist. Mehrfach seit der Eröffnung sind Hakenkreuz-Schmierereien auf den Stelen entdeckt und wieder entfernt worden.

Damit das nie wieder passiert:

Artikel 3 im Grundgesetz der Bundesrepublik Deutschland:

(1) Alle Menschen sind vor dem Gesetz gleich.
[...]

(3) Niemand darf wegen seines Geschlechtes, seiner Abstammung, seiner Rasse, seiner Sprache, seiner Heimat und Herkunft, seines Glaubens, seiner religiösen oder politischen Anschauungen benachteiligt oder bevorzugt werden. Niemand darf wegen seiner Behinderung benachteiligt werden.

Internettipps

www.annefrank.org/de/

www.stiftung-denkmal.de

▶ Glossar: Boykott, Deportation, Ghetto, Pogrom, Zünfte

7 Mit Vorurteilen umgehen lernen

M1 Was Nationen über Nationen denken

DIE ITALIENER DENKEN:

Die Engländer können nicht kochen.

DIE DEUTSCHEN DENKEN:

Die Spanier sind ein stolzes Volk.

DIE SPANIER DENKEN:

Die Franzosen sind arrogant, schmutzig, aber parfümiert.

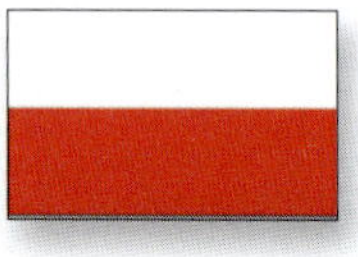

DIE POLEN DENKEN:

Die Dänen sind langweilig wie das Wetter dort.

DIE ÖSTERREICHER DENKEN:

Die Belgier können nicht bergauf fahren.

M2 Alle Italiener

„Alle Italiener sind Diebe“, sagte Herr Meier und schaute in die Runde. [...] „Stellt euch vor. Mein Schwager war mit dem Auto unten im Süden, in Brindisi. Er wollte mit der Fähre weiter nach Griechenland und musste im Hotel übernachten. Seinen Wagen hatte er in einer Nebenstraße abgestellt, mit Lenkradsperre. Hundertprozentig sicher. Als er am nächsten Morgen zu seinem Wagen ging, war der noch da. Aber: alle Räder abmontiert, einfach weg. Den nächsten Fährtermin konnte er vergessen. Ein Auto ohne Räder! Du musst in Italien unheimlich auf der Hut sein.“ Er schaute in die Runde.

„Wem erzählst du das“, sagte Herr Hofmüller. „Ich war als junger Mann in Italien unterwegs, per Anhalter. [...] Nach dem Schwimmen wollte ich mir was kaufen. Der Rucksack war noch zu, mein Portemonnaie war noch drin. Aber bis auf die Münzen war das ganze Geld weg. [...]“ „Tja“, meinte einer. „Das sind Geschichten. Die Italiener sind alle Gauner.“

Herr Engelbrecht sagte: „Mir wurde Folgendes erzählt. [...] Zwei Klassen hier vom Gymnasium fuhren nach Rom, mit dem Zug. Schlafwagen. [...] Und so konnten die Gangster in aller Ruhe rausholen, was sie wollten. Man stelle sich das vor: [...] dir wird alles Wichtige gestohlen. Die Italiener haben als Diebe alle Tricks drauf.“

Man war sich einig: Der Italiener hat es einfach im Blut, zu stehlen, was nicht niet- und nagelfest ist.

nach Helmut Engels, S. 82–84

M3 Ich habe keine Vorurteile

keine Vorurteile, aber ...

Du sagst, du hast keine Vorurteile.
Aber du lachst über die Familie des Nachbarn,
weil sie am Sonntag mit dem Fahrrad
in die Wälder fährt.
Du sagst wie alle anderen:
Typisch Spießer – wie kann man sich noch
auf dem Fahrrad abstrampeln!
[...]

Du sagst, du hast keine Vorurteile.
Aber du lachst über die Leute
aus dem anderen Stadtviertel,
weil sie in alten Häusern wohnen.
Du sagst wie alle anderen:
Typisch Arme-Leute-Viertel –
da möchte ich nicht geschenkt wohnen.

Du sagst, du hast keine Vorurteile.
Aber du lachst über die Leute
aus einer anderen Stadt,
weil sie andere Gewohnheiten haben.
Du sagst wie alle anderen: Typisch Kleinstädter,
benehmen sich bei uns wie auf dem Dorf!

Du sagst, du hast keine Vorurteile.
Aber du lachst über die Leute
aus einem anderen Land,
weil sie einen anderen Dialekt sprechen.
Du sagst wie alle anderen:
Typisch Norddeutsche, großes Maul
und nichts dahinter!

Du sagst, du hast keine Vorurteile.
Aber du schimpfst über die Leute
aus einem anderen Volk,
weil sie eine andere Sprache sprechen,
weil sie anders erzogen sind als du,
weil sie eine andere Hautfarbe haben,
eine andere Religion,
andere Ansichten als du.
Du sagst wie alle anderen:
Typisch Franzosen, typisch Engländer,
typisch Italiener, typisch Russe,
Polen, Tschechen, typisch Juden ...

Du sagst, du hast keine Vorurteile.
Und hast recht!
Denn du wirfst sie über Bord,
wenn du sie nicht mehr brauchst.
Denn du hast keine Vorurteile mehr gegen
deinen Nachbarn, wenn er dir helfen kann.

Lutz Krause, S. 4

M4 Ganz klar, oder?

Dik Browne, Hägar

Aufgaben

1 Beurteilt die Aussagen in den verschiedenen Nationen über die Bewohner anderer Länder. → M1
2 Findet heraus, welche Vorurteile in anderen Ländern über die Deutschen herrschen. → M1
3 Besprecht, was ihr der Runde erwidern könntet. → M2
4 Nennt die Vorurteile, die im Gedicht beschrieben werden. → M3
5 Erklärt die letzte Strophe. → M3
6 Tauscht euch darüber aus, wie man mit Vorurteilen auch menschenfreundlich umgehen kann.

8 Verständnis für andere

M1 Irgendwie anders

Solange du dem Anderen sein Anderssein nicht verzeihen kannst, bist du noch weit ab vom Weg der Weisheit.

(aus China)

M2 Märchen vom Auszug aller „Ausländer"

Es war einmal ... etwa drei Tage vor Weihnachten, spät abends. Über den Markplatz der kleinen Stadt kamen ein paar Männer gezogen. Sie blieben an der Kirche stehen und sprühten auf die Mauer „Ausländer raus" und „Deutschland den Deutschen". Steine flogen in das Fenster des türkischen Ladens gegenüber der Kirche. Dann zog die Horde ab. Gespenstische Ruhe. Die Gardinen an den Bürgerhäusern waren schnell wieder zugefallen. Niemand hatte etwas gesehen.

„Los, kommt, es reicht, wir gehen". „Wo denkst du hin! Was sollten wir denn da unten im Süden?" „...da unten? Das ist immerhin unsere Heimat. Hier wird es immer schlimmer. Wir tun einfach das, was da an der Wand geschrieben steht: „Ausländer raus!" Tatsächlich, mitten in der Nacht kam Bewegung in die kleine Stadt. Die Türen der Geschäfte sprangen auf: Zuerst kamen die Kakaopäckchen heraus mit den Schokoladen und Pralinen in ihren Weihnachtsverkleidungen. Sie wollten nach Ghana und Westafrika, denn da waren sie zu Hause. Dann der Kaffee, palettenweise, der Deutschen Lieblingsgetränk; Uganda, Kenia und Lateinamerika waren seine Heimat. Ananas und Bananen räumten ihre Kisten, auch die Trauben und die Erdbeeren aus Südafrika. Fast alle Weihnachtsleckereien brachen auf, Pfeffernüsse, Spekulatius und Zimtsterne, denn die Gewürze in ihrem Inneren zog es nach Indien. Der Dresdner Christstollen zögerte. Man sah Tränen in seinen Rosinenaugen, als er zugab: Mischlingen wie mir geht's besonders an den Kragen. Mit ihm kamen das Lübecker Marzipan und der Nürnberger Lebkuchen. Nicht Qualität, nur Herkunft zählte jetzt. [...]

Der Verkehr brach an diesem Tag zusammen. Lange Schlangen japanischer Autos, vollgestopft mit Optik und Unterhaltungselektronik krochen gen Osten. Am Himmel sah man die Weihnachtsgänse nach Polen fliegen, auf ihrer Bahn gefolgt von den feinen Seidenhemden und den Teppichen aus dem fernen Asien. Mit Krachen lösten sich die tropischen Hölzer aus den Fensterrahmen und schwirrten zurück ins Amazonasbecken. Man musste sich vorsehen, um draußen nicht auszurutschen, denn von überall her quollen Öl und Benzin hervor, floss zu Bächen zusammen und strömte in Richtung Naher Osten. [...]

Nach drei Tagen war der Spuk vorbei, der Auszug geschafft, gerade rechtzeitig zum Weihnachtsfest. Nichts Ausländisches war mehr im Land. Aber Tannenbäume gab es noch, auch Äpfel und Nüsse. Und „Stille Nacht" durfte gesungen werden – wenn auch nur mit Extragenehmigung, das Lied kam immerhin aus Österreich. Nur eines wollte nicht so recht ins Bild passen. Maria, Josef und das Kind waren geblieben. Drei Juden. Ausgerechnet. „Wir bleiben", sagte Maria, „Wenn wir aus diesem Lande weggehen – wer will ihnen dann noch den Weg zurück zeigen, den Weg zurück zur Vernunft und zur Menschlichkeit? *Helmut Wöllenstein*

M3 Umgang mit Fremden

Wichtig ist, dass wir den Fremden grundsätzlich mit einer freundlichen Einstellung begegnen. Dabei sollten wir uns immer wieder vor Augen halten, dass die Fremden genauso fühlen wie wir. [...] Nur so können echte Kontakte zu unseren Mitmenschen entstehen. Hassgefühle gegenüber Ausländern sind oft ein Ausdruck von Angst vor dem Unbekannten. Wenn sich Fremde begegnen, sind sie zunächst vorsichtig und zurückhaltend. Aber solche Ängste kann man doch abbauen. Wenn ich mit einem mir noch unbekannten Menschen zusammentreffe, dann achte ich wenig darauf, welche Stellung er innehat, ob er reich oder arm ist. Für mich zählen sein Gesichtsausdruck, sein Lächeln, sein Blick. Das sagt mir mehr über einen bestimmten Menschen als alles, was in seinem Pass vermerkt ist. Jedes Mal, wenn ich mit jemandem aus einer anderen Kultur spreche, spüre ich, dass es zwar Dinge gibt, die uns voneinander unterscheiden, und doch sind wir alle Menschen. Wenn Kinder aus Afrika, aus Europa oder Asien zusammenkommen, dann können sie sich ohne Schwierigkeiten zusammensetzen und miteinander spielen. Kinder achten doch nicht auf kulturelle Unterschiede. Sie werden Freunde, wenn sie sich gut verstehen, ohne auf die Rasse oder die Hautfarbe zu achten. Das zeigt doch, dass es die eine große Völkergemeinschaft gibt.

Dalai Lama, S. 143-144

INFO

Toleranz

Der Begriff Toleranz stammt aus dem Lateinischen und bedeutet Duldung. Die Duldung besteht darin, dass man fremde Anschauungen oder Handlungen anerkennt. Der Begriff Toleranz beinhaltet, dass man selbst eine feste Überzeugung hat und trotzdem die Auffassung anderer achtet.
Wer Toleranz ausübt, muss anderen Menschen das Recht zugestehen, eigene Vorstellungen äußern zu dürfen und nach ihnen zu handeln. Allerdings darf keiner durch sein Handeln das Recht anderer beeinträchtigen. Toleranz endet dort, wo die Rechte anderer missachtet werden.

M4 Mensch sein

Aufgaben

1 Der türkische Mann sitzt schon eine ganze Weile in dem Restaurant. Warum ist er wohl dort? Welche Gedanken gehen ihm durch den Kopf, und wie fühlt er sich? Erzählt, was er sagt, in der Ich-Form. ➜ M1

2 Erkläre, wie das chinesische Sprichwort zu verstehen ist, und worin die Bezüge zu dem Bild bestehen. ➜ M1

3 Fasst die zentralen Aussagen des Märchens in eigenen Worten zusammen. Begründet, ob ihr euch den Aussagen des Märchens anschließen könnt. ➜ M2

4 Welche Einstellung anderen Menschen gegenüber legt der Dalai Lama nahe? Auf welche Beobachtungen gründet er seine Haltung? ➜ M3

5 „Keine(r) ist Kein Mensch." Sprecht zunächst darüber, was dieser Satz bedeutet. Formuliert anschließend fünf Regeln für den Umgang miteinander, die sich auf diese Aussage zurückführen lassen. ➜ M4

6 Prüft, inwieweit der Toleranzgedanke in den Materialien dieser Doppelseite enthalten ist. ➜ M1-M4

9 Perspektiven wechseln

M1 Das Mädchen im Bus

Ich sitze in der letzten Reihe. Auf dem Fensterplatz schräg gegenüber sitzt ein Mädchen. Ihre Haut ist dunkelbraun, sie erinnert mich an Schokolade. Es ist schwer, zu schätzen, wie alt sie ist. Sie ist zwar eher klein, doch der Ausdruck auf ihrem Kindergesicht ist ernst und ruhig [...]. Es ist mir noch nie gelungen, obwohl ich es versucht habe, ihr in die Augen zu sehen. Meist sitzt sie alleine. [...] Sie stellt ihre Schultasche immer auf den Sitz neben sich.

Sie sieht aus dem Fenster hinaus auf die grauen Straßen, gesäumt von hohen, verputzten Häuserwänden. Der Bus verlangsamt sein Tempo, es kommt die nächste Haltestelle, an der nur ein einzelner Mann einsteigt. Klein und stämmig schiebt er sich durch den schmalen Gang zwischen den Sitzreihen. Sein schütteres graues Haar ist mit Gel oder Haarwasser zurückgekämmt. Er ist stehen geblieben, direkt vor der Schultasche des kleinen dunkelhäutigen Mädchens. Sein Gesichtsausdruck hat sich verändert, er hat dieses Unauffällig-Unbeteiligte verloren. Er fragt, ob sie ihre Schultasche nicht von dem Sitz neben ihr herunternehmen kann. Seine Stimme ist heiser und kurzatmig, vielleicht wirkt die Frage darum eher wie ein Befehl. Das Mädchen gehorcht widerwillig, stellt die Tasche zwischen die Füße, sieht dann sofort wieder hinaus aus dem Fenster. Ich beobachte ihr Gesicht, die glatte dunkle Haut, die kleine Nase und die vollen Lippen. Ich habe schon oft überlegt, ob man sie als hübsch bezeichnen könnte. Mir fällt plötzlich auf, dass ich nicht die Einzige bin, die das Mädchen beobachtet, auch der Mann, der sich neben sie gesetzt hat, sieht sie von der Seite an. Doch auf seinem Gesicht liegt ein Schleier des Missfallens, der Verachtung.

Maria Sebald

„Hat dir schon mal jemand gesagt, dass du aussiehst wie ein Affe?", fragt er leise. Seine Stimme klingt nicht verächtlich, sondern ehrlich. Das macht seine Frage so gefährlich. Das Mädchen antwortet nicht, sondern blickt weiter gerade aus dem Fenster. Der Mann wiederholt seine Frage, diesmal ein wenig lauter, doch ihr Gesicht bleibt ausdruckslos. Meine Schläfen pochen, ich würde gerne etwas sagen, um sie zu beruhigen, aber ich traue mich nicht und folge dem Blick des Mädchens.

„Finden Sie nicht auch, dass sie wie ein Affe aussieht?", höre ich die heisere Stimme. Der Mann sieht mich an, erwartungsvoll, er will meine Antwort. Im Moment seiner Frage dreht sich das Mädchen um und sieht mich an. Es ist das erste Mal, dass wir uns in die Augen sehen, das erste Mal, dass sie länger als nur eine Sekunde die Augen hebt. Die Augen sind wie schwarze Seen. Tief und geheimnisvoll blicken sie mich an und wie Seen sind sie voll von verborgenem Leben. Ich verstehe nicht, was ...

„Ich weiß nicht so genau. Ich denke nicht, nein", antworte ich dem Mann leise und hoffe, dass das genügt. Ich habe kaum zu Ende gesprochen, da beginnt der Mann laut zu prusten. „Natürlich tut sie das, natürlich!", sagt er. Was tut sie denn, was meint er? Die schwarzen Augen des Mädchens blicken mich aufmerksam an.

„Und deine Geschwister, deine Eltern? Die sehen genauso aus wie du? Dann seid ihr ja eine Affenfami-

lie", sagt er. Das Mädchen wendet den Blick von mir ab und sieht ihn starr an. Ich glaube, sie kann sich nicht verteidigen, sie hat Angst. Die mokkafarbene Hand des Mädchens berührt vorsichtig den Arm des Mannes. Der zieht ihn zurück, als hätte er sich verbrannt. Er sieht sie erstaunt an, wahrscheinlich hat er nicht gedacht, dass sie den Mut hat, ihn zu berühren. „Lassen Sie mich jetzt bitte durch?", fragt sie. Ihre Stimme ist dunkel, vielleicht ist es aber nur, weil sie versucht, nicht zu weinen. „Wieso? Sitzt du nicht gern neben mir?", sagt der Mann. „Doch, aber das ist meine Haltestelle. Hier muss ich aussteigen, bitte." Der Mann sieht sie einen Augenblick an. Dann zieht er die Beine zurück, so dass sie an ihm vorbei auf den Gang treten kann. Die Sohlen ihrer Turnschuhe quietschen auf dem graugrünen Linoleum. Die Bustüren öffnen sich, sie steigt aus. Da steht sie, im Schein einer Straßenlaterne. Die Schultasche liegt neben ihr am Boden. In ihren schwarzen Augen zucken Blitze. Aber sie treffen nicht den Mann, sondern mich.

nach Maren Uhle, S. 57-61

METHODE

Perspektivenwechsel

Wenn man einen anderen verstehen und (moralisch) beurteilen will, ist es wichtig, den Blickwinkel (die Perspektive) zu wechseln. Um dich in die Lage einer anderen Person versetzen zu können, kannst du folgende Vorüberlegungen anstellen:

1. Beschreibe, wie du dich siehst.
2. Stell dir vor, du wärest ein anderer. Zum Beispiel: dein bester Freund oder deine beste Freundin oder die Person, die neben dir sitzt.
3. Kannst du sagen, wie es ist, diese andere Person zu sein? W i e kannst du das sagen? Gibt es irgendwelche Anhaltspunkte?
4. Wenn dein bester Freund/deine beste Freundin glücklich ist, wie zeigt er/sie es dann? Woran erkennst du, dass deine Mutter oder dein Vater traurig ist?

Wenn ihr die Rollen vertauscht und euch selbst mit den Augen des anderen seht, entdeckt ihr vielleicht, welche Bedeutung die Ereignisse für die andere Person haben, und erkennt besser die Probleme des anderen und die Gründe für sein Verhalten.

M2 Übernimm den Standpunkt des anderen!

Sich in die Lage eines anderen zu versetzen heißt, [...] ihn von innen zu verstehen, für einen Augenblick seinen Standpunkt zu übernehmen. [...] Und wenn du dich in seine Lage versetzt, musst du nicht nur fähig sein, die Gründe für sein Handeln zu beachten, sondern auch auf irgendeine Weise an seinen Leidenschaften und Gefühlen, an seinen Schmerzen, Sehnsüchten und Freuden teilzunehmen. Es geht darum, Sympathie für den anderen zu empfinden, sich in gewisser Weise mit dem anderen eins fühlen zu können, ihn in seinem Denken und Wollen nicht gänzlich allein zu lassen. [...]

Den anderen ernst zu nehmen, sich in seine Lage versetzen zu können [...] bedeutet nicht, dass du ihm immer darin recht geben sollst, was er fordert oder tut. [...] Sich in die Lage des anderen zu versetzen, heißt, sich anstrengen, objektiv zu sein, um die Sachen so zu sehen, wie er sie sieht, aber nicht, ihn beiseite zu stoßen und seinen Platz einzunehmen. Das heißt, er soll weiterhin er sein, und du musst weiterhin du sein.

nach Fernando Savater, S. 104-107

Aufgaben

1 Fühlt euch in das Mädchen ein und erzählt die Geschichte aus seiner Sicht. ➜ M1

2 Beurteilt das Verhalten der Erzählerin. ➜ M1

3 Fasse die Aussagen des Textes kurz zusammen:
Um sich in die Lage eines anderen versetzen zu können muss man
1. den anderen von innen verstehen
2. seinen Standpunkt übernehmen
3. dich in ein „Du" verwandeln
4. andere Gründe beachten
5. ...
6. ...
usw. ➜ M2

4 Versetze dich nach den Anweisungen in die Lage eines anderen. Welche Probleme treten dabei auf? ➜ M2/Methodenkasten

5 Gebt nun der Erzählerin in M1 Tipps, was sie anders oder auch besser hätte machen können. Berücksichtigt dabei, was ihr durch M2 und den Methodenkasten gelernt habt. ➜ M1/M2

▶ Glossar: objektiv, Perspektive

10 Vorurteile überwinden

M1 Fußball – Männersache?

M2 Anders sehen

Versuch mal, mit dem Herzen zu sehn
Das geht zwar nicht im Handumdrehn
Es ist schwerer, als es klingt
Aber wenn es dir gelingt
Wirst du vieles besser verstehn.

Versuch mal, mit dem Herzen zu sehn
Und dann so auf eine Reise zu gehn
Du sagst dir zu guter Letzt:
Warum tat ich das erst jetzt?
Wie viel Schönes ließ ich mir entgehn?

Natürlich kannst du bleiben, wo du bist
Und alles nur so sehen, wie es ist
Du glaubst, du bist zu Haus
Du glaubst, du kennst dich aus

Da weißt du, was du hast
Doch weißt du leider nicht, was du verpasst.

Versuch mal, mit dem Herzen zu sehn
das bringt dich auf ganz neue Ideen
Vielleicht triffst du irgendwann
einen, der das Gleiche kann
und dann wird eine Freundschaft entstehn
wenn du's schaffst, mit dem Herzen zu sehn
wenn du's schaffst, mit dem Herzen zu sehn

Herman van Veen/Thomas Woitkewitsch

M3 Gutes Zusammenleben setzt voraus, dass ...

- man sich ohne Probleme miteinander verständigen kann
- alle die Grundrechte und Grundwerte der Gesellschaft akzeptieren und achten
- man sich wohl und zuhause fühlt
- man sich in die Gesellschaft einbringt und Engagement zeigt
- man Freundschaften schließt – auch mit Menschen, die anders sind
- man seine Kultur ausleben kann
- man gemeinsam lernt und arbeitet
- man gemeinsam die Freizeit verbringt
- man andere annimmt, so wie sie sind
- man sich in seinem Wohnort/Land heimisch fühlt
- alle die gleichen Chancen haben
- alle die gleichen Rechte und Pflichten haben
- ...

GrafStat – Unterrichtsmaterial „Ausgrenzung und Integration"

M4 Praktische Tipps

Sachliches Gespräch

Kannst du mit deinem Gegenüber von Angesicht zu Angesicht reden? Nehmt ihr euch gegenseitig ernst? Seid ihr beide in der gleichen Jahrgangsstufe? Dann führt ein Gespräch mit sachlichen Informationen, um ein Vorurteil z. B. in Bezug auf eine Nationalität als solches erkennbar zu machen und zu bereinigen. (Es kann helfen, wenn ein Erwachsener, z. B. dein Lehrer oder deine Lehrerin, zuhört.)

Praktische Widerlegung eines Vorurteils

Oft aber geht es nicht so einfach. Der andere hält dich vielleicht für uncool? Oder er gehört zur anderen Clique? Oder er glaubt alles, was andere z. B. über deine Religion behaupten, und hört dir nicht zu? Dann gib ihm die Möglichkeit, dich besser kennenzulernen. Du könntest bei passender Gelegenheit einige aus deiner Klasse zu dir nach Hause einladen, um ihnen z. B. zu zeigen, wie bestimmte Feste bei euch gefeiert werden.

Änderung der eigenen Haltung

Wenn du auf diesen Wegen nichts erreichen kannst, überlege dir einmal Folgendes: Wie wäre es, wenn du dich einfach nicht mehr darum kümmerst und die Leute mit den Vorurteilen einfach stehen lässt? Ist in einer Woche das Thema überhaupt noch aktuell oder wichtig? Vielleicht findest du ja eine witzige Erwiderung, wenn du wieder einmal doof angesprochen wirst. Das nimmt deinem Gegenüber nämlich den Wind aus den Segeln.

Unterstützung durch andere

Manchmal brauchst du aber auch Unterstützung von anderen. Sie müssen denjenigen, die dich wegen deiner Andersartigkeit schikanieren, klarmachen, dass Vorurteile zu größeren, vor allen Dingen aber unnötigen Auseinandersetzungen führen können.

M5 Vorschläge für den Umgang mit Vorurteilen

Sortiert die folgenden Vorschläge für den Umgang mit Vorurteilen nach ihrer Wirksamkeit, findet weitere Vorschläge:

- **gemeinsam etwas unternehmen**
- **Unterstützung durch Mitschülerinnen und Mitschüler**
- **Gespräch mit Argumenten**
- **eigene Fähigkeit unter Beweis stellen**
- **ernstgemeinte Fragen**
- **Unterstützung durch die Lehrkraft**
- **gemeinsames Ziel**
- **gute Klassengemeinschaft**
- **witzige Erwiderung**

Tragt eure Ergebnisse zusammen und findet für jeden Vorschlag ein oder mehrere eigene Beispiele.

Aufgaben

1 Benenne, welches Vorurteil in dem Foto überwunden wird. ➜ M1

2 Erkläre, was es bedeutet, mit dem Herzen zu sehen. Suche Beispiele, die auf die Themen „Vorurteile“ und „Begegnung mit Fremdem“ zutreffen. ➜ M2

3 a) Notiert die Voraussetzungen für ein gutes Zusammenleben, die ihr besonders wichtig findet. Begründet eure Auswahl. ➜ M3

b) Ergänzt weitere Punkte, die das Zusammenleben angenehm machen. ➜ M3

4 Beurteilt die Tipps. Welche sind hilfreich, welche nicht? Macht drei weitere Vorschläge zum Umgang mit Vorurteilen. ➜ M4/M5

Was wir wissen

Wahrnehmung und Wahrheit

Auf die Frage „Was ist Wahrheit?“ hast du in diesem Kapitel mehrere Antworten kennen gelernt. Um das zusammenzufassen, dient das folgende Wahrheitsdreieck:

Wenn Karla oder Tim die Tasse betrachten, tasten oder klingen lassen, nehmen sie die Tasse mit ihren Sinnen wahr. In der Regel stimmt die Wahrnehmung mit dem Gegenstand überein. Sie können sich aber auch täuschen, z. B. über die Farbe, wenn buntes Licht auf die Tasse fällt.
Wenn Karla und Tim über die Tasse sprechen, stellen sie vielleicht kleine Unterschiede in ihren Wahrnehmungen und Urteilen fest. Karla findet die Tasse schön, während Tim sie nicht mag. Wenn Tim die Tasse gar nicht kennt und Karla behauptet, die Tasse sei blau, obwohl sie in Wirklichkeit grün ist, sagt sie die Unwahrheit. Wenn sie es ohne Absicht tut, handelt es sich um einen bloßen Irrtum. Wenn sie absichtlich die Unwahrheit sagt, lügt sie. Man kann sich auch eine „Zwickmühle“ vorstellen, dass Karla lügt, um zu vertuschen, dass Tim die Tasse gestohlen hat.

Urteil und Vorurteil

Auch Vorurteile haben mit der Frage nach Wahrheit, Irrtum und Lüge zu tun. Denn Vorurteile sind Urteile, die man vorschnell fällt, weil man über eine Sache noch nicht genügend nachgedacht hat. Vorurteile müssen nicht falsch sein, aber häufig bestehen sie aus Irrtümern und Lügen. Das ist besonders dann gefährlich, wenn sich die Vorurteile gegen Menschen „fremder“ Herkunft richten. Das kann sich sogar zu Fremdenhass und Ausländerfeindlichkeit steigern und hat in der Geschichte schon zu schlimmen Folgen geführt, wie das Beispiel der Judenverfolgung zeigt.
Um solche Vorurteile zu vermeiden, ist es wichtig, über ihre Entstehung Bescheid zu wissen. Dazu gehört es auch zu wissen, dass ein Vorurteil in einer falschen Verallgemeinerung besteht. Wenn du z. B. einen Ausländer kennst, der keine Arbeit hat, ist es nicht erlaubt, daraus zu schließen, „alle Ausländer“ seien faul.
Doch Vorurteile können auch harmlos und sogar wohlwollend sein, wenn z. B. „die Südländer“ als temperamentvoll und „die Deutschen“ als viel zu ernst gelten. Mit etwas Humor kann man mit solchen Behauptungen auch freundlich miteinander umgehen.

Aufgaben

Was wir können

1 **Wahrnehmung**
Beschreibt jeweils genau: Auf welche Weise könnt ihr die folgenden Eigenschaften wahrnehmen?

sauer, süß, scharf
langsam, schnell
abschüssig, ansteigend
heiß, warm, kalt, eisig
frisch, muffig
spannend, langweilig
groß, klein
hell, dunkel
schön, hässlich
schwer, leicht
gerade, gekrümmt
unten, oben
höflich, unhöflich
braun, violett, rot, gelb, blau, orange, rosa, grün
spät, früh
wahr, falsch
laut, leise
froh, traurig, lustig
fettig, wässrig, seifig
angenehm, unangenehm
rau, glatt

2 **Wahrheit – Irrtum – Lüge?**

a) Die Alten Ägypter waren fromm.
b) Ich kann nicht kopfrechnen.
c) Unsere Klasse ist die beste.
d) Mädchen können besser denken.
e) Alle Menschen brauchen Luft zum Atmen.
f) Die Italiener essen gerne Nudelgerichte.
g) Schokolade macht süchtig.
h) Thomas ist blöd.
i) Hunde stinken.
j) Ich bin der Meinung, an der Ecke war ein Stoppschild.
k) Sie glaubte, die Kaffeemaschine sei ausgeschaltet.
l) Ich dachte, ich hätte die Handynummer gespeichert.
m) Die Erdbeeren sind garantiert essbar.

3 **Urteile und Vorurteile**
Welche der folgenden Aussagen trifft zu? Über welche der folgenden Aussagen gibt es geteilte Meinungen? Bei welchen Aussagen seid ihr euch nicht sicher? Über welche Aussage wollt ihr diskutieren? Notiert zu jeder Aussage eure Ansicht und tragt eure Ergebnisse zusammen.

a) Ein Vorurteil kann man durch ein sachliches Gespräch beseitigen.
b) Vorurteile begegnen uns ständig.
c) Ein Vorurteil beruht auf einer Wahrnehmung.
d) Ein Vorurteil entspricht nie der Wirklichkeit.
e) Ein Vorurteil ist zugleich ein Urteil.
f) Auf ein Urteil folgt häufig eine Handlung.
g) Urteile sind manchmal lebenswichtig.
h) In Vorlieben zeigen sich Urteile.
i) Jeder kann die Welt durch die Augen eines anderen wahrnehmen.
j) Der Gleichgewichtssinn ist beim Gehen wichtig.
k) Die Hilfsbedürftigkeit eines Menschen kann man rein äußerlich erkennen.
l) Wahrnehmungen sind die Grundlage für Urteile und Handlungen.

Die Synagoge in Dresden

Kompetenzen

Am Ende dieses Kapitels solltest du Folgendes wissen und können:

- wichtige Personen und geschichtliche Stationen des Judentums kennen
- das Leben der Juden in der Diaspora erklären
- zentrale Glaubensinhalte der jüdischen Religion beschreiben
- ethische Forderungen des Judentums benennen
- jüdische Symbole, Feste und Bräuche kennen

In diesem Kapitel lernst du eine der ältesten Weltreligionen kennen: das Judentum. Die Zehn Gebote kennst du vielleicht. Aber weißt du auch, woher sie stammen? Oder wer die Stammväter und -mütter des Judentums sind? Oder warum Juden überall auf aller Welt verstreut leben? Um dies zu wissen, muss man die Geschichte des Judentums kennen. Neben der jüdischen Gottesvorstellung sowie wichtigen Schriften und Symbolen des Judentums ist auch das Leben der Juden Thema des Kapitels – und du erfährst, was Begriffe wie Schabbat, Sukkot, Pessach oder koscher bedeuten.

Das Judentum

1 „Ich bin Jude"

M1 Hättest du es gewusst?

Daniel Radcliff

„Meine Familie ist jüdisch. Ich selbst glaube aber nicht an Gott."

Pink

„Meine Mutter ist Jüdin."

Superman

„Meine geistigen Väter waren Juden. Sie mussten aus Deutschland und Europa vor den Nazis fliehen."

M2 Jiddisch – wir alle sprechen etwas jüdisch

In unserer Umgangssprache gibt es „unbemerkt" zahlreiche Ausdrücke und Redewendungen, die aus dem Jiddischen, einer traditionellen jüdischen Alltagssprache, kommen.

Schmiere stehen von hebräisch **schmira** „Wache"

Pleite machen von hebräisch **plejta** „Flucht"

Kaff von hebräisch **Kfar** „Dorf"

Hals- und Beinbruch von hebräisch **Hazlacha** „Erfolg" und **beracha** „Segen"

dufte von hebräisch **tow** „gut"

eine Macke haben von hebräisch **maka** „Schlag"

mies von hebräisch **ma as** „verachten"

meschugge von hebräisch **meschugga** „verrückt"

Ganove von hebräisch **ganef** „Dieb"

M3 Wie man Jude wird

Religiös oder religionsgesetzlich gesehen gibt es aus jüdischer Sicht zwei Möglichkeiten, Jüdin oder Jude zu sein. Die erste Möglichkeit ist, Tochter oder Sohn einer jüdischen Mutter zu sein, also ins Judentum „hineingeboren" zu werden – so etwa, wie jemand [...], der von deutschen Eltern geboren wird [...]. [Hinweis: Progressive Strömungen des Judentums erkennen inzwischen auch als Bedingung der Zugehörigkeit zum Judentum die Herkunft des Vaters an.]
Die zweite Möglichkeit, Jüdin oder Jude zu werden, besteht darin, zum jüdischen Glauben überzutreten. Genauer heißt das, die verschiedenen Gesetze und Gebote des Judentums zu lernen, für sich zu bejahen und feierlich zu versprechen, sie auch einzuhalten.

Jörg Bohn, S. 7-8

M4 Werte des Judentums

Heiligkeit des Lebens

Es ist alles andere als selbstverständlich, dass es in der Welt Leben gibt. Alles Lebendige macht diese Welt zu etwas Wunderbarem, zu etwas Wertvollem. Darum gebietet das Judentum, jegliches Leben zu achten. Den Wert des menschlichen Lebens betont das Judentum ganz ausdrücklich. Kein Menschenleben ist weniger wert als das Leben eines anderen Menschen.

Gerechtigkeit und Gleichheit

Bereits vor über 3 000 Jahren regelten die Juden ihr Zusammenleben nicht durch die Macht eines einzelnen Königs, sondern durch Gesetze. Es galt: Vor dem Gesetz sind alle gleich; ob König oder einfacher Bauer, für alle gilt dasselbe Gesetz.

Freundlichkeit und Großzügigkeit

Nach dem jüdischen Glauben wurde der Mensch als Abbild Gottes geschaffen. Deshalb fordert die Thora: Liebe deinen Nächsten wie dich selbst! Man soll Menschen mit größter Achtung behandeln, sich in Menschenfreundlichkeit üben und die Fehler der anderen mit Großzügigkeit behandeln.

Gastfreundschaft

Juden lebten Tausende von Jahren ohne ein eigenes Land und wissen, was es heißt, Fremder in einem fremden Land zu sein. Darum ist ihnen die Gastfreundschaft wichtig. Abraham, der als erster Jude gilt, und seine Frau Sarah waren immer gastfreundlich und dienen als Vorbild für alle folgenden Generationen.

Soziale Verantwortung

Eines der Gebote des Judentums besagt, dass man sich um das Wohlergehen der anderen kümmern soll, so wie es Gott tat, als er den sich schwach fühlenden Abraham besuchte. Gemeint sind z. B. Hilfeleistungen, ohne eine Gegenleistung zu erwarten, oder sich um Kranke kümmern.

nach Sehen – Staunen – Wissen, S. 40-41

M5 Drei Dinge

Rabban Simon, Gamaliels Sohn, sagte: Auf drei Dingen beruht die Welt: Auf Recht, auf Wahrheit und auf Frieden (... denn es steht geschrieben [Zacharia 8,16]: Rede einer mit dem anderen Wahrheit, und richtet recht, und schaffet Frieden in euren Toren.)

Pirke Avot („Die Sprüche der Väter") 1,18

INFO

Definition: Jude – Jüdin

Das Wort „Jude" (hebräisch: Jehuda = Juda) war ursprünglich die Bezeichnung für einen Angehörigen des Stammes Juda, einer der 12 Stämme des Volkes Israel. Jehuda war ein Sohn Leas und einer der zwölf Söhne des jüdischen Stammvaters Jakob (1.Mose 29,35). Sein Wohngebiet Judäa mit der Hauptstadt Jerusalem wurde zum Kerngebiet des Volkes Israel. Später ging die Bezeichnung auf alle aus dem jüdischen Volk über. Heute bedeutet Jude- und Jüdinsein, der jüdischen Religion zuzugehören bzw. jüdischer Herkunft zu sein.

Zu den Bräuchen der jüdischen Religion gehört, dass männliche jüdische Neugeborene beschnitten werden. Die Beschneidung (hebräisch *Brit Mila*) stellt das sichtbare Zeichen des Bundes dar, der zwischen dem Volk Israel und Gott gilt. Sie findet jeweils am achten Tag nach der Geburt statt und wird groß gefeiert.

Aufgaben

1. a) Welche weiteren berühmten Personen jüdischer Herkunft kennt ihr? Erstellt zusammen eine Liste. → M1
   b) Recherchiere zu einer der Personen ausführlicher und teile deiner Klasse mit, was es für diese Person bedeutet, Jude oder Jüdin zu sein. → M1
2. Finde weitere jiddische Wörter heraus. Damit lässt sich ein Jiddisch-Quiz durchführen. → M2
3. Erkläre in eigenen Worten, wie man Jude wird. Überprüfe dann, ob die Personen in M1 in diesem religiösen Sinne Juden sind. → M1/M3
4. Teilt die Klasse in Gruppen auf. Jede Gruppe erarbeitet zu einem der Werte ein Wandplakat mit weiteren Texten und Bildern. Präsentiert eure Ergebnisse. → M4/M5
5. Stelle dir vor, du würdest als Jude bzw. Jüdin einem nicht-jüdischen Freund erklären, was das Typische am Judentum ist. Schreibe ihm dazu eine E-Mail. → M1-M4

▶ Glossar: Israel, Jakob, Jiddisch, progressives Judentum

2 Abraham – Vater vieler Völker

M1 Eine Familie – drei Religionen – viele Völker

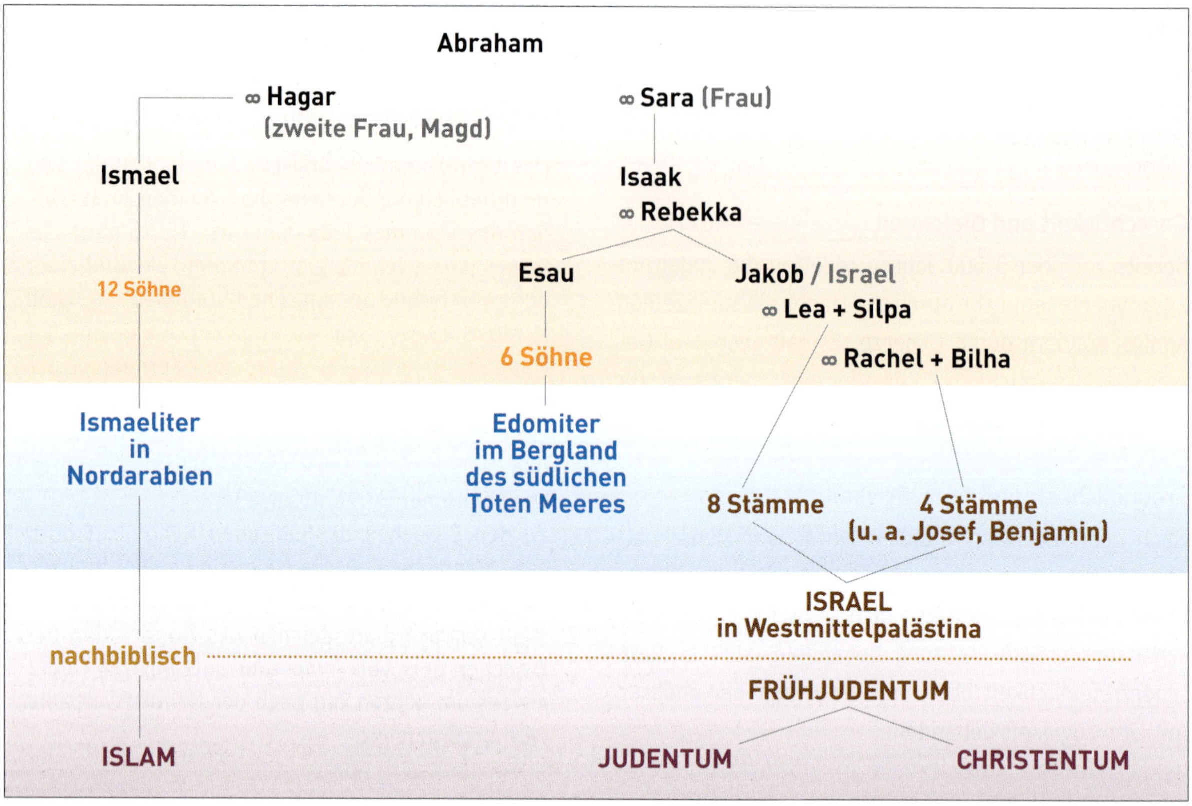

nach Beate Ego, S. 34

M2 Die Stammväter

Das Judentum ist schon fast 4000 Jahre alt und damit eine der ältesten Weltreligionen. Aus ihm entwickelten sich das Christentum und der Islam. [...] Die Juden leiten ihre Abstammung von einem Nomadenvolk ab, das in früher Zeit Hebräer und dann Israeliten genannt wurde und in der Region lebte, die wir heute als Nahen Osten bezeichnen. Abraham gilt als der erste Jude. Er, sein Sohn Isaak und sein Enkel Jakob werden als die [...] Stammväter des Judentums angesehen. Jakobs zwölf Söhne wurden zu den Oberhäuptern der zwölf Stämme Israels. Die hebräische Bibel (das Alte Testament der Christen) erzählen ihre Geschichte. *nach Sehen – Staunen – Wissen, S. 8*

M3 Abrahams Prüfung

1 Und es war nach diesen Begebenheiten, und es
prüfte Gott den Abraham und sprach zu ihm:
Abraham! Und dieser sprach: Hier bin ich.
2 Und Gott sprach: Nimm doch deinen Sohn, deinen
einzigen, den du liebst, den Isaak, und gehe hin in
das Land Morijah, und bring ihn dort zum Opfer
auf einem der Berge, den ich dir ansagen werde.

Abraham ist bereit, Isaak zu opfern

3 Und Abraham stand morgens früh auf, und sattelte seinen Esel und nahm [...] seinen Sohn Isaak, und spaltete Holz zum Opfer, und machte sich auf und ging an den Ort, den ihm Gott angesagt hatte. [...]

[6] Und Abraham nahm das Holz […], aber in seine Hand nahm er das Feuer und das Schlachtmesser; und sie gingen beide zusammen.
[7] Und Isaak sprach zu Abraham, seinem Vater, und sagte: Mein Vater! Und dieser sprach: Hier bin ich, mein Sohn. Und Isaak sprach: Siehe, hier das Feuer und das Holz, wo aber ist das Lamm zum Opfer?
[8] Und Abraham sprach: Gott wird für das Lamm zum Opfer sorgen, mein Sohn! […]
[9] Und sie kamen an den Ort, den ihm Gott angesagt hatte, und Abraham baute dort den Altar, und legte das Holz zurecht, und band seinen Sohn Isaak, und legte ihn auf den Altar über das Holz.

Gott greift ein

[10] Und Abraham streckte seine Hand aus, und nahm das Messer, seinen Sohn zu schlachten.
[11] Da rief ein Engel des Herrn vom Himmel zu ihm und sprach: Abraham! Abraham! Und er sprach: Hier bin ich.
[12] Und der Engel sprach: Strecke nicht deine Hand nach dem Knaben aus, und tue ihm nicht das Geringste. Denn nun weiß ich, dass du gottesfürchtig bist; denn du hast mir nicht verweigert deinen Sohn, deinen einzigen.
[13] Da erhob Abraham seine Augen und sah einen Widder […]; da ging Abraham hin und nahm den Widder und brachte ihn zum Opfer statt seines Sohnes. […]

Gott segnet Abraham

[15] Und ein Engel des Herrn rief dem Abraham zu vom Himmel zum zweiten Male
[16] und sprach: Bei mir hab' ich geschworen, ist der Spruch des Herrn, dass, weil du dieses getan hast, und hast nicht verweigert deinen Sohn, deinen einzigen,
[17] dass ich dich segnen werde, und mehren deine Nachkommen wie die Sterne des Himmels und wie den Sand […] am Rande des Meeres […].

1.Mose 22, 1-17

INFO

Abraham

Die Bibel erzählt, dass am Anfang der Geschichte des Judentums eine Gestalt steht, die aus einer fremden Kultur und götterreichen Religion kommt: Abraham. Er vernahm den Ruf Gottes und erhielt den Auftrag, aus seiner Heimat wegzuziehen, in das Land, das Gott für ihn bestimmt hatte. Abraham tat dies im Vertrauen zu diesem Gott. In Kanaan sollte er eine große Nachkommenschaft bekommen und für alle Völker zum Segen werden. Dort schloss Gott mit ihm einen Bund. Er und seine Frau Sara mussten aber lange warten, bis sie in Isaak das verheißene Kind erhielten. Abrahams Gehorsam gegenüber Gott wurde mit der Aufforderung, seinen Sohn Isaak zu opfern, auf die Probe gestellt. *nach Werner Trutwin, S. 24*

Aufgaben

1. Erläutert mit Hilfe der Grafik, was die drei Religionen Judentum, Christentum und Islam gemeinsam haben. ➜ M1/M2
2. Teilt euch in Gruppen auf und recherchiert Informationen über Israels Stammmutter Sara. Lest auch Bibelstellen zu Sara nach (z. B. 1.Mose 17, 15-22; 1.Mose 18, 1-19; 1.Mose 21,1-19) und tragt eure Ergebnisse zusammen. ➜ M2
3. Worin besteht Abrahams Prüfung? Beschreibe das Verhältnis Gottes zu den Menschen am Beispiel Abrahams. ➜ M3

▶ Glossar: Altes Testament, Hebräer, Kanaan, Palästina, Widder

3 Mose, der Lehrer

M1 Mose

Warum haben Michelangelo und andere Künstler Mose mit Hörnern dargestellt? Grund dafür ist ein Fehler bei der Übersetzung der hebräischen Bibel ins Lateinische. Das Wort für „strahlen" wurde nämlich falsch mit „Horn" übersetzt. Aufgrund dieses Fehlers dachten die Leser, dass Mose Hörner auf seinem Kopf hatte. Dabei heißt es im Text eigentlich, dass nach der Begegnung mit Gott ein Strahlen von ihm ausging.

Michelangelo, Mose, 1513-1516

M2 Moses Geburt und Rettung

Gott hat sein Versprechen an Abraham erfüllt: Aus Abrahams Familie war ein großes Volk geworden: das Volk Israel. Aber das Volk lebte inzwischen, nach einer großen Hungersnot, im fremden Land Ägypten. Zunächst war alles in Ordnung. Mit einem neuen König in Ägypten ändert sich das jedoch.

Der neue König, der in Ägypten an die Macht gekommen war, [...] sah [...] die vielen Israeliten im Land und sagte zu seinen Beratern: „Das Volk der Israeliten wird mir zu zahlreich und mächtig. Wir müssen etwas dagegen tun. Sonst verbünden sie sich noch mit unseren Feinden, machen Krieg und vertreiben uns aus unserem eigenen Land." Der Pharao befahl, die Israeliten zu Zwangsarbeiten einzusetzen. [...] Und er tat noch Grausameres. Er gab seinem ganzen Volk den Befehl: „Werft jeden Jungen, der den Israeliten geboren wird, in den Nil! Nur die Töchter lasst am Leben!" So wollte der Pharao das Volk Israel ausrotten. In dieser Zeit bekam eine Frau vom Volk Israel ein Kind, einen Sohn. [...] „Mein Kind soll leben!", dachte die Frau. Sie verbarg es drei Monate in ihrem Haus. Dann konnte sie es nicht länger verstecken. Sie nahm einen Korb, der aus Schilf geflochten war, und machte ihn mit Pech wasserdicht. Dann legte sie ihren Jungen in den Korb und schloss ihn mit einem Deckel. Vorsichtig brachte sie das Körbchen an den Nil und legte es in das Schilf am Ufer. Sie dachte: „Wenn einer mein Kind findet, dann wird es vielleicht gerettet." Die Schwester des Kindes musste sich in der Nähe verstecken, um zu beobachten, was mit dem kleinen Bruder im Körbchen geschah.

Es dauerte gar nicht lange, da kam die Tochter des Pharaos an den Nil. Sie wollte baden. Ihre Dienerinnen blieben am Ufer. Mit einem Mal sah sie den Korb im Schilf. Sie schickte eine Dienerin hin, um ihn zu holen. Die Tochter des Pharaos öffnete neugierig das Körbchen. Da fand sie den kleinen Jungen. Er weinte. Der Säugling tat ihr Leid. Sie rief: „Das ist ein israelitischer Junge! Er soll nicht sterben!"

Da kam die Schwester des Kindes aus ihrem Versteck hervor und fragte: „Soll ich eine Frau von den Israeliten holen, die das Kind stillen und ernähren kann?" „Ja", antwortete die Tochter des Pharaos, „tu das!" Da holte das Mädchen seine Mutter. Die Tochter des Pharaos sah sie an und sagte: „Nimm diesen Jungen! Gib ihm zu trinken, und ziehe ihn für mich auf! Ich werde dich dafür belohnen." Glücklich nahm die Mutter ihr Kind mit nach Hause. [...] Als der Junge größer geworden war, brachte sie ihn der Tochter des Pharaos in den Königspalast. Die Tochter des Pharaos behielt ihn und nahm ihn als ihren Sohn an. Sie gab ihm den Namen Mose. [...] So wurde Mose am Hof des Pharaos groß. Er lernte viel von den Ägyptern. Aber in seinem Herzen blieb er ein Israelit.

nach Detlev Block, S. 70-71

M3 Gott gibt Mose einen Auftrag

Aus Mose wurde ein junger Mann. Noch immer wurde sein Volk von den Ägyptern unterdrückt. Als er einmal erlebte, wie ein ägyptischer Aufseher einen Israeliten zusammenschlug, wurde er zornig und erschlug den Ägypter. Da der Pharao daraufhin Mose töten lassen wollte, musste er fliehen. Im Land Midjan ließ er sich nieder und heiratete. Dort widerfuhr ihm Folgendes:

[1] Und Mose hütete die Schafe seines Schwiegervaters Jitro, des Priesters von Midjan, und trieb die Schafe hin in die Steppe und kam an den Berg Gottes, an den Choreb.

[2] Da erschien ihm ein Engel des Herrn in einer Feuerflamme aus dem Dornbusche, und er schaute und siehe, der Dornbusch brannte im Feuer, aber der Dornbusch wurde nicht verzehrt.

[3] Da sprach Mose: Ich will doch hintreten und ansehen diese große Erscheinung; warum der Dornbusch nicht brennt?

[4] Als der Herr sah, dass er hinzutrat, [...] da rief ihm Gott zu aus dem Dornbusche und sprach: Mose! Mose! Und dieser sprach: Hier bin ich!

[5] Und Gott sprach: Nähere dich nicht! Ziehe deine Schuhe von deinen Füßen, denn der Ort, auf dem du stehst, ist ein heiliger Boden.

[6] Und er sprach: Ich bin der Gott deines Vaters, der Gott Abrahams, der Gott Isaaks und der Gott Jakobs! Da verhüllte Mose sein Antlitz, denn er scheute sich, zu Gott aufzuschauen.

[7] Und der Herr sprach: Gesehen hab' ich das Elend meines Volkes [...] in Ägypten, und seine Klagen [...] habe ich gehört, ja, ich kenne seine Leiden.

[8] Und ich bin herabgekommen, es zu retten aus der Hand Ägyptens, und es hinaufzuführen aus diesem Lande in ein gutes und geräumiges Land, in ein Land, fließend von Milch und Honig [...].

[9] Und nun, siehe, die Klage der Kinder Israel ist vor mich gekommen, auch habe ich gesehen [...], wie die Ägypter sie unterdrücken.

[10] Und nun, komme, dass ich dich sende zum Pharao, und führe mein Volk, die Kinder Israel, aus Ägypten. *2.Mose 3, 1-10*

Marc Chagall,
Der brennende Dornbusch, 1966

INFO

Mose

Im Judentum ist Mose eine sehr wichtige biblische Gestalt. Man könnte es so beschreiben, dass die Juden in Abraham ihren Urvater sehen. In Mose dagegen verehren sie ihren bedeutendsten Lehrer. Mose gilt als Mittler zwischen Gott und dem Volk Israel. Er führte die Israeliten aus Ägypten fort, wo sie Zwangsarbeiten verrichten mussten. Dem jüdischen Glauben nach hat Gott mit Mose gesprochen und ihm die zehn Lebensregeln (Zehn Gebote) übergeben (s. S. 156). Mose vermittelte demnach den Bund zwischen Gott und dem Volk Israel. Die Juden haben für Mose einen Ehrentitel: „Moshe Rabbenu", das heißt „Mose, unser Rabbi/Lehrer/Meister".

Aufgaben

1 a) Beschreibe die beiden Bilder M1 und M3 und beantworte dabei Fragen wie z. B.: Wie wird Mose dargestellt? Wie ist seine Haltung? Was ist alles zu sehen? ➜ M1/M3
  b) Gib beiden Bildern einen eigenen Titel, der die jeweilige Darstellung von Mose deiner Meinung nach besonders gut ausdrückt. ➜ M1/M3

2 Gliedere den Text in Abschnitte und finde zu jedem Abschnitt eine Überschrift. ➜ M2

3 Versetze dich in Mose, der zu seiner Familie zurückkehrt, und erzähle: „Mir ist Folgendes passiert ..." ➜ M3

4 Vergleiche nun noch einmal die Bilder und erkläre den Unterschied zwischen Mose als Hirte (M3) und Mose als Lehrer bzw. Meister (M1). ➜ M1/M3

▶ Glossar: Pharao, Rabbi

4 Aufbruch in eine neue Heimat

M1 Die zehn Plagen

Nachdem Gott Mose den Auftrag gegeben hat, das Volk Israel aus Ägypten wegzuführen, kehrt dieser nach Ägypten zurück. Er versucht, den Pharao davon zu überzeugen, die Israeliten gehen zu lassen. Doch dieser lacht Mose zunächst nur aus.

Die Ägypter waren nicht erbaut von der Idee, ihre billigen Arbeitskräfte einfach ziehen zu lassen. Um die Freilassung der Israeliten durchzusetzen, schickte Gott daher zehn Plagen. Das Nilwasser wurde zu Blut, Frösche stiegen aus dem Wasser und bedeckten ganz Ägypten; es kamen Stechmücken und dann anderes Ungeziefer über das Land; das Vieh der Ägypter starb an einer Viehseuche. Mensch und Tier wurde von Geschwüren geplagt; es hagelte; Heuschreckenschwärme fielen ein und fraßen alles kahl; drei Tage lang lag das Land in Finsternis. Als letzte und schrecklichste Plage starben alle Erstgeborenen der Ägypter. Da endlich ließ der Pharao die Israeliten ziehen.

John Bowker, S. 117

Exodus

INFO

Exodus (lateinisch: Auszug) ist eine Bezeichnung für das 2. Buch Mose, weil die Thora hier vor allem vom Auszug des Volkes Israel aus Ägypten berichtet. Geführt wird das Volk dabei von Mose, Ziel ist das durch Gott dem Volk Israel versprochene Land Kanaan. Der „Exodus" aus dem Land Ägypten und die Befreiung aus der Sklaverei stellt für das jüdische Volk ein bedeutendes Ereignis dar: den Anfang ihrer Geschichte, die Rettung durch Gott.
Das 2. Buch Mose enthält außerdem weitere Offenbarungen Gottes, auf die die jüdische Religion wichtige Glaubensinhalte zurückführt. Zum Beispiel:
- Gott offenbart sich Mose im brennenden Dornbusch,
- Gott offenbart Mose seinen Namen,
- der Auszug des Volkes Israel aus Ägypten,
- der Ursprung des Pessach-Festes,
- die Übergabe der Zehn Gebote an Mose.

M2 Rettung am Roten Meer

Der Pharao lässt die israelitischen Stämme tatsächlich nach Kanaan aufbrechen. Kurz darauf aber jagt er ihnen dann doch noch eine Armee auf den Hals. Doch Mose kann sie am Roten Meer durch ein neuerliches Wunder abhängen: Das Meer teilt sich und erlaubt den Israeliten, trockenen Fußes ans andere Ufer zu gelangen. Über den ägyptischen Soldaten aber schlägt es wieder zusammen.

Lutz van Dijk, S. 29

M3 Die Geschichte von den Anfängen

Warum erzählt man sich heute noch diese Geschichte von einem Ereignis, das circa 3200 Jahre zurückliegt, von dem niemand genau weiß, was tatsächlich passierte, als die Gruppe hebräischer Zwangsarbeiter mit ihren Familien aus Ägypten wegzog, floh oder vielleicht sogar verjagt wurde?
Die geschichtlichen Quellen außerhalb der Thora berichten von keiner Völkerwanderung größeren Ausmaßes aus Ägypten. Was man heute historisch weiß: In der Regierungszeit des Pharaos Ramses II. (1279-1216 v. Chr.) wurden hebräische Volksgruppen als Zwangsarbeiter für den Bau neuer Städte im Delta des Nil herangezogen. Sie konnten offenbar aus dem gut bewachten Land fliehen, als dort eine Krankheit um sich griff. Ägyptische Truppen sollten die Entflohenen zurücktreiben; aus ägyptischen Augen wahrscheinlich nur ein kleines Unternehmen, da die Gruppe der Entflohenen sicher nicht mehr als 500 bis 600 Menschen umfasste. Das wichtigste Ereignis auf dem Weg in die Freiheit war offenbar die Wanderung durch das gefährliche Gewässer eines „Schilfmeeres", bei der die nachstürmenden Ägypter in den Fluten ertranken. Der Untergang der militärisch weit überlegenen Ägypter muss der kleinen Gruppe der verfolgten Hebräer als gewaltiger Sieg erschienen sein.
Jedoch: Wie kommt es, dass sich Juden in aller Welt bis heute davon erzählen, sich im täglichen Gebet des *Sch'ma Jisrael* daran erinnern und dieses Ereignis an den wichtigen Festtagen wie dem Pessach- und Sukkot-Fest feiern (s. S. 166-167)? Sie feiern nicht einfach ein geschichtlich weit zurückliegendes Ereignis, von dem die Weltgeschichte sonst keine Kenntnis genommen hat. In ihren Erzählungen wird der Exodus zum entscheidenden Anfang ihrer Geschichte, bei dem das ganze Volk Israel von Gott aus der Sklaverei befreit wurde.

M4 When Israel was in Egypts Land/ Go down Moses

Let my people go

... ruft Mose dem Pharao zu, ein Ruf, der sich in den Freiheitsbewegungen vieler Völker wiederfindet. Ein Beispiel ist das Schicksal der 8-10 Millionen afrikanischen Sklaven, die gewaltsam durch Sklavenhändler zwischen 1520 und 1850 n. Chr. nach Amerika verschleppt wurden. Sie brachten ihren Ruf nach Freiheit in ihren Exodus-Liedern zum Ausdruck, durch die sie in aller Verzweiflung mit am Leben gehalten wurden.

Aufgaben

1 Stelle dir vor, du bist Journalist. Schreibe einen kurzen Bericht über den Auszug des Volkes Israel aus Ägypten. ➜ M1/M2

2 Warum erzählen sich Juden heute noch die Geschichte vom Auszug aus Ägypten? Schreibe den Satz aus M3 heraus, der den entscheidenden Grund nennt. ➜ M3

3 Singt das Lied zusammen und tauscht eure Meinung über die Stimmung aus, die es vermittelt. ➜ M4

4 Erkläre in eigenen Worten, warum der Exodus nicht nur Bedeutung für die Juden hat. ➜ M4

▶ Glossar: Delta, Sch'ma Jisrael

5 Geschichte des Judentums im Überblick

40 Jahre Wüstenwanderung

5. Mose 34

Nach vierzig Jahren in der Wüste ziehen die Hebräer endlich in ihr Gelobtes Land. Die Generation der Flüchtlinge ist inzwischen gestorben. Die neue Generation ist keine Generation von Sklaven mehr, es sind freie Männer und Frauen. Sie ziehen in zahlreichen Eroberungszügen in das von Gott verheißene Land Kanaan ein, das spätere Israel. Mose ist noch in der Wüste gestorben, nachdem er einmal auf das Land hat schauen dürfen.

Warnungen der Propheten

926–721 v. d. Z.

Doch nach dem Tod Salomons kommt es zum Streit zwischen den zwölf Stämmen Israels. Die zehn nördlichen Stämme trennen sich von den beiden südlichen, es werden neue Königreiche errichtet. Im Norden Israel, im Süden Juda. In der Zeit dieser beiden Reiche leben die meisten der biblischen Propheten und warnen das Volk eindringlich davor, Sünden zu begehen und von Gott abzufallen. Doch man hörte nicht auf sie. 721 v. d. Z. dann zerstören die Assyrer, die aus dem heutigen Irak kommen, das Königreich Israel.

Zeit der Könige (1. Tempel)

um 1012–926 v. d. Z.

In Kanaan verteilen sich die zwölf Stämme Israels über das Land. Es gibt verschiedene Herrschaftsformen, irgendwann jedoch wird es offensichtlich, dass es eines Königs bedarf, um die Stämme zusammenzuhalten. Der erste König der Israeliten ist ein junger Mann namens Saul. Er wird von dem Propheten Samuel zum König gesalbt. Sein Nachfolger wird im 10. Jahrhundert v. d. Z. David. Er erobert Jerusalem, macht es zur Hauptstadt des Reiches und zum Mittelpunkt der Gottesverehrung. Der Überlieferung nach wird der Messias, auf den die Juden immer noch warten, ein Abkömmling aus dem Hause Davids sein. Davids Sohn Salomon erbaut schließlich den Tempel von Jerusalem.

Das babylonische Exil

587–538 v. d. Z.

Im 6. Jahrhundert v. d. Z. erobern die Babylonier, die Nachfolger der Assyrer, das Königreich Juda mit den beiden Stämmen Juda und Benjamin. Sie zerstören den salomonischen Tempel und schleppen die beiden Stämme in das sogenannte „Babylonische Exil". Die babylonische Gefangenschaft dauert fünfzig Jahre. In dieser Zeit beginnen die Weisen des jüdischen Volkes, die Hoffnung auf die Zukunft aufzubauen. Die Vorstellung eines Messias bildet sich heraus. Dieser Messias würde eines Tages kommen und das Volk zu früherer Blüte und Größe zurückführen und ein Ende aller menschlichen Konflikte auf Erden bringen.

nach Paul Spiegel, S. 82-95;
Jahresangaben nach: Der Große Ploetz

Herrschaft der Perser (2. Tempel)

ab 538 v. d. Z.

Das Schicksal, das die Juden durch die Babylonier in deren Land erleben mussten, ereilt auch diese. Sie werden von den Persern erobert. Die Perser aber gestatten den Juden, in ihre Heimat zurückzukehren. Doch viele Juden genießen das Leben in ihrer neuen Heimat. Und so macht sich nur ein Teil in Richtung Israel auf. Der Tempel in Jerusalem wird an derselben Stelle, wo schon der salomonische Tempel gestanden hat, wieder aufgebaut. Er ist aber wesentlich kleiner als der einst prächtige Tempel des Salomon.

Hellenismus

ab 333 v. d. Z.

Judäa blieb lange Zeit unter Fremdherrschaft. 333 v. d. Z. schlug Alexander der Große den König von Persien. Sein Traum, die ganze Welt hellenistisch werden zu lassen, schien kurz vor der Erfüllung. Sein Imperium reichte von Griechenland bis zu den Grenzen von Indien. Ägypten und Babylonien, diese beiden großen antiken Kulturen, waren ebenfalls in seiner Hand, ebenso das kleine Judäa. Alexander, ein Schüler des großen Philosophen Aristoteles, erlaubte den Juden, ihren Glauben weiterhin zu leben.

Herrschaft des Seleukidenkönigs

ab 200 v. d. Z.

Ein wichtiger Einschnitt in die judäische Geschichte ist die Machtübernahme des Seleukidenkönigs Antiochus III. aus Syrien. Antiochus beginnt sogleich die Juden im Lande zu verfolgen. Doch sein Nachfolger Antiochus Epiphanes IV. soll noch Schlimmeres über Jerusalem verhängen. Er besetzt die Stadt vollständig und verbietet den Juden die Religionsausübung. Zudem lässt er den Heiligen Tempel Gottes plündern und stellt in das Allerheiligste eine Zeusstatue. Ein Teil der Juden beginnt daraufhin, gegen die Besatzer zu kämpfen. Die Juden schaffen es, Jerusalem zurückzuerobern. Der Tempel wird gereinigt, die Zeusstatue entfernt und das Gotteshaus wird wieder dem „Einen und Einzigen" geweiht.

Römische Herrschaft

63 v. d. Z.–70 n. d. Z.

Im ersten Jahrhundert v. Chr. bringen jedoch die Römer Judäa in ihre Gewalt: Judäa wird ein Teil des Römischen Reiches. Herodes wird von den Römern als König von Judäa eingesetzt. Das bleibt er bis zu seinem Tod. Das Volk hasst ihn als Unterdrücker, obwohl er selbst Jude ist und viel für das Land tut. So ließ er den Tempel in Jerusalem weiter ausbauen und vergrößern. Damals hat sich auch eine kleine jüdische Sekte entwickelt, die einem Mann namens Jesus von Nazareth nach seinem gewaltsamen Tod durch die römischen Besatzer folgt. Aus dieser jüdischen Sekte wird später eine neue Religion: das Christentum. Im Jahre 66 n. d. Z. beginnt eine kleine Gruppe von Juden einen Aufstand gegen Rom. Sie erobern Jerusalem und vertreiben die Römer aus der Stadt. Die Römer lassen sich das natürlich nicht gefallen. Sie schicken Truppen und belagern die Stadt. Im Jahre 70 n. d. Z. ist es dann so weit: Die Römer erobern unter ihrem Feldherrn und späteren Kaiser Titus Jerusalem. Der Zweite Tempel geht in Flammen auf und brennt bis auf die Westmauer, die „Klagemauer", völlig nieder.

Vor der Zeitrechnung

Als Bezeichnung für Zeitangaben ist nach der christlichen Zeitrechnung, die in Deutschland verbreitet ist, die Einteilung „v. Chr." (vor Christus) bzw. „n. Chr." (nach Christus) üblich. Bezug wird dabei auf die Geburt Jesu Christi genommen (Jahr 1). Auf dieser Seite heißt es dagegen immer „v. d. Z." (vor der Zeitrechnung) und „n. d. Z." (nach der Zeitrechnung). Grund hierfür ist, dass alle Texte von Paul Spiegel stammen. Als Jude verwendete er in seinem Buch immer bewusst diese Formulierung ohne einen christlichen Bezug.

Aufgaben

Teilt euch in Gruppen auf. Jede Gruppe wählt ein Kärtchen und fasst dessen Inhalt zusammen. Recherchiert auch weitere Informationen zu eurem Thema und versucht herauszufinden, was die Symbole und Bilder auf den Kärtchen bedeuten. Stellt euch eure Ergebnisse gegenseitig vor.

▶ Glossar: Aristoteles, Exil, Messias, Prophet, Sekte, Seleukiden

6 Juden leben in aller Welt

M1 Als der Tempel brannte

Als der Tempel von Jerusalem brannte und kurz vor der Zerstörung war, als also die Römer kurz davor waren, die Stadt zu erobern und damit dem Judentum den vermeintlichen Todesstoß zu geben, gab es einen weisen Mann, der in weiser Voraussicht „starb“, um das Judentum zu retten: Jochanan ben Sakkai, einer der größten Gelehrten seiner Zeit, ließ sich einen Trick einfallen, um aus der brennenden Stadt fliehen zu können. Er ließ sich in einem Sarg von seinen Schülern aus Jerusalem heraustragen, damit sie ihn vor der Stadt „begraben“. [...] Die Römer ließen den Sarg mit den „trauernden“ jungen Männern ohne weiteres passieren. In gehörigem Abstand, außerhalb der Sichtweite der römischen Truppen, öffneten die jungen Hebräer den Sarg, und ihr Lehrer und Meister sprang quicklebendig aus der Kiste. Ganz gewiss allerdings nicht quietschvergnügt über das Schnippchen, das er gerade den Besatzungstruppen geschlagen hatte. Dazu war der Anlass zu entsetzlich. Das Zentrum der jüdischen Religion war zerstört, das Volk besiegt. Keiner wusste, wie es eigentlich weitergehen sollte, und es wäre nur allzu natürlich gewesen, wenn das jüdische Volk nun untergegangen wäre [...]. Dass es dazu nicht kam, ist das Verdienst dieses schlauen Mannes, Jochanan ben Sakkai. Er ging ganz forsch zu den römischen Befehlshabern und fragte bescheiden an, ob er in Javneh, einem kleinen Städtchen an der Küste Judäas, [...] eine Religionsakademie eröffnen dürfe. Man müsse ja schließlich von etwas leben, und er könne nichts anderes als Thora lehren. Ist o.k., sagten die Römer, du darfst. Sie wussten nicht, welchen Dienst sie mit ihrem Ja dem Erhalt des Judentums gerade erwiesen hatten. Jochanan ging nun daran, die besten Gelehrten des Landes an seine Schule zu holen, um mit ihnen darüber zu beraten, wie man den Glauben an den Einen Gott bewahren könne [...] – denn so viel war klar: Das jüdische Volk, das zum Zeitpunkt des Angriffs der Römer auf Jerusalem bereits zwei geistige Zentren hatte – Judäa und Babylonien – würde nun noch weiter verstreut werden.

nach Paul Spiegel, S. 96-97

M2 Leben in der Diaspora

Um 100 n. Chr. lebten noch ungefähr 1 Million Juden in Judäa, das von den Römern später in Palästina umbenannt wurde. In den Jahren 132 bis 135 n. Chr. wagten die Juden noch einmal einen Aufstand gegen die römische Fremdherrschaft, der nun endgültig niedergeschlagen wurde. Jerusalem wurde dabei völlig zerstört. Kein Jude durfte nun mehr

Jerusalem betreten, und 3,5 Millionen Juden, die bereits in der Diaspora (griechisch: Zerstreuung) lebten, durften nicht mehr in das Land zurückkehren. Gegen Ende des 2. Jahrhunderts n. Chr. hatte sich das jüdische Volk bereits weit zerstreut: im ganzen Mittelmeerraum, vor allem in Griechenland, Italien, Spanien, Frankreich, entlang der römischen Siedlungen am Rhein, dann auch in Nordafrika und in Kleinasien (heute Türkei/Syrien), bis nach Persien. Eine bedeutende jüdische Gemeinde gab es schon lange im ägyptischen Alexandria und in Babylon. Die Juden lebten von nun an als Minderheiten und Fremde in den unterschiedlichsten Kulturen und waren durch ihre Religion von den Nachbarn abgesondert.

M3 Juden in aller Welt

Angaben zur Größe und Verteilung der jüdischen Weltbevölkerung stützen sich vielfach auf Schätzungen, die aber als relativ verlässlich gelten können. Demnach ist die Gesamtzahl der Juden bis 2005 auf über 13 Millionen gestiegen, von denen etwa 5,24 Millionen, d. h. mehr als 40 Prozent in Israel beheimatet sind. Mit 5,28 Millionen sind die USA das Land mit den meisten jüdischen Bürgern. Vier von fünf Menschen jüdischen Glaubens [oder jüdischer Herkunft] leben also in einem dieser beiden Staaten. [...] Weitere Länder mit bedeutenden jüdischen Bevölkerungszahlen sind Frankreich (494 000), Kanada (372 000), Großbritannien (297 000), Russland (235 000) und Argentinien (185 000). Noch vor Australien (102 000) und Brasilien (96 700) liegt Deutschland mittlerweile auf Platz acht der jüdischen Bevölkerungsstatistik. Bedingt durch die Zuwanderung aus der ehemaligen Sowjetunion ist hier die Zahl der Mitglieder in den etwa 100 jüdischen Kultusgemeinden binnen zwanzig Jahren von 30 000 auf 105 000 Menschen angestiegen. Da sich viele jüdische Migranten gar keiner Synagogengemeinde angeschlossen haben, liegt die Zahl der Juden in der Bundesrepublik vermutlich sogar deutlich über 150 000.

nach Andreas Brämer, S. 141-142

Jüdische Oberschule in Berlin. Jüdische Schulen gibt es in Berlin, Frankfurt, München und Düsseldorf; und jüdische Museen z. B. in Berlin, Frankfurt, Köln, München, Fürth und Augsburg.

Aufgaben

1 Informiert euch in Geschichte (oder wiederholt eure Kenntnisse) über das Leben der Juden als Minderheit im mittelalterlichen Europa. Stichworte: jüdische Gemeinden – jüdische Kultur – christliche Vorurteile – Leben in Ghettos – Verfolgung und Vertreibung. → M1/M2

2 Stelle dir vor, du würdest als Jude/Jüdin leben. Überlege: Welche konkreten Alltagsprobleme hättest du? Welche neuen Chancen würden sich dir bieten? Tragt eure Überlegungen auf einem Wandplakat zusammen. → M3

▶ Glossar: Diaspora, Ghetto, Palästina

1 Der Glaube an den Einen Gott

M1 Höre Israel!

שמע ישראל ה' אלהינו ה' אחד

Höre, Israel, der Herr ist unser Gott, der Herr ist einzig.

5.Mose 6,4

Mit dem *Sch'ma Jisrael*, dem wichtigsten Gebet in der jüdischen Religion, bekennt jedes Mitglied des Volkes Israel seine Glaubenserfahrung an den einen und einzigen Gott, der das menschliche Leben von der Geburt bis zum Tod begleitet. Der erwachsene Jude betet es deshalb jeden Tag, und jedes Kind lernt es auf Hebräisch auswendig.

» Wir Juden sind die Kinder des Einen und Einzigen und haben daher zu ihm ein Verhältnis wie ein Kind zu seinem Vater: ehrfurchtsvoll, mit viel Respekt, manchmal sogar mit ein wenig Angst, doch sehr familiär, auf ‚du und du', damit auch oft im Streit mit ihm. «

Paul Spiegel, S. 60

M2 Der Name Gottes

In der Thora wird erzählt, wie Mose von Gott beauftragt wird, das Volk Israel aus dem Land Ägypten, dem Machtbereich des ägyptischen Pharaos, herauszuführen (s. S. 147). Mose fragt dabei Gott nach seinem Namen, um den Israeliten sagen zu können, welcher Gott ihn zu ihnen gesandt habe:

2.Mose 3,14:
Da sprach Gott zu Mose:
„Ich werde sein, der ich bin".
Und sprach:
Also sprich zu den Israeliten:
„Ich werde sein, der ich bin"
sendet mich zu euch.

M3 „Ich bin da"

Theo, der Ostern mit seiner Schwester und Tante Marthe in Jerusalem verbringt, erfährt von einem Rabbiner das Rätsel um den Namen Gottes.

„Wie gesagt, haben wir uns bereits vor den Christen und Muslimen zu dem einen, einzigen Gott bekannt", fuhr der Rabbiner fort. „Er ist der Ewige, der war, ist und sein wird. Sein Name bedeutet: Ich bin da als der ‚Ich-bin-da'."

„Der ‚Ich-bin-da', komischer Name für einen Gott", wunderte sich Theo.

„Dieser rätselhafte Name wurde in der jüdischen Tradition verschieden erklärt. Uns war es immer wichtig, dass Gott eine Beziehung zu uns hat. Gott war für uns da, er ist für uns da und wird auch in Zukunft für uns da sein."

„Aber wie können Sie behaupten, dass Gott für euch da ist, wenn es euch doch so oft schlecht ergangen ist?", fragte Theo.

„Jüdische Gelehrte haben auch die Auffassung vertreten, dass Gott unbegreiflich und unerkennbar ist. Wir glauben aber, dass Gott nicht fern im Himmel thront, sondern uns auch im Leiden nahe ist" [...].

„Vorausgesetzt, man glaubt an ihn!", begehrte Theo auf.

„Auch wenn du nicht an ihn glaubst, ist er da", erwiderte der Rabbiner.

Catherine Clément, S. 57-58

M4 Eine gemeinsame Geschichte

2.Mose 20,2:

Ich bin der Herr, dein Gott, der dich aus dem Land Ägypten, aus dem Knechthaus, geführt hat.

Das Volk Israel ist in der Wüste am Berg Sinai angelangt. Dort bekommt Mose von Gott auf zwei Steintafeln die „Zehn Worte“ (den Dekalog), die sogenannten Zehn Gebote (s. S. 156). Auf ihnen teilt Gott dem Volk Israel mit, was Menschen tun und was sie nicht tun sollen, wenn sie ein glückliches Leben in Freiheit leben wollen.

Am Beginn des Dekalogs steht der berühmte Satz, mit dem sich Gott vorstellt als der, der seinem Volk Israel aus der Knechtschaft in Ägypten herausgeholfen hat. Seither fühlen sich alle jüdischen Gläubigen untereinander in einer familiären Verwandtschaft und mit Gott aufs Engste verbunden: Wir sind Gottes Volk; unser Gott hat uns aus der Sklaverei befreit und aus Ägypten herausgeführt.

Jeder Jude und jede Jüdin ist eingebunden in die gemeinsame Geschichte Gottes mit seinem Volk Israel. Sie beginnt bereits beim Bund Gottes mit Abraham (1.Mose 17,2-10), worin er seinen Nachkommen den immer währenden Schutz des einen und einzigen Gottes garantiert.

M5 Das Ziel der Geschichte

Ein wichtiger Bestandteil des jüdischen Glaubens ist der Glaube an ein Messianisches Zeitalter, wofür Juden täglich beten. Denn dieses Zeitalter wird geprägt sein durch das friedliche Zusammenleben aller Menschen (Jesaia 2,4). Es wird dann keinen Hass, keine Intoleranz, keinen Krieg und keine Sünde mehr geben. Dem traditionellen jüdischen Glauben nach werden nach Erscheinen des Messias alle Juden, die in der Welt verstreut leben, nach Israel zurückkehren (z. B. Jesaia 11,11-12) und der Tempel in Jerusalem wird wieder aufgebaut.

INFO

Monotheismus

Das Judentum zählt wie das Christentum und der Islam zu den monotheistischen Religionen. Unter Monotheismus (griechisch *mono*: einzig, einmalig; *theos:* Gott) wird das Bekenntnis zu *einem* Gott verstanden. Dieser Gott gilt als alleiniger, allmächtiger und ewiger Schöpfer und Erhalter der Welt. Die Schöpfung der Welt wird in der Thora im 1. Buch Mose beschrieben (s. S. 26-27).
Der Monotheismus ist erst im Judentum entstanden. Im wichtigsten Gebet aus den Thora-Texten, dem *Sch'ma Jisrael*, wird der Glaube an diesen einen und einzigen Gott bekräftigt. Andere Völker, wie z. B. die Ägypter, glaubten dagegen zur Zeit des Moses an viele verschiedene Götter. Eine solche religiöse Vorstellung nennt man Polytheismus (griechisch *poly:* viel; *theos:* Gott).

Aufgaben

1 Übertrage das hebräische Sch'ma-Gebet (von rechts nach links schreiben!) mit der deutschen Übersetzung in dein Heft. Lies die Bibelstelle 5.Mose 6,4-9 im Ganzen und liste auf, wo das Gebet überall im jüdischen Leben vorkommt. ➜ M1

2 Was könnte mit dem rätselhaften Ausspruch Gottes „Ich werde sein, der ich bin“ gemeint sein? Tragt eure Überlegungen zusammen. Schlagt anschließend den Namen „JHWH“ im Glossar nach. ➜ M2

3 Überlege dir, warum jeder Mensch einen eigenen Namen besitzt. Im Vergleich dazu: Kannst du dir vorstellen, warum Juden (wie auch Christen und Muslime) für den Namen Gottes immer Umschreibungen verwenden wie: der Herr, der Ewige, der Einzige, der Barmherzige, der Gerechte? ➜ M3

4 Beschreibe mit einem Satz: Was ist dem jüdischen Gläubigen an seinem Gott wichtig, wenn er das Sch'ma-Gebet spricht, an den „Namen Gottes“ denkt und sich an die gemeinsame Geschichte mit Gott erinnert? ➜ M1-M5
Tragt auf einem Wandplakat alle Sätze zusammen und diskutiert darüber, was an der jüdischen Gottesvorstellung bis heute wichtig ist.

▶ Glossar: JHWH, Messias, Rabbiner

2 Die Zehn Gebote

M1 Mose empfängt von Gott die Gesetzestafeln

Und der Herr sprach zu Mose: Komme zu mir herauf auf den Berg und bleibe dort; und ich werde dir geben die Steintafeln, mit der Thora und dem Gebot, die ich geschrieben habe, um sie [die Hebräer] zu belehren.
2.Mose 24,12

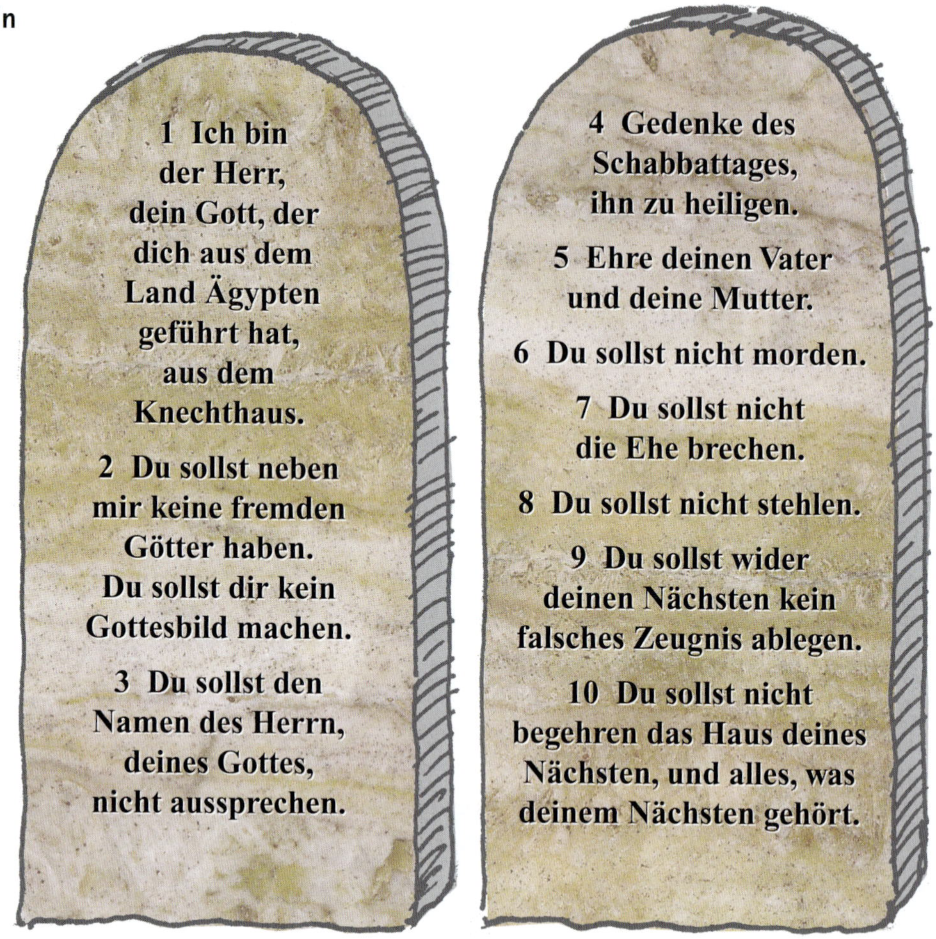

M2 Lebensregeln

In 2.Mose 20,1-17 wird erzählt, wie Mose die 10 Lebensregeln (= die Zehn Gebote, auch Dekalog genannt) von Gott auf zwei Steintafeln erhält. Der Gott, der das Volk Israel in die Freiheit geführt hat, gibt den Menschen nun eine Lebensordnung zur Bewahrung ihrer erlangten Freiheit.

Die 10 Lebensregeln sind das Zentrum der jüdischen Ethik: Im ersten Teil, der 1.-3. Regel, geht es um das Vertrauensverhältnis zwischen Gott und dem Volk Israel; im zweiten Teil, der 4.-10. Regel, sind die grundsätzlichen Lebensbeziehungen zwischen den Menschen angesprochen: die Beziehungen innerhalb der Familie, die Achtung vor der Person und des Eigentums und die Bedeutung der Ehrlichkeit und Wahrhaftigkeit im gesellschaftlichen Leben.

Der Dekalog ist bis heute im Judentum wie auch in der christlichen Religion die für uns bekannteste Zusammenfassung der Regeln, die jeder kennen sollte, wenn er möchte, dass sein Leben gelingt. In vielen Teilen der Welt ist die Lebensordnung des Dekalogs zur Grundlage für die Forderungen nach einem menschenwürdigen Leben geworden. Auf ihn geht zum Teil auch die Formulierung der weltweiten Menschenrechte zurück.

M3 Die Zehn Gebote im Christentum

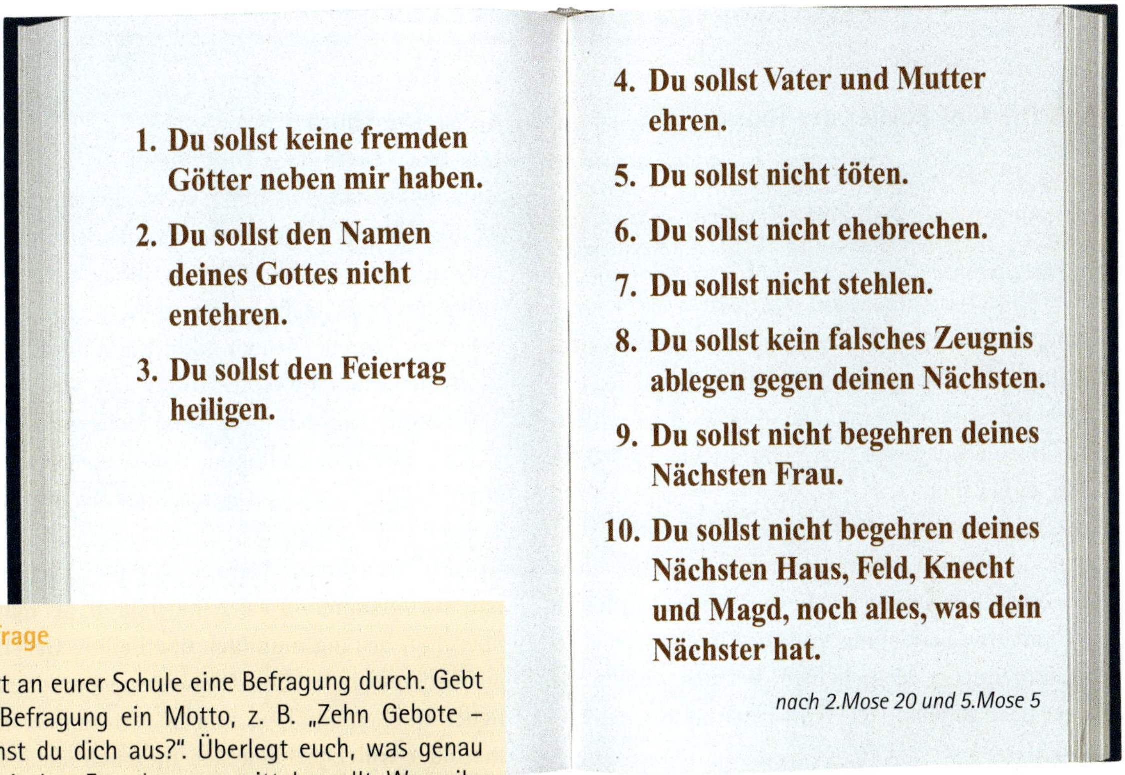

1. Du sollst keine fremden Götter neben mir haben.
2. Du sollst den Namen deines Gottes nicht entehren.
3. Du sollst den Feiertag heiligen.
4. Du sollst Vater und Mutter ehren.
5. Du sollst nicht töten.
6. Du sollst nicht ehebrechen.
7. Du sollst nicht stehlen.
8. Du sollst kein falsches Zeugnis ablegen gegen deinen Nächsten.
9. Du sollst nicht begehren deines Nächsten Frau.
10. Du sollst nicht begehren deines Nächsten Haus, Feld, Knecht und Magd, noch alles, was dein Nächster hat.

nach 2.Mose 20 und 5.Mose 5

PROJEKT

Umfrage

Führt an eurer Schule eine Befragung durch. Gebt der Befragung ein Motto, z. B. „Zehn Gebote – Kennst du dich aus?". Überlegt euch, was genau ihr mit dem Fragebogen ermitteln wollt. Wenn ihr nur eine Frage stellt wie „Kennst du die Zehn Gebote – Ja oder Nein?", dann ist das Ergebnis ziemlich ungenau. Ja kann jeder sagen und doch keines der Zehn Gebote kennen. Überlegt euch also, was ihr mit dem Fragebogen in Erfahrung bringen wollt. Hier seht ihr einen Entwurf, den ihr noch weiter bearbeiten sollt.

Fragebogen

	Ja	Nein
Kennst du die Zehn Gebote?		

Wenn ja, wie lauten die Zehn Gebote?

1.

2.

…

Welchen Religions- oder Ethikunterricht besuchst du?

a) In der Schule

b) Außerhalb der Schule

Aufgaben

1 Übersetze die 10 Lebensregeln in deine Sprache und schreibe sie in dein Heft. Unterstreiche mit zwei Farben die Inhalte des 1. und 2. Teils. Stellt euch eure Übersetzungen gegenseitig vor. ➜ M1/M2

2 Wähle diejenigen der 10 Lebensregeln aus, die du für dich persönlich als die wichtigsten ansiehst. Führt auch eine Wahl in der Klasse durch und diskutiert die Gründe für eure Wahl. ➜ M1/M2

3 Decken die 10 Lebensregeln alle wichtigen Lebensbereiche ab? Überlege und formuliere weitere wichtige Regeln, die deiner Meinung nach noch ergänzt werden müssen. Sammelt die Regeln in der Klasse und vervollständigt die Lebensordnung. ➜ M1/M2

4 Verteilt euch auf zehn Gruppen. Jede Gruppe soll sich zu jeweils einem Gebot eine passende Geschichte ausdenken. ➜ M1/M2

5 a) Vergleicht die Lebensregeln des Judentums mit den Zehn Geboten des Christentums und beschreibt Unterschiede und Gemeinsamkeiten. ➜ M1/M3

b) Nennt mögliche Gründe, warum die erste Lebensregel des Judentums nicht in den christlichen Geboten enthalten ist. ➜ M1/M3

3 Die Thora

M1 Die fünf Bücher der Thora

Martin ist evangelisch und hat einen jüdischen Schulfreund, der David heißt. Weil Martin das Judentum genauer kennenlernen möchte, bittet er David, ihn in die Synagoge mitzunehmen, denn er weiß, dass David dort für seine Bar Mitzwa von einem Rabbiner in Religionssachen unterrichtet wird. In der Synagoge fordert der Rabbi David auf zu zeigen, was er bereits gelernt hat:

„David, du hast bei mir einiges darüber gelernt, was man über die Thora wissen sollte. Leg mal los ...“, forderte der Rabbi auf [...]. David begann zu schwitzen. „Hoffentlich sage ich jetzt nichts Falsches“, dachte er bei sich.

„Nun. *Thora* bedeutet *Weisung*. Der Rabbi erklärte uns damals den Namen damit, dass in der Thora die wichtigen *Wegweiser* für unser Leben stehen. Eigentlich ist die Thora eine Sammlung von fünf Büchern, die bei euch fünf Bücher Mose heißen. Bei uns werden die Bücher nach ihrem ersten Wort benannt. Sie heißen:

Bereschit	–	Im Anfang
Schemot	–	Namen
Wajikra	–	Er rief
Ba Midbar	–	In der Wüste
Dewarim	–	Worte.

Das erste Buch erzählt vom Anfang der Welt und von unseren Vorfahren Noah, Abraham, Isaak, Jakob und Josef. Die vier anderen Bücher handeln von Mose und der Rettung des Volkes Israel aus der Gefangenschaft in Ägypten.

Den Namen *Wegweiser* hat die Thora daher, weil dort die wichtigsten Regeln für das Zusammenleben drinstehen. So finden sich in der Thora die Zehn Gebote oder auch die Speisevorschriften.“

„Na wenn bei allen so viel hängen bleibt, wäre ich wirklich froh“, sagte der Rabbi [...].

nach Michael Landgraf, S. 115-116

M2 Die Thora

Das Wort *Thora* oder *Tora, Torah* ist hebräisch und heißt ins Deutsche übersetzt: Weisung, Lehre. Die Thora ist das heiligste Buch des Judentums. Sie enthält Gebote und Gesetze, die gläubige Juden dazu anleiten, ein gutes, das heißt ein moralisches und heiliges Leben zu führen. Orthodoxe Juden glauben, dass die Worte der Thora die Worte Gottes sind, die er vor über 3000 Jahren auf dem Berg Sinai Mose verkündet hat. Für das sogenannte liberale Judentum ist die Thora ein von Menschen verfasster Text. Die Autoren der Texte sind Gläubige, denen Gott sich geöffnet hat.

Es ist nicht bekannt, wer die Thora wirklich verfasst hat. Sie entstand vor ca. 2 500 Jahren, als man dazu überging, bislang mündlich überlieferte Geschichten aufzuschreiben. Da diese Geschichten auf unterschiedlichen Quellen beruhen, sind sie nicht immer einheitlich oder widersprechen sich in Teilen sogar. Einige Geschichten kommen mehrmals vor. Später traten neben die Thora die Texte von Propheten *(Nevi'im)*, also von Menschen, die glauben, dass sie die Worte direkt von Gott empfangen haben, sowie weitere religiöse Texte *(Ketuwim)*.

Thora, *Nevi'im* und *Ketuwim* bilden zusammen den „TNK“, den *Tanach*, die heiligen Bücher der Juden.

M3 Die Thora lesen

Die Thora-Rolle wird von speziell ausgebildeten Thora-Schreibern von Hand auf Pergament abgeschrieben. Die Lesung der auf einer Pergamentrolle handgeschriebenen Thora ist ein wichtiger Moment in Synagogen-Gottesdiensten. Im Verlauf des Jahres wird zum Beispiel an jedem Schabbat-Tag ein Wochenabschnitt aus der Thora vorgelesen. Während eines Jahres wird letztlich die gesamte Thora einmal vorgelesen. Lesung für Lesung wird die linke Rolle ein Stück weiter nach links gedreht, der freigewordene Abschnitt wird gelesen, dann wird die rechte Rolle bis an die linke wieder herangedreht. Ist man am Ende angekommen, wird jedes Jahr von vorne be-

Eine Thora-Rolle. Beim Lesen der Thora wird ein Stab verwendet, an dessen Ende sich oft eine Hand mit ausgestrecktem Zeigefinger befindet (Thora-Zeiger, s. S. 140).

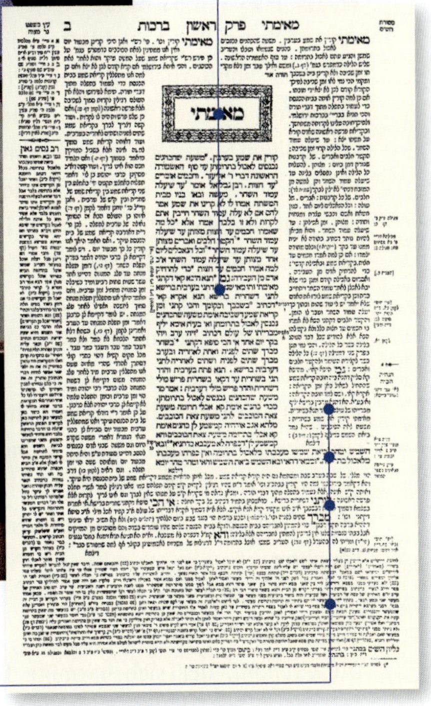

Eine Seite aus dem Talmud: Der Haupttext befindet sich in der Seitenmitte.

Die Kommentare der Rabbiner sind um den Haupttext herum angeordnet.

gonnen. Der Abschluss und Neuanfang der Thora-Lesung wird mit einem der fröhlichsten Feste des jüdischen Jahres, dem *Simchat-Thora*-Fest, gefeiert. Dabei wird mit den Thora-Rollen im Arm in den Synagogen ausgelassen getanzt. Thora-Rollen gibt es in jeder Synagoge. Viele jüdische Familien haben die Thora-Texte in gedruckter Form zu Hause, um selbständig in der Familie die Thora als lebendige Anweisung Gottes studieren zu können.

M4 Der Talmud – die kommentierte Thora

Lernen und Gelehrsamkeit haben im Judentum einen hohen Stellenwert. Ein gutes Beispiel dafür ist der Talmud. Er ist nach dem Tanach das wichtigste Buch des Judentums. Das hebräische Wort Talmud bedeutet: Lernen, Lehre, Studium. Tausende von Rabbinern studierten im Laufe der Zeit die Thora und schrieben ihre Deutungen auf. Der Talmud ist eine Sammlung ihrer Kommentare zur Thora.

Aufgaben

1 David macht Martin darauf aufmerksam, dass auch die christliche Bibel die fünf Bücher Mose enthält. Finde heraus, wie diese im Christentum noch genannt werden, und ordne die Benennungen der Thora, die David erwähnt, den fünf Büchern zu. Schreibe die Tabelle in dein Heft und vervollständige sie. ➜ M1

	Thora	christliche Bibel
1. Buch Mose	Bereschit	
2. Buch Mose		
3. Buch Mose		
4. Buch Mose		
5. Buch Mose		

2 Martin hat noch folgende Fragen an David:
- Warum ist die Thora so wichtig?
- Wie liest man die Thora?
- Was ist der Talmud?

Bildet Dreiergruppen. Jeder in der Gruppe wählt eine Frage aus, stellt sich dann vor, er wäre David und beantwortet Martins Frage. ➜ M1–M4

▶ Glossar: Noah, liberales Judentum, orthodoxes Judentum, Pergament

4 Jüdische Symbole

M1 Aus Theos Reise

Am nächsten Tag besichtigten sie das Prager Ghetto. Die unerschütterliche Rivkele wollte um jeden Preis mit dem Jüdischen Museum beginnen, das sich in der ehemaligen Synagoge befand. „Ein Museum!“, brummte Theo mürrisch. „Warum das denn?“

„Rivkele hat Recht“, erwiderte Tante Marthe. „Dort wirst du kultische Gegenstände sehen, von denen du überhaupt nichts weißt.“ [...]

Rivkele übernahm die Erklärungen: „[...] Die kleinen Röhrchen, die *Mesusot*, werden außen an den Türpfosten jüdischer Häuser angebracht: Man berührt sie beim Betreten und beim Verlassen des Hauses, da sie eine winzige Pergamentrolle mit dem *Sch'ma Jisrael*, dem jüdischen Bekenntnis enthalten. [...] Die Leuchter ...“

„Mit sieben Armen, das weiß ich“, bemerkte Theo. Aber niemand wusste bislang, wo die sieben Arme des berühmten Leuchters, der *Menora* genannt wurde, herkommen. Die Bibel führt die Herstellung der ersten Menora auf Mose zurück. Sie war aus purem Gold und soll später im heiligen Bezirk des Tempels gestanden haben. Der Leuchter war auf einem Flachrelief des Römischen Reiches abgebildet, das das Beutegut nach der Plünderung Jerusalems zeigte. Er wurde von dem siegreichen Kaiser auf den Schultern getragen und zeugte von der Niederlage des hebräischen Volkes. Die Menora war zusammen mit dem Davidstern zum lebendigen Symbol des Judentums geworden.

Catherine Clément, S. 660-661

M2 Die Menora

Die *Menora*, der siebenarmige Leuchter, stand ursprünglich im Jerusalemer Tempel und war aus einem Zentner Gold gearbeitet (vgl. 2.Mose 37,17-24). Die sieben Arme des Leuchters symbolisieren die sieben Schöpfungstage und damit die 7-Tage-Woche. Die Menora ist nicht zu verwechseln mit dem *Chanukka*-Leuchter, der neun Arme hat (bzw. acht Lichter und ein Zusatzlicht).

Aufgrund ihrer religiösen Symbolkraft wurde die Menora nach der Zerstörung des Tempels zum verbreitetsten jüdischen Bildmotiv. Der Talmud verbietet es jedoch, eine exakte Kopie der Tempelmenora anzufertigen und/oder zu gebrauchen. Seit 1949 ziert die Menora, eingerahmt von zwei Olivenzweigen, das offizielle Wappen des Staates Israel.

Menora, Miniatur aus Spanien, 14. Jahrhundert

M3 Die Mesusa

Eine *Mesusa* (hebräisch: Türpfosten) ist eine Pergamentrolle in einem kleinen, oft kunstvoll verzierten Behälter, der am äußeren (und an vielen inneren) Türrahmen in jüdischen Häusern und Wohnungen angebracht ist. Auf die Pergamentrolle sind die ersten beiden Abschnitte des *Sch'ma Jisrael* geschrieben (5.Mose 6, 4-9; s. auch S. 154). Denn im *Sch'ma Jisrael* heißt es: „Und du sollst sie [diese Worte] schreiben auf die Pfosten deines Hauses und an deine Tore." (5.Mose 6,9). Gläubige Juden berühren die Mesusa beim Betreten oder Verlassen des Hauses mit der Hand und erinnern sich damit an die wichtigste jüdische Lebensregel, nur auf ihren einen Gott zu vertrauen.

Yona Metzger, einer von zwei Oberrabbinern in Israel, bringt die Mesusa an einer Tür an.

Die israelische Flagge mit dem Davidstern

M4 Der Davidstern

Die ältesten *Davidsterne* aus zwei ineinander verschlungenen Dreiecken fand man als Verzierung auf Öllämpchen und anderen Gegenständen in antiken Synagogen. Juden nennen den Stern seit dem 14. Jahrhundert den „Magen Davids", das Schild Davids. Anders als bei der Menora und der Mesusa ist jedoch der Ursprung des Sternes unklar, da er bei mehreren Völkern als wichtiges Symbol verbreitet ist. Erst seit dem 18. Jahrhundert wurde er zum allgemeinen jüdischen Glaubenssymbol. Seit 1948 steht er im Zentrum der Flagge des Staates Israel.
Heute ist er das bekannteste und am weitesten verbreitete Kennzeichen des Judentums. Man kann ihn auf Briefmarken, Münzen und als Schmuckanhänger sehen.

Aufgaben

1 Erläutere mit eigenen Worten die Bedeutungen der einzelnen Symbole. → M1-M4

2 Der Menora-Leuchter und der Davidstern lassen sich leicht zeichnen. Versuche es selbst einmal. → M2/M4

3 Überlegt und gestaltet in Kleingruppen ein eigenes Symbol, das für eure Gruppe steht. Präsentiert eure Symbole anschließend in der Klasse.

▶ Glossar: Chanukka-Leuchter, Ghetto, kultisch

5 Die Synagoge

M1 Arbeitsblatt Synagoge

Innenansicht der Synagoge in Dresden

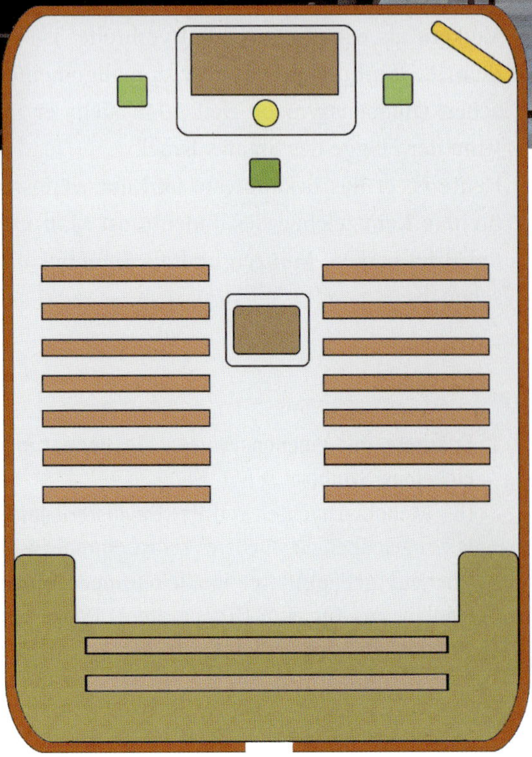

Allgemeine Skizze einer Synagoge

Wichtige Symbole und Einrichtungsgegenstände

- Menora-Leuchter
- Davidstern
- Tisch mit Lesepult
- Chanukka-Leuchter
- Ewiges Licht (Ner Tamid)
- Thora-Schrein
- Tafeln mit den 10 Lebensregeln
- Pult des Rabbiners
- Bima (erhöhter Platz)

M2 Ethik-Unterricht in der Synagoge

Michael und Judith wurden von der Ethik-Klasse gefragt, ob sie ihren Mitschülerinnen und Mitschülern die Synagoge in der Stadt erklären könnten. Warum nicht, schließlich sind sie dort mindestens einmal pro Woche.

Michael: Zuallererst: Ich denke mir mal, dass ihr von außen nicht gleich gemerkt habt, dass das hier eine Synagoge ist, wenn da nicht über der Eingangstür der Davidstern gewesen wäre. Es gibt eben keinen auffälligen Glockenturm wie bei den Kirchen.
Die Synagoge ist der Treffpunkt für die jüdische Gemeinde. Hier finden unsere Gottesdienste, Gemeindeversammlungen, unsere religiösen Feiern und auch der jüdische Religionsunterricht statt. Außerdem haben wir hier die Gemeindebibliothek, in der man auch unsere wichtigen religiösen Schriften wie z. B. Kommentare zur Thora und dem Talmud studieren kann.
Judith: Ein wichtiger Gegenstand hier, obwohl man ihn nicht gleich sieht, ist der Schrank hinter mir an der Wand; man nennt ihn den *Thora-Schrein*. In ihm bewahren wir die *Thora-Rollen* auf, aus denen im Gottesdienst vorgelesen wird. Sie sind das Wichtigste, was jede Gemeinde besitzt. Unsere sind mit einem weinroten bestickten Thora-Mantel und einem silbernen Schild geschmückt. Über dem Thora-Schrein seht ihr die zwei Tafeln mit den 10 Lebensregeln. Der Schrein liegt übrigens immer auf der Seite, die nach Jerusalem zeigt und an den Tempel dort erinnert, genauso wie der Vorhang vor dem Schrein.
So, den *Davidstern* und den siebenarmigen *Menora-Leuchter* kennt ihr ja schon. Zählt mal die Arme dieses Leuchters neben mir. Er hat neun Arme und ist der *Chanukka-Leuchter*, den wir beim Chanukka-Fest im Dezember anzünden: an jedem Abend ein Licht, acht Abende lang, das neunte Licht dient nur zum Anzünden. Dann seht ihr hier über mir diese Öllampe; man nennt sie *Ner Tamid*, ewiges Licht, und sie brennt, wie der Name schon sagt, Tag und Nacht und erinnert auch an den Leuchter im Jerusalemer Tempel.
Der erhöhte Platz und der Tisch mit dem Lesepult, an dem ich hier stehe, ist der *Bima*, was im Hebräischen „Erhöhung" bedeutet. Von hier aus finden unsere Gottesdienste statt, bei denen dann Abschnitte aus den Thora-Rollen vorgelesen werden.

Synagoge

INFO

Das Wort Synagoge kommt aus dem Griechischen, was übersetzt zusammenkommen *(synago)* heißt. Im Hebräischen gibt es drei Wörter:
Beit Knesset: Haus der Begegnung
Beit Midrasch: Haus des Studiums
Beit Tefilla: Haus des Gebets
Hier kommt die jüdische Gemeinde zusammen, um sich zu treffen, miteinander zu beten, aber auch um die religiösen Schriften zu studieren. Die Jungen werden hier auf ihre Bar Mitzwa und die Mädchen auf ihre Bat Mitzwa vorbereitet.
Eine Synagoge ist ein soziales Zentrum mit vielen Zwecken. Darum gibt es Büros, Klassenzimmer, eine Küche, Garderoben, ein Jugendzentrum, eine Bücherei und natürlich den Bereich für Gottesdienste.
Der Ausdruck wird auch benutzt, um sich auf die Gemeinde selbst zu beziehen, wie in „Ich bin ein Mitglied der Synagoge".

nach Walter Rothschild, S. 118-119

Aufgaben

1 Das Jüdische Museum Berlin bietet ein Computerspiel an, bei dem du mit Cem oder Anna eine Synagoge besuchen kannst. Folgender Link führt zum Jüdischen Museum Berlin: www.jmberlin.de.
Der Link zum Spiel: http://www.jmberlin.de/ksl/spiel/sansanvis_park/sansanvi_DE.php. ➜ M1

2 Suche im Internet nach Bildern von Synagogen. Warum sind Synagogen von außen schwerer als Synagogen zu erkennen als Kirchen oder auch Moscheen? ➜ M2

3 Erstelle eine Tabelle der neuen Begriffe und der Gegenstände und erkläre ihre Bedeutung. Du kannst auch das Spiel aus Aufgabe 1 zu Hilfe nehmen. ➜ M1/M2

4 Stelle dir vor, du bist Architektin oder Architekt und bekommst den Auftrag, eine Synagoge zu bauen. Zeichne den Grundriss einer Synagoge und beschrifte ihn. ➜ M1/M2

5 Falls es in erreichbarer Nähe eine Synagoge gibt, organisiert eine Exkursion dorthin und bereitet sie vor.

1 Erwachsen werden

M1 Endlich „volljährig"

Nach dem 13. Geburtstag feiert ein jüdischer Junge ein wichtiges Fest: Er wird Bar Mitzwa, *„Sohn der Pflicht". Das bedeutet, er darf zum ersten Mal aktiv am jüdischen Gottesdienst teilnehmen und wird als religiös erwachsenes Mitglied in die jüdische Gemeinde aufgenommen. Martin ist zur Bar-Mitzwa-Feier seines Freundes David eingeladen. Er verfolgt Davids großen Moment.*

Junge bei Bar-Mitzwa-Feier in Jerusalem

Männer holten eine große Schriftrolle aus dem Thora-Schrein. Davids Vater war auch unter ihnen. Sie legten die Rolle auf ein Lesepult und öffneten sie. David hatte ihm erzählt, es sei zum Glück ein Text, den er gut kannte. Plötzlich wurde Davids Name laut gerufen. David ging zum Lesepult [der *Bima*]. Er hatte [...] ein Käppchen auf dem Kopf und etwas um die Stirn und um den Arm gewickelt. Ein breiter Schal mit Streifen lag über seiner Schulter. [...] Mit einem Zeiger aus Metall fuhr der Rabbi über den hebräischen Text.

David las laut und deutlich vor und sang dabei eine besondere Melodie. [...] Als David fertig war, schaute ihn sein Vater stolz an. [...] Er strahlte kurz nach oben und Martin hob den Daumen. Es war geschafft!

Dann sprach der Rabbiner darüber, was es nun bedeutet, ein *Sohn der Gebote* zu sein. Er sagte zu David: „Nun bist du gemäß dem jüdischen Gesetz ein Mann mit Rechten und Pflichten. Für alles, was du von nun an sagst und tust, bist du selbst verantwortlich." [...] Als die Zeremonie vorbei war, riefen von überall her Leute *Masal Tow – Masal Tow!* Später erklärte ihm Mirjam, dass der Ausdruck *Guter Stern* bedeutet und *Viel Glück!* meint.

Dann fing es an, Süßigkeiten zu regnen. Alle warfen kräftig darauf los. Und wer war natürlich vorne mit dabei? Mirjam! Die hatte so richtig Spaß, ihren Cousin mit Bonbons zu bewerfen. Ein älterer Mann kam auf David zu, gab ihm Süßigkeiten in die Hand und sagte: „Auf dass die Thora süß in deinem Mund sein möge."

nach Michael Landgraf, S. 83-84

M2 Mädchen sind früher erwachsen

Nach Davids Bar-Mitzwa-Feier singen er und Martin gerade immer schneller das Lied „Hewenu Schalom Alechem".

Mirjam hörte die Jungs singen. Sie kam herüber. „Ganz schön mutig von euch. Kaum ist da einer erwachsen, da meint er, er kann alles – selbst singen!" „Werde du erst mal erwachsen", wollte Martin Mirjam ärgern. Aber da war er natürlich an die Falsche geraten. Empört blickte sie ihn an: „Martin! Ich bin schon seit einem Jahr erwachsen. Für uns Mädchen gibt es nämlich die *Bat Mitzwa* schon mit 12 Jahren. Wir Mädels sind euch Jungs halt immer schon ein wenig voraus!" David und Martin schauten sich an und Mirjam erzählte von ihrer Bat-Mitzwa-Feier: „*Bat Mitzwa* heißt einfach *Tochter der Gebote*. Wie du weißt, gehören wir ja zu einer Reformgemeinde. Im Unterschied zu anderen Gemeinden gibt es da keinen Unterschied zwischen einer Feier für Jungs, wie du sie bei David miterlebt hast, und einer Feier für Mädchen. [...]"

nach Michael Landgraf, S. 89-90

M3 Kippa – Tallit – Zizit – Tefillin

Hi Micha, vielen Dank für die Bilder von deiner Bar-Mitzwa-Feier. Du hast da außer deinem schwarzen Käppchen so Dinge an wie einen Umhang mit Fransen und einen Lederriemen am linken Arm – und auf dem Kopf noch einmal einen mit einem Kästchen an der Stirn. Hab ich noch nie an dir gesehen?
Tobi

Hi Tobi, was du da an mir sahst, trage ich von nun an beim Morgengebet. Als Erstes braucht man als Mann dazu die *Kippa*, die Kopfbedeckung, damit ich nicht nackt vor Gott stehe, sondern zeige, dass ich ihn als meinen Schöpfer respektiere.
Dann hat mir meine Mutter extra einen neuen *Tallit*, einen großen „Gebetsschal", geschenkt. Er ist viereckig, und ich lege ihn um die Schulter oder kann ihn auch über den Kopf ziehen, wenn ich mich beim Gebet besonders auf meine Worte konzentrieren will. Wie du siehst, ist er weiß mit blauen Streifen und hat an jeder Ecke acht geflochtene Wollfäden, die *Zizit*, die mich daran erinnern sollen, dass ich meine religiösen Pflichten einhalte. Völlig neu sind auch meine ledernen *Tefillin-Gebetsriemen* mit den beiden Gebetskästchen. Die so anzulegen, dass es stimmt, habe ich ganz schön üben müssen. Beim einen lege ich zuerst das Kästchen auf den Bizeps-Muskel, dann binde ich den Riemen siebenmal um den Unterarm, dann um den 3. und 4. Finger und schließlich um die ganze Hand. Dann nehme ich das 2. Kästchen, lege es auf die Stirn und knote den Riemen nahe beim Nacken zusammen. Die Riemen werden so zusammengebunden, dass drei hebräische Buchstaben zu sehen sind, die zusammen das Wort „Schaddai" ergeben, einen Namen für Gott. In den beiden Gebetskästchen sind kleine Rollen aus Pergament mit Thora-Stellen, so z. B. das Sch'ma Jisrael. Ach ja, übrigens: am Kopf befestigt, damit ich mit meinem Verstand, und am linken Arm angelegt, damit ich mit meinem Herzen den Lebensregeln Gottes nachfolge.
Micha

1

2

3

4

Aufgaben

1 Beschreibe die persönliche Bedeutung der Feier für einen Jugendlichen. ➜ M1

2 Kannst du dir vorstellen, wie im Judentum schon mit 12-13 Jahren religiös „volljährig" zu sein? Sammelt in Gruppen Pro- und Contra-Argumente. Diskutiert dann eure Argumente in der Klasse. ➜ M1/M2

3 Ordne die Begriffe Kippa – Tallit – Zizit – Tefillin den Bildern zu. Erkläre anschließend jeweils ihre Bedeutung. Warum sind Kippa, Tallit, Zizit und Tefillin für einen Juden wichtig? ➜ M3

4 Welche weiteren Fragen würdest du an Tobis Stelle noch an Micha stellen? Schreibe sie auf. ➜ M3

2 | Feste feiern

JÜDISCHE FESTE

Juden feiern im Verlauf des Jahres verschiedene Feste. Sie feiern zum einen bestimmte Jahreszeiten in der Natur, zum anderen erinnern sie sich dabei an zentrale Ereignisse in der Geschichte des jüdischen Volkes. Die wichtigsten Feste im Jahreskreis sind *Pessach* und *Sukkot*. Ein besonderes Fest für Kinder ist das *Purim*.

Ein Seder-Teller mit Speisen von symbolischer Bedeutung (rechts im Bild Mazzot). Der Seder-Abend ist der Auftakt des jüdischen Pessach-Festes.

M1 Das Pessach-Fest

Mit diesem Fest wird im Frühling daran erinnert, wie das Volk Israel in der ägyptischen Knechtschaft lebte und wie es zur Befreiung und dem Auszug der Israeliten aus Ägypten kam. *Pessach*, „Vorübergehen“, meint den Engel Gottes, der den ägyptischen erstgeborenen Söhnen den Tod brachte, aber die Israeliten verschonte. Der Aufbruch aus Ägypten in die Freiheit bedeutet bis heute die Geburtsstunde des jüdischen Volkes.

Das Pessach-Fest feiert deshalb für jede Generation neu die wiedergewonnene Freiheit des Lebens. Pessach wird auch das „Fest der ungesäuerten Brote“ genannt, da während dieser acht Tage nur mit Wasser und Mehl, ohne Salz und Hefe zubereitete *Mazzot*, ungesäuerte Fladenbrote, gegessen werden. Denn vor dem eiligen Auszug aus Ägypten war keine Zeit mehr, einen Sauerteig für das Brot gären zu lassen, und man konnte nur eilig gebackene Fladen mitnehmen.

M2 Sukkot: In Laubhütten wohnen

Jeden Herbst zum Abschluss der Ernte wird Sukkot, das Laubhüttenfest, gefeiert. Juden feiern während dieser Tage natürlich den Dank für die jährliche Obst- und Weinernte. Die Festtage erinnern bis heute an die Zeit der Wüstenwanderung, als das Volk Israel nach dem Auszug aus Ägypten in Hütten *(sukkot)* lebte und sich durch seinen Gott beschützt fühlte.

Zu Sukkot passieren deshalb bei vielen gläubigen jüdischen Familien erstaunliche Dinge: Wo es möglich ist, wird im Garten, auf dem Flachdach, der Terrasse oder auf dem Balkon eine Hütte aus Stangen, Strohmatten oder Plastikplanen und Zweigen gebaut. Für die Wände kann man auch Zeltstoffe nehmen, die Wind und Regen abhalten. Das Innere der Hütte schmücken Bilder und Früchte. Während dieser Woche verbringen alle Mitglieder der Familie möglichst viel Zeit in der Hütte; wenn es möglich ist, isst man, spielt man und schläft man darin; Freunde laden sich

gegenseitig ein, aber auch Arme und Alleinstehende werden miteingeschlossen. Am ersten und am letzten Tag der Festwoche darf wie am Schabbat nicht gearbeitet werden. Wichtig an Sukkot ist auch der Feststrauß, der aus einem Palmzweig, Myrten- und Bachweidenzweigen sowie einem Etrog (eine Zitrusfrucht) besteht. Er wird täglich während des Morgengebetes in der Synagoge in alle vier Himmelsrichtungen geschüttelt, um zu zeigen, dass Gott für alle Menschen in der ganzen Welt sorgt.

Zum Abschluss der Woche wird in der Synagoge die fröhliche *Simchat Thora*, das Fest zur Freude an der Thora gefeiert, wobei die Thora-Rollen tanzend durch die Synagoge getragen werden und die Erwachsenen den Kindern Süßigkeiten zuwerfen.

M3 Purim: Die Errettung vor dem Los

Auch an Purim erinnern sich Juden an ein lebensbedrohliches Ereignis: die Bedrohung und Errettung der Juden in Persien, die im Buch Ester aufgeschrieben sind.

Haman, der Kanzler des persischen Königs, wollte, dass alle Untertanen vor ihm niederknieten. Als der fromme Jude Mordechai sich weigerte, wollte der Kanzler aus Rache alle Juden im Reich töten lassen. Der Zeitpunkt sollte durch das Los (hebräisch: *Pur*; Ester 3,7) bestimmt werden. Doch Ester, die Frau des Königs Ahasveros (Xerxes I., 519-465 v. Chr.), der sie sehr liebte, konnte ihm von den Plänen seines Kanzlers erzählen. Sie gab sich als Jüdin zu erkennen und konnte so alle Juden retten.

An Purim im Frühjahr feiern deshalb Juden in aller Welt ausgelassen diese Errettung. Dazu gehören Kostüme, Masken, Umzüge, gutes Essen und ausgiebiges Trinken. Selbst in der Synagoge geht es während der Verlesung der Ester-Rolle ziemlich laut zu: Jedes Mal, wenn der Name Haman fällt, machen Kinder wie Erwachsene mit Stampfen und Purim-Rätschen voller Begeisterung Krach, um ihre Verachtung für den Judenhasser auszudrücken.

Aufgaben

1. Was macht das Pessach-Fest zu einem wichtigen jüdischen Fest? Schreibe den Satz heraus, der es deiner Meinung nach am treffendsten erklärt. → M1
2. Für Juden ist das Pessach-Fest ein wichtiges Ereignis. Gibt es in deinem Lebensumfeld ein Fest, das in gleicher Weise eine große Bedeutung für dich hat? Tauscht euch in der Klasse darüber aus. → M1
3. Recherchiert in Gruppen mit Hilfe von Nachschlagewerken und Internet weitere Informationen zu den anderen Festen. Gestaltet dazu Wandplakate mit einem zentralen Symbol des Festes und präsentiert die Feste in der Klasse. → M2/M3
4. Nenne die jüdischen Feste, die dich an Feste aus deinem Lebensbereich erinnern. Formuliere Gemeinsamkeiten und Unterschiede. → M1-M3

▶ Glossar: Seder/Seder-Abend

3 Der Schabbat

M1 Gottes Gebot

Die Pflicht zur Schabbatruhe zählt zu den Geboten der jüdischen Religion, die in der Thora begründet wird.

Gedenke des Schabbat:
Halte ihn heilig.
Sechs Tage kannst du arbeiten
und jede Arbeit tun.
Aber der siebte Tag
ist ein Ruhetag, dem Herrn,
deinem Gott, geweiht.
Da sollst du keinerlei Arbeit verrichten,
du und dein Sohn und deine Tochter,
dein Knecht und deine Magd,
dein Vieh und ein Fremder,
der in deinen Toren ist.
Denn in sechs Tagen hat der Herr
Himmel und Erde gemacht,
das Meer, und alles,
was darin ist;
und geruhet am siebten Tage.
Darum hat der Herr den Schabbattag
gesegnet und ihn geheiligt.

2.Mose 20,8-11:

Schabbat

INFO

Der *Schabbat* (Sabbat, Schabbes) ist nach dem vierten Gebot ein geheiligter Ruhetag. Wie der christliche Sonntag oder der islamische Freitag ist er mit dem Ruhen Gottes nach der Schöpfung verbunden. Der Schabbat beginnt am Freitagabend, wenn die ersten drei Sterne zu sehen sind, und endet am Samstagabend. Im Kreis der Familie werden am Freitagabend Segenssprüche über Kerzen, Wein und Brot gesprochen, und alle freuen sich auf ein vorher zubereitetes Abendessen. Gläubige Familien besuchen auch einen Gottesdienst in der Synagoge. Der Samstag ist dann ein Familientag.
Am Schabbat sind 39 Arbeiten verboten wie z. B. kochen oder einkaufen. Schon der Gebrauch technischer Geräte gilt Strenggläubigen als Arbeit. Erlaubt sind u. a. Körperpflege, Spazierengehen oder die Zubereitung kalter Speisen.
Die oberste Regel ist aber, das Leben zu heiligen und zu bewahren. Deshalb wird ein Jude einen Kranken falls notwendig auch am Schabbat ins Krankenhaus fahren, obwohl es strenggläubigen Juden zufolge verboten ist, am Schabbat ein Auto zu fahren.

M2 Am Schabbat dürfen Juden nicht arbeiten

Ist Autofahren erlaubt?

Autofahrer verstoßen nach Überzeugung der Strenggläubigen in Israel gegen das Gebot der Schabbatheiligung. An diesem Tag wird ein Strenggläubiger nicht einmal telefonieren.

nach Channa Kozlowsky. In: Israel-Projektwoche, S. 38

M3 Die Schabbat-Feier

Den Schabbat vorbereiten

Der Schabbat, das bedeutet „Ruhe, Abschluss“ der Woche, wird von Freitagabend bis Samstagabend gefeiert. Im Judentum beginnt der jeweils kommende Tag nicht um 0.01 Uhr, sondern bereits am Abend davor nach Sonnenuntergang, frühestens, wenn die ersten drei Sterne zu sehen sind (in Europa zwischen 16 und 21 Uhr). Dies hat mit der biblischen Schöpfungserzählung zu tun, bei der jeder neue Tag vom Abend an gerechnet wird.

Alle Mitglieder der Familie beteiligen sich an der Vorbereitung mit Aufräumen und Putzen, Kochen und Backen. Ein typisches Schabbatgericht besteht z. B. aus Fisch oder Geflügel. Wichtig ist, dass es ein besonderes Gericht ist, das extra zubereitet wurde. Für die Feier benötigt man auch zwei Challot, geflochtene Schabbat-Brote.

Auf dem Schabbat-Tisch muss alles stimmen: weißes Tischtuch, zwei Schabbat-Leuchter, der Kiddusch-Becher und Wein dazu, das Messer und Tablett für die Challot, und dann natürlich für jeden Teller, Besteck, Becher, Servietten. Für eine festliche Note sorgen oft Blumen. Für Samstagabend liegt eine geflochtene Hawdala-Kerze bereit und die Besamim-Dose ist mit wohlriechenden Gewürzen gefüllt.

Der Schabbat-Tisch

Schabbat-Mahl einer jüdischen Familie in Köln

Rezept für Challa zum Schabbat

Zutaten

1 kg Mehl
1 Ei
2 Teelöffel Salz
1/2 Trinkglas Zucker
1 Trinkglas Öl
2 Würfel Hefe in 0,2 l warmem Wasser aufgelöst
1 Glas lauwarmes Wasser
Mohn zum Bestreuen

Zubereitung

Das Mehl und die aufgelöste Hefe mit dem Knethaken rühren. Die restlichen Zutaten hinzufügen und den Teig so lange kneten, bis er matt und glänzend wird.
Mit einem Küchentuch zudecken und zwei Stunden gehen lassen. Danach aus dem Teig zwei Zöpfe flechten. Die Zöpfe auf ein Backblech legen, mit Eigelb bestreichen und mit Mohn bestreuen. In dem auf 175-200 Grad vorgeheizten Backofen 30-45 Minuten backen.

Aufgaben

1. Lies den Text aus der Thora und formuliere in eigenen Worten, wie der Schabbat begründet wird. ➜ M1
2. Was heißt es nach der Thora, den Schabbat zu heiligen? Beschreibe, was man tun soll und was nicht. ➜ M1
3. Finde die verbotenen Arbeiten am Schabbat heraus. Vergleiche sie mit deinen Überlegungen in Aufgabe 2. ➜ M2
4. Könntest du dir vorstellen, deinen Sonntag wie den Schabbat zu verbringen, das heißt, nicht zu arbeiten und stattdessen mit der Familie zu feiern? Erstelle für dich einen Verlauf eines Sonntages, wie du ihn dir wünschst. Stellt die Verläufe in der Klasse vor und tauscht euch darüber aus, was der Sonntag für euch bedeutet. ➜ M2/M3
5. Hält man die Regeln zur Schabbatruhe streng ein, bereitet das in der modernen Arbeits- und Lebenswelt viele Probleme. Heute verlangt daher die Mehrheit der Juden, dass die Schabbatregeln an ihre Lebensbedingungen angepasst werden. Stellt eine Liste der Probleme zusammen und erläutert die Folgen, die sich daraus ergeben. Wie würdet ihr Schabbatregeln neu formulieren?
6. Erkläre mit Hilfe des Textes die Gegenstände auf dem Schabbat-Tisch. ➜ M3

▶ Glossar: Besamim, Challa/Challot, Hawdala, Kiddusch

4 Koschere Küche

M1 Koscher? Logo!

Lebensmittel können als koscher zertifiziert werden, wie dieses Beispiel zeigt. Ein Logo (siehe Bild) zeigt an, dass das Produkt koscher ist. Unter anderem wurde dabei geprüft, dass bei der Herstellung keine Maschinen im Einsatz sind, die auch zur Produktion von nicht-koscheren Produkten verwendet werden.

M2 Was ist koscher?

Hi Micha,

am Samstag steigt bei mir die Party. Ich hoffe, du kannst kommen. Vorhin fiel mir ein, dass du mir erzählt hast, dass du, wenn es geht, nur *koschere* Sachen isst. Was ist denn mit koscherem Essen gemeint? Koscher heißt doch so etwas wie „sauber". Also auf saubere Teller kannst du dich bei mir verlassen. Doch wäre es sicher gut, wenn du mich mit einer schnellen Mail aufklärst, damit ich für Samstag die richtigen Sachen besorgen kann.

See you, Tobi

Hi Tobi,

oh je, jetzt wird es ein wenig kompliziert. Also: Saubere Teller finde ich ziemlich gut, doch das Wort *koscher* bedeutet „geeignet, tauglich, rein" und meint damit bestimmtes Essen, das nach den jüdischen Lebensregeln aus der Thora und dem Talmud als koscher gilt. Wenn du willst, aber ich sage dir gleich, es ist nicht einfach, kannst du alle Regeln im Talmud nachlesen.

Wir halten uns soweit wie möglich innerhalb unserer Familie daran, obwohl wir nur einen koscheren Laden in erreichbarer Nähe haben und er auch ganz schön teuer ist. Es ist aber für mich auch kein Problem, bei deiner Party mal nicht so genau aufzupassen. Also wenn es z. B. Spaghetti mit Tomatensoße gibt, also alles pflanzlich ist und kein Fleisch zusammen mit Crème fraiche oder Sahne drin ist, dann ist es bereits völlig in Ordnung. Die koscheren Regeln beziehen sich nicht nur auf alles, was mit tierischer Nahrung zu tun hat. Auch die Zubereitung von Obst, Gemüse und Getreide ist davon betroffen. Wenn du wieder deine Cheeseburger machst, mit dem Rindfleisch und der Käsescheibe oben drauf, dann muss ich leider wieder nein sagen.

Freue mich auf deine Party,

Micha

M3 Die wichtigsten Speiseregeln

GRUNDSÄTZLICH GIBT ES DREI HAUPTREGELN:
- die Trennung von Milch- und Fleischspeisen (2.Mose 23,19)
- kein Essen von Blut oder blutigen Speisen, da Blut als Träger des Lebens gilt (1.Mose 9,4)
- das Verbot, unreine Tiere zu essen (3.Mose 11)

DIE WEITEREN KOSCHEREN GRUNDREGELN SIND:

FLEISCH: Man darf nur Fleisch von Tieren essen, die gespaltene Hufe besitzen und wiederkäuen. Dazu zählen: Schaf-, Lamm-, Kalb-, Rind-, Ziegen-, Rehfleisch. Nicht koscher sind Schweine, Pferde, Esel, Kamele, Kaninchen, Hasen. Geflügelfleisch wie Huhn, Pute, Ente, Gans ist erlaubt, jedoch nicht Wildvögel. Als nicht koscher gelten auch alle Weich- und Kriechtiere wie Schlangen, Schnecken und Austern.

FISCH: Koschere Fische müssen Flossen und Schuppen besitzen. Nicht koscher sind alle Schalen- und Krustentiere wie Krebse, Langusten und auch Aale.

KEIN BLUT: Nach jüdischem Glauben ist Blut die Lebenssubstanz, die allein Gott gehört. Deshalb muss das Tier von einem speziell ausgebildeten Schlachter, auf Hebräisch *Schochet* (Schächter), mit einem einzigen Schnitt einer scharfen Klinge durch die Halsschlagader und Luftröhre getötet werden und völlig ausbluten.

FLEISCH UND MILCH: Milchprodukte und Fleisch oder Wurst werden nicht zusammen gegessen, jedoch ist es mit mehrstündigem Abstand möglich. Wer diese Regel aus dem Talmud streng befolgt, besitzt sogar getrenntes Koch- und Essgeschirr und getrennte Schränke, Kühlschränke und Spülen.

EIER, MILCHPRODUKTE, GELATINE: Eier gelten als „neutral“ und können zu allem gegessen werden. Kuchen und Kekse müssen ohne tierisches Fett gebacken werden, und Produkte mit Gelatine aus Tierknochen gelten als nicht koscher.

M4 Der Sinn der Speiseregeln

Die jüdischen Speiseregeln kann man zum Teil gesundheitlich und hygienisch begründen, wenn man z.B. weiß, dass Schweinefleisch und Schalentiere in heißen Ländern schnell verderben. Ihr Sinn besteht aber eher darin, sich im eigenen Lebensalltag an die Thora zu halten, in der die Unterscheidung zwischen reiner und unreiner Nahrung mit der Heiligung des Lebens verglichen wird (3.Mose 11,44). Dies bedeutet auch zu unterscheiden, was richtig und falsch ist, und das eigene Leben und das der anderen fürsorglich zu behandeln. Jüdischem Denken entspricht deshalb auch der Spruch: „Man ist, was man isst“.

INFO

Koscher einkaufen und kochen

In der koscheren Küche werden alle Speisen nach traditionellen jüdischen Regeln zubereitet. Grundlage dafür bildet eine Vorschrift aus dem *Talmud*, das sogenannte *Kaschrut*. Demnach müssen koschere Gerichte „rein“ sein. Das bezieht sich nicht nur auf die Hygiene, sondern auch auf die Auswahl, Zusammenstellung und Zubereitung der Speisen. Viele Arbeitsgänge in der industriellen Produktion werden von Rabbinern überwacht. In den USA und in Europa sind koschere Lebensmittel mittlerweile auch bei Nicht-Juden sehr beliebt, denn sie gelten als besonders natürlich.

nach Klaus Kuderer. In: Israel-Projektwoche, S. 35

Aufgaben

1. Liste die wichtigsten jüdischen Speiseregeln auf. Beantworte anschließend folgende Frage: Warum isst Micha keinen Cheeseburger? ➜ M1-M3
2. Prüfe, welche deiner Lieblingsspeisen nicht den koscheren Speiseregeln entsprechen. ➜ M2/M3
3. In anderen Kulturen werden z. B. Hunde, Schlangen, Heuschrecken oder Maden als Delikatessen gegessen. Welche eigenen Speiseregeln würdest du dir aufstellen? Begründe sie auch.
4. Stellt in Gruppen unter Beachtung der Speiseregeln ein koscheres Menü mit vier Gängen (Suppe-Salat-Hauptgang-Nachtisch) zusammen. ➜ M3

▶ Glossar: Schächten

5 Jüdisches Leben in Jerusalem

M1 In Jerusalem unterwegs

Die Stadt Jerusalem heute ist die Heimat von Juden, Christen und Muslimen. In dem Buch Wir wollen beide hier leben *schreibt die achtzehnjährige Odelia an das gleichaltrige Mädchen Amal, eine Palästinenserin, warum sie gerne in Jerusalem ist.*

Die Hauptstadt des Staates Israel: Jerusalem

Liebe Amal,
wie findest du Jerusalem? Ich liebe diese Stadt. [...] Viele Leute glauben, man könne überhaupt nichts unternehmen in Jerusalem und es wäre eine Stadt nur für die orthodoxen Juden und andere Gläubige. Aber das stimmt nicht. Es gibt nette kleine Kneipen mit Live-Musik [...] und überall hat man dieses Gefühl der Vertrautheit – mit dem Ort und mit den Leuten [...].
In solchen Momenten frage ich mich, wie irgendjemand Jerusalem langweilig finden kann.
Dauernd tun sich neue Winkel auf, in denen man noch nicht war, man stößt auf irgendeine neue verrückte kleine Straße, oder man läuft ein Gässchen hinauf und steht plötzlich vor einem uralten Haus [...].
Wenn man in Jerusalem geboren wurde, dann kann man nicht anders, als diese Stadt zu lieben.
Die Jerusalemer wissen, wovon ich spreche. Hier gibt es einfach alles: coole Leute, nette Kneipen, religiöse Fanatiker, Moslems, Christen – eben einfach alles.
Manchmal finde ich es wirklich schwierig, jemandem von außerhalb zu erklären, warum ich diese Stadt so liebe, wo es doch gerade so problematisch hier ist. Ich meine mit diesen ganzen Bombenattentaten [...].
Ich weiß zwar, dass ich in die ganze Welt reisen und an den verschiedensten Orten leben will.
Aber ich werde mich immer an Jerusalem erinnern und ich werde immer wieder dorthin zurückkehren. Nicht wegen all der religiösen Dinge oder der spirituellen und historischen Bedeutung von Jerusalem, sondern WEIL ES MEINE HEIMAT IST.

Amal Rifai/Odelia Ainbinder/Sylke Tempel, S. 99-103

M2 „Nächstes Jahr in Jerusalem"

Jerusalem ist für das Judentum eine unvergleichliche Stadt. Hier haben die Großen der jüdischen Geschichte gelebt und gewirkt. Könige, Propheten und Gesetzeslehrer haben die Stadt gerühmt und getadelt. Von Jerusalem kündigen herrliche Texte der Bibel und des Talmud. Vor allem befindet sich hier die ehrwürdigste Stätte des Judentums, die ehemalige Stützmauer des 2. Tempels. Vor dieser *„Klagemauer"* versammeln sich Juden ständig zum Gebet. An Jerusalem hängt die ganze religiöse Sehnsucht des Judentums seit Jahrtausenden. [...] „Nächstes Jahr in Jerusalem" wünschen sich Juden auf der ganzen Welt am Ende jedes Seder-Abends, zum Auftakt des Pessach-Festes.

nach Werner Trutwin, S. 113

M3 Die „Klagemauer"

Die 18 Meter hohe und 28 Meter lange „Klagemauer" in Jerusalem ist der heiligste Ort des Judentums. Sie ist der Rest der Westmauer des Jerusalemer Tempels, der beim ersten Aufstand der Juden gegen die römische Fremdherrschaft im Jahre 70 n. Chr. zerstört wurde. Hier versammeln sich bereits seit dem Mittelalter wieder Juden zum Gebet und auch zur Klage über die Zerstörung des Tempels. Seit 1967, nach dem Krieg zwischen Israel und den arabischen Staaten, ist der Platz der Westmauer auch ein geschichtliches Symbol für den Staat Israel. Man kann hier an jedem Tag jüdische Gläubige, vor allem auch orthodoxe fromme Juden mit ihrer schwarzen Kleidung und den Haarlocken sehen, wie sie ihre Gebete sprechen und Zettel mit Gebetswünschen in die Ritzen der Mauer stecken. Man muss jedoch nicht Jude sein, um sich ebenso als Besucher hier aufhalten zu können. Nur muss man beachten: Frauen und Männer beten in getrennten Bereichen, Arme und Beine müssen bedeckt sein und als Junge und Mann muss man eine Kippa auf dem Kopf tragen, um seinen Respekt vor dem für Juden heiligen Ort zu zeigen.

Zettel mit Gebetswünschen in der „Klagemauer"

INFO

Jerusalem

Jerusalem ist eine der ältesten Städte der Welt. Sie ist einzigartig, weil sie die heilige Stadt gleich dreier Weltreligionen ist: des Judentums, des Christentums und des Islam. So nimmt die Geschichte des Christentums in Jerusalem ihren Anfang. Hier befinden sich aber auch wichtige Heiligtümer der Muslime wie z. B. die Al Aksa-Moschee. Für die Juden sind schließlich der Tempelberg und der Rest der Westmauer des Jerusalemer Tempels von besonderer Bedeutung. Heute ist Jerusalem Hauptstadt des jüdischen Staates Israel.

Aufgaben

1 a) Informiert euch über die aktuelle politische Lage in Jerusalem. ➜ M1
  b) Besitzt für euch eure Heimatstadt auch eine besondere Bedeutung? Schreibt einen Antwortbrief an Odelia. ➜ M1
2 Beschreibe, welche Bedeutung die Stadt Jerusalem für einen Juden besitzt. ➜ M2
3 Erkläre, warum den Juden die „Klagemauer" so wichtig ist. ➜ M3
4 Was kennst du von Jerusalem? Bestimme mit Hilfe von Reiseprospekten und Reiseführern die wichtigsten Gebäude und Orte in Jerusalem. ➜ M1-M3

▶ Glossar: spirituell

P Juden in Sachsen

Drei Familiengeschichten

Jüdische Bürgerinnen und Bürger mussten im Nationalsozialismus unvorstellbares Leid erfahren. Sie wurden Schritt für Schritt aus der Gesellschaft ausgegrenzt sowie systematisch verfolgt, vertrieben und ermordet. Nur wenige Juden überlebten in Deutschland (s. S. 128-129). Auf dieser Doppelseite werden die unterschiedlichen Geschichten dreier jüdischer Familien in Sachsen vorgestellt – und es gibt zahllose weitere solcher Schicksale.

Flucht nach Amerika – Familie Schindler

Richard Schindler wurde 1891 in Görlitz geboren. Als er drei Jahre alt war, zogen seine Eltern nach Dresden. Als junger Mann leistete Richard Schindler zunächst Militärdienst. Wie sein Vater wurde er Kaufmann und gründete in Dresden ein eigenes Geschäft, eine Lederhandlung. Darüber hinaus leitete er später auch eine Gürtelfabrik. Diese wurde 1937 „arisiert" und der inzwischen verheiratete Richard Schindler verlor sein Unternehmen. Mit seiner Frau Käthe und seiner kleinen Tochter Ursula Ruth wanderte Richard Schindler im März 1938 über Holland in die USA aus. Vor der Abreise aus Deutschland mussten sie noch eine große Summe als „Reichsfluchtsteuer" zahlen. Richards Eltern blieben aber in Deutschland – seine Mutter Thekla wurde 1942 in Theresienstadt ermordet.

Käthe und Richard Schindler mit ihrer Tochter, Dresden, Januar 1928

Nach ihrer Ankunft in den USA lebte die Familie zuerst in New York City. Über Boston, wo das Ehepaar für kurze Zeit ein Importgeschäft führte, kamen sie schließlich nach New Jersey. Dort gründeten die Schindlers eine Hühnerfarm, welche sie viele Jahre lang sehr erfolgreich führten.

nach Jüdisches Museum Berlin, Findbuch Sammlung Neumann Schindler

Auseinandergerissen – Familie Zander

Paul Zander wurde 1884 als Sohn eines Kaufmanns in Leipzig geboren. Zur Schule ging er unter anderem im König-Albert-Gymnasium. Mit 19 Jahren trat er als Freiwilliger in den Militärdienst ein, anschließend studierte er Jura an den Universitäten Leipzig und Berlin. Mit Erfolg: Im Alter von 24 Jahren erhielt er den Doktortitel, drei Jahre später wurde er als Rechtsanwalt zugelassen. Er kämpfte als Soldat im Ersten Weltkrieg und wurde mit dem Eisernen Kreuz II. Klasse ausgezeichnet. Nach dem Krieg heiratete er Gertrud Bardach, deren Vater Vizekonsul der Mexikanischen Regierung in Deutschland war. Das Paar bekam in den 1920er Jahren zwei Kinder: Klaus und Katharina Renate. Im Jahr 1933 durfte Paul Zander nicht länger als Notar tätig sein. Grund war das „Gesetz zur Wiederherstellung des Berufsbeamtentums", das die Nationalsozialisten dazu nutzten, jüdische sowie politisch unerwünschte Beamte und Angestellte im öffentlichen Dienst zu entlassen. Fünf Jahre später verlor Paul Zander auch seine Zulassung als Rechtsanwalt und konnte nicht mehr in seinem

Beruf arbeiten. Er entschloss sich zur Auswanderung nach Großbritannien, wo er bis zu seinem Tod 1943 lebte.

Sein Sohn Klaus lebte zu dieser Zeit längst auf einem anderen Kontinent. Im Alter von nur 16 Jahren war er im Jahr 1936 nach Amerika ausgewandert und kämpfte während des Zweiten Weltkriegs in der US Army. Klaus bemühte sich, seine Familie nachzuholen. In den 1940er Jahren gelang es ihm schließlich, ein Visum für seine Mutter und seine Schwester zu bekommen, welches auch ihnen ermöglichte, nach Amerika auszuwandern. *nach Jüdisches Museum Berlin, Findbuch Sammlung Paul Zander*

Der Vater in Auschwitz ermordet – Familie Bornstein

Wilhelm Bornstein wurde 1897 geboren und wuchs in Falkenstein (Vogtland) auf. Die Familie Bornstein war eine der ersten jüdischen Familien, die sich in Falkenstein niedergelassen hatte. Wilhelms Vater Max war in den 1880er Jahren dorthin gekommen und hatte ein Konfektionsgeschäft gegründet. Anfang des 20. Jahrhunderts gab er sein Geschäft wieder auf und zog nach Leipzig, wo er bis zu seinem Tod 1935 lebte.

Wilhelm Bornstein diente als Soldat im Ersten Weltkrieg. Später arbeitete er als Vertreter einer Thüringer Porzellanfirma und zog mit seiner Ehefrau Alma nach Leipzig. 1933 wurde ihre Tochter Ruth geboren. Wenige Jahre nach der Machtübernahme der Nationalsozialisten folgte die Trennung der Familie: Alma konnte mit der kleinen Ruth noch vor Beginn des Krieges nach Belgien fliehen, wo sie überlebten. Wilhelm Bornstein versuchte 1939 zusammen mit anderen jüdischen Flüchtlingen an Bord der St. Louis nach Amerika zu gelangen. Die Flucht scheiterte: Das Schiff musste umkehren, weil es erst in Kuba, dann auch in den USA keine Anlegeerlaubnis erhielt. Zurück in Europa kam Wilhelm Bornstein nach Frankreich. Dort hoffte er weiter auf seine Auswanderung in die USA. Doch 1942 wurde er von einer Wehrmachtsstreife aufgegriffen und nach Auschwitz deportiert und ermordet. *nach Jüdisches Museum Berlin, Sammlung Familie Bachmann und Bornstein*

Letzte Aufnahme von Wilhelm Bornstein vor seiner Deportation nach Auschwitz, ca. 1940–1942

Aufgaben

1 Beschreibe anhand der Texte das Schicksal der drei Familien und die Lebensläufe der einzelnen Familienmitglieder.

2 Versetze dich in die Lage der Kinder und beschreibe, wie sie sich gefühlt haben müssen, als z. B. Klaus Zander mit 16 Jahren alleine nach Amerika ging, ohne zu wissen, ob seine Eltern in Deutschland überleben würden, oder Ursula Ruth Schindler mit ihren Eltern Deutschland verlassen musste, um in einem fremden Land zu leben.

3 Stelle dir vor, du bist mit einem der Kinder der Familien befreundet. Schreibe einen Tagebucheintrag zu dem Tag, als du erfährst, dass deine beste Freundin oder dein bester Freund nicht mehr in die Schule kommt.

4 Was wisst ihr eigentlich vom Schicksal jüdischer Familien in eurer Stadt? Versucht, Informationen zusammenzutragen (Recherche in der Stadtchronik, im Internet etc.). Vielleicht gibt es in größeren Städten auch Stadtführungen zu dem Thema, bei denen ihr euch informieren könnt? Ihr könnt euch alternativ auch über das Projekt „Stolpersteine" informieren (www.stolpersteine.com). Gibt es Stolpersteine in eurer Stadt oder Region? Präsentiert eure Ergebnisse.

▶ Glossar: Arisierung, Konsul, Reichsfluchtsteuer, Theresienstadt

Was wir wissen

Die Geschichte des Judentums

Das Judentum ist eine der ältesten Weltreligionen. Als der erste Jude gilt Abraham. In der Bibel wird erzählt, dass Abraham mit Gott einen Bund einging und Gott im Rahmen dieses Bundes versprach, aus ihm und seinen Nachkommen ein großes Volk zu machen: das Volk Israel. Auch das Christentum und der Islam beziehen sich in ihren Gründungsgeschichten auf Abraham. Eine weitere wichtige Gestalt für das Judentum ist Mose, der als der bedeutendste Lehrer verehrt wird. Nach jüdischem Glauben war es Mose, dem Gott die Zehn Gebote, geschrieben auf zwei Steintafeln, übergeben hat. Mose führte die Israeliten aus Ägypten fort, wo sie Zwangsarbeiten verrichten mussten. Ziel war das durch Gott dem Volk Israel versprochene Land Kanaan. Der „Exodus" (lateinisch: Auszug) aus dem Land Ägypten und die Befreiung aus der Sklaverei stellt für das jüdische Volk ein bedeutendes Ereignis dar: den Anfang ihrer Geschichte, die Rettung durch Gott. Wichtige Stationen der jüdischen Geschichte sind auch die Errichtung des Tempels in Jerusalem, das Leben unter babylonischer und persischer Herrschaft und schließlich seit der Römerzeit bis heute die Diaspora, die Zerstreuung des Volks Israel auf der ganzen Welt.

Die jüdische Religion

Das Judentum zählt wie das Christentum und der Islam zu den monotheistischen Religionen. Unter Monotheismus wird das Bekenntnis zu einem Gott verstanden, der als alleiniger, allmächtiger und ewiger Schöpfer und Erhalter der Welt gilt. Juden glauben außerdem an ein Messianisches Zeitalter, das geprägt sein wird durch das friedliche Zusammenleben aller Menschen – und beten dafür. Das heiligste Buch des Judentums ist die Thora (hebräisch: Weisung, Lehre). Die Lesung der auf einer Pergamentrolle handgeschriebenen Thora ist ein wichtiger Moment in Synagogen-Gottesdiensten. In der Synagoge kommt die jüdische Gemeinde zusammen, um sich zu treffen, miteinander zu beten, aber auch um die religiösen Schriften zu studieren. Wichtige Symbole und Gegenstände des Judentums sind die Menora (siebenarmiger Leuchter), der Davidstern und die Mesusa (Pergamentrolle in einem Behälter am Türrahmen).

Jüdisches Leben

Für Juden ist der Schabbat ein geheiligter Ruhetag. Er geht auf das vierte der Zehn Gebote zurück. Am Schabbat sind viele Arbeiten verboten wie z. B. kochen oder einkaufen. Schon der Gebrauch technischer Geräte gilt Strenggläubigen als Arbeit. Von den zahlreichen Festen und Feiertagen des Judentums ist besonders Pessach bedeutend, mit dem im Frühling daran erinnert wird, wie das Volk Israel in der ägyptischen Knechtschaft lebte und wie es zur Befreiung und dem Auszug der Israeliten aus Ägypten kam.
Von den heute über 13 Millionen Juden auf der ganzen Welt leben ungefähr 5 Millionen in Israel. Während des Nationalsozialismus wurden Millionen von Juden in Deutschland verfolgt und ermordet. Heute leben in Deutschland schätzungsweise über 150 000 Juden. In zahlreichen Städten wie z. B. Dresden gibt es jüdische Gemeinden.

Was wir können

1 Domino: Jüdischer Glaube – jüdisches Leben

Ihr könnt mit dem Wissen, das ihr über das Judentum gewonnen habt, ein Domino-Spiel herstellen und spielen:

1. Mit den Bildern aus den Seiten, die ihr kopiert und foliert, stellt ihr die erforderlichen Bildkarten her.
2. Die Texterklärungen zu den Bildkarten findet ihr im Glossar oder in euren Hefteinträgen, die ihr ebenfalls kopiert und foliert.
3. Alle Bild- und Textkarten kommen auf einen Stapel, von dem die Karten dann in der Spielrunde gezogen werden.
4. Im Spiel geht es darum, die richtigen Bild- und Textkarten zusammenzustellen.
   Wer die erste Textkarte oder Bildkarte gezogen hat, liest sie vor oder zeigt sie. Wer in der Spielrunde als nächster nach dem Ziehen die dazu passende Bild-/Textkarte hat, legt sie dazu oder liest sie vor – bis alle Karten des Dominos gespielt sind.
5. Gewonnen hat, wer zuerst alle seine Domino-Karten spielen konnte.

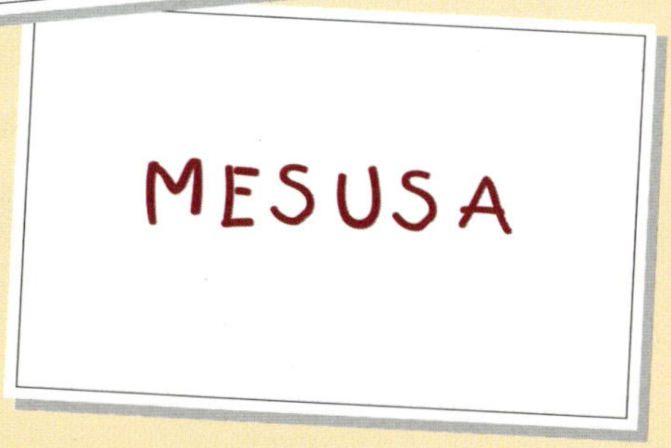

2 Worträtsel Judentum

T	E	L	N	I	T	S	J	M	E	T	C	S
G	H	A	S	D	A	H	K	Y	R	A	V	G
I	A	K	S	P	L	A	L	N	T	S	B	N
A	S	A	R	A	L	B	P	B	Z	M	N	A
U	B	A	R	M	I	T	Z	W	A	P	M	N
T	R	L	M	A	T	A	O	A	I	D	K	O
F	W	A	B	E	P	T	H	O	F	K	Z	G
A	J	A	Y	A	L	K	A	R	P	A	S	E
S	E	R	U	D	H	L	E	M	A	S	D	T
I	A	B	A	T	Z	E	T	Z	G	A	E	F

Mit den Begriffen, die im Judentum wichtig sind, kann man Worträtsel erstellen, in denen man die Buchstaben zu den Begriffen dann finden muss.

1. Stelle 15-20 wichtige Begriffe zusammen.
2. In dem Worträtsel sollen die Buchstaben für die Worte verborgen angeordnet werden. Man kann dazu die Buchstaben für die Begriffe senkrecht – waagrecht – diagonal – auch rückwärts anordnen. Die Buchstaben mehrerer Begriffe können sich auch überkreuzen. Den Rest des Worträtsels fülle mit anderen Buchstaben aus. (Die Begriffe, die gefunden werden müssen, kann man unter das Rätsel schreiben.)
3. Interessanter wird es noch, wenn man es im Worträtsel zusätzlich schafft, ein Lösungswort unterzubringen. Zum Beispiel kann man sich ein Lösungswort oder sogar einen Lösungssatz überlegen (wie aus den 10 Lebensregeln oder das Sch'ma Jisrael), der sich aus dem jeweils ersten (oder letzten) Buchstaben der Begriffe im Worträtsel ergibt.
4. Mit den Worträtseln kann man dann einen Rätselwettbewerb veranstalten. Die Rätselspielerinnen und -spieler müssen die Begriffe zum Judentum finden und unter das Worträtsel notieren.

WAHLTHEMEN

In diesem Kapitel stehen drei Themen zur Auswahl. Nur eines davon wird von dir und deiner Klasse bearbeitet. Um euch die Entscheidung leichter zu machen, folgt hier eine kurze Vorstellung:

Die Welt anders wahrnehmen:

Hier geht es um die Wahrnehmungen und Erfahrungen, die behinderte Menschen täglich machen. Du versetzt dich in die Lage dieser Menschen, damit du dir ihr Leben vorstellen und besser verstehen kannst. Und du lernst Menschen kennen, die ihre Grenzen überschreiten.

Gerechtigkeit in der Schule:

Fühlst du dich manchmal ungerecht behandelt? Wenn du eine schlechte Note hast? Wenn du eine Strafe bekommst? Wenn in der Klasse Aufgaben verteilt werden? Bei diesem Thema lernst du, was man tun kann, damit es in der Schule gerechter zugeht. Und du lernst darüber nachzudenken, was Gerechtigkeit eigentlich ist.

Glück:

Wer möchte nicht glücklich sein? Doch was heißt Glück überhaupt? Um diese Fragen zu beantworten, wirst du lernen, Stufen der Befriedigung von Bedürfnissen zu unterscheiden. Außerdem erfährst du, was du selbst tun kannst, um glücklich zu werden. Eine Methode besteht darin, sich sinnvolle Ziele zu setzen. Mit diesem Thema wählst du eine Anleitung zum Glücklichsein!

1 Mit anderen Sinnen

WAHLTHEMA

M1 Deutsche Gebärdensprache

Hast du dich schon einmal gefragt, wie Gehörlose sich miteinander unterhalten? Oder hast du vielleicht auf der Straße Menschen gesehen, deren Hände durch die Luft gewirbelt sind, als würden sie dort Bilder malen und einen Tanz aufführen? Nun, das war dann vermutlich Deutsche Gebärdensprache, kurz DGS.

nach www.visuelles-denken.de/Schnupperkurs.html

M2 Das Fingeralphabet

Beim Fingeralphabet werden die Buchstaben der Schriftsprache durch verschiedene Handformen wiedergegeben. [...] Das Fingeralphabet wird von gehörlosen Menschen vor allem zum Buchstabieren von Abkürzungen, Fremdwörtern und Namen verwendet. Auch im Unterricht mit hörsehbehinderten oder taubblinden Menschen wird es in seiner tastbaren Variante zur Kommunikation verwendet.

www.taubblindenwerk.de/fingeralphabet.html

Das deutsche Fingeralphabet

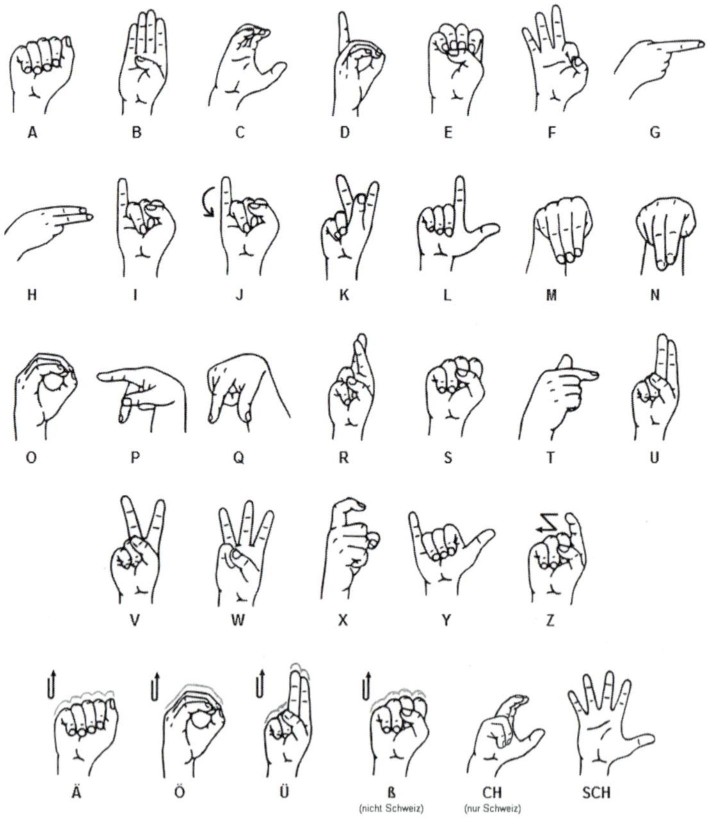

Die Bilder zeigen Beispiele für die Gebärdensprache. In einem Fall sagt die Frau „super gut“, im anderen Fall „süß“. Könnt ihr die Bilder richtig zuordnen?

M3 „Stille Post" ganz still

Ihr könnt euch nicht vorstellen, dass man „Stille Post" auch so spielen kann, dass gehörlose Kinder mitmachen können? Dann probiert doch mal folgende Spielvariante aus:

Die Kinder stellen sich in einer Reihe hintereinander auf. Das Kind ganz hinten in der Schlange denkt sich eine kleine bildliche Situation aus. Das kann zum Beispiel ein Berg mit Bäumen sein oder ein Haus mit einem Auto davor oder ein Strand, an dem Menschen mit einem Ball spielen. Wenn das Kind eine Idee hat, tippt es dem nächsten Mitspieler in der Reihe auf die Schulter, damit der sich umdreht. Dann spielt das erste Kind seine Idee pantomimisch vor. Aber nur ein einziges Mal! Das zweite Kind versucht, sich alles ganz genau zu merken. Anschließend schaut das erste Kind wieder weg, das zweite tippt das dritte an und spielt ihm vor, was es noch weiß.

So geht es durch die Reihe, bis die Situation beim Kind ganz vorne angekommen ist. Dieses muss dann die Pantomime vor der Gruppe wiederholen, und anschließend macht das erste Kind vor, wie die Geschichte ursprünglich ging.

www.visuelles-denken.de/Kinder211.html

M4 Geräuscheduo

Bei folgendem Spiel müsst ihr euch nun ganz auf euer Gehör verlassen – es ist also kein Spiel für gehörlose Kinder, sondern für Sehbehinderte geeignet:

Für dieses Spiel hält die Natur eine große Auswahl bereit: Steine, Bucheckern, Hölzer. Aber auch alltägliche Haushaltsgegenstände wie Papierkügelchen und trockene Reiskörner können verwendet werden. Die Gegenstände des gleichen Materials werden jeweils in zwei kleinen Döschen (z. B. Film- oder Gewürzdosen) gefüllt. Sie ergeben in den Döschen unterschiedliche Geräusche. Dann werden die kleinen Döschen durcheinander gemischt und jeder darf sich eines nehmen. Ziel des Spieles ist es, den Mitspieler zu finden, der das Döschen mit dem gleichen Geräusch und damit mit dem gleichen Inhalt hat.

Anstatt der Geräusche kann man auch wohl riechende Naturmaterialien in die Döschen füllen. Dann ist es ein „Gerücheduo". *nach Katharina Brändlein/Ulrike Grafberger*

M5 Ein Nachmittag im Rollstuhl – Selbstversuch

An einen Rollstuhl gefesselt zu sein, ist für viele Menschen Alltag. Stefan und Heike wollten wissen, wie sich das anfühlt und waren einen Nachmittag lang im Rollstuhl in der Innenstadt unterwegs. Einkaufen – wie funktioniert das mit dem Rollstuhl?

Stefan darf laufen, Heike sitzt im Rollstuhl. „Ich habe kalte Füße!", jammert sie bereits nach kurzer Zeit – trotz der Wolldecke, mit der sie eingewickelt ist. Der Drogeriemarkt hat zum Glück einen ebenerdigen Eingang, so dass Heike mit ihrem Rollstuhl problemlos hineinrollen kann. Allerdings bleibt die Türe nicht von alleine offen und ohne die freundliche Hilfe einer Passantin, die ihr die Türe offen hielt, wäre sie nur schwer hineingekommen. Kurz darauf ist sie zurück: „Die Gänge sind so eng, ich hatte ständig das Gefühl, dass ich etwas herunterreiße", sagt Heike. Gekauft hat sie nichts.

Miriam Kumpf. In: http://menschenrechte.jugendnetz.de

Aufgaben

1 Wendet die Gebärdensprache selbst einmal an. Im Internet gibt es dazu einen „Schnupperkurs": www.visuelles-denken.de/Schnupperkurs.html. → M1

2 Teilt euch in Gruppen auf. Jeder von euch wählt ein kurzes Wort aus, das er dann langsam mit dem Fingeralphabet buchstabiert. Die anderen versuchen, das Wort zu „lesen". Tauscht euch über eure Erfahrungen aus. → M2

3 Führt das Spiel „Stille Post" mit Hilfe von Pantomimen durch. Beschreibt den Unterschied zum selben Spiel, wenn dabei ins Ohr geflüstert wird. → M3

4 Spielt das „Geräuscheduo". Beschreibt den Unterschied beim Hören, wenn ihr die Gegenstände gleichzeitig sehen konntet. → M4

5 Lauft durch das Schulhaus oder eure Stadt und recherchiert, wo es Probleme für Rollstuhlfahrer geben kann. Schreibt eure Ergebnisse und Überlegungen aus dem Blickwinkel eines Rollstuhlfahrers auf. → M5

6 Informiert euch im Internet über das Projekt „wheelmap" (z. B. wheelmap.org oder www.berliner-helden.com/helden/und-app-durch-die-stadt/) und stellt es vor. → M5

▶ Glossar: Kommunikation, Pantomime

2 Gemeinsam leben und lernen

WAHLTHEMA

M1 Was ist Inklusion?

Das Wort Inklusion kommt aus dem Lateinischen (*inclusio:* Einschluss) und bedeutet Einbeziehung, eingeschlossen sein und unbedingte Zugehörigkeit. Inklusion geht von einer vielfältigen Gesellschaft aus. Menschen unterscheiden sich voneinander – zum Beispiel in Herkunft, Aussehen, körperlicher Verfassung, Geschlecht oder Interessen. Inklusion will eine Gesellschaft, in der diese verschiedenen Menschen als gleichberechtigt miteinander leben können.

Voraussetzung ist, die unterschiedlichen Menschen mit ihren Bedürfnissen gar nicht erst auszugrenzen, sondern von Beginn an „mitzubedenken". Menschen werden [...] in ihrer Unterschiedlichkeit akzeptiert. Bereits vorhandene Hindernisse müssen abgebaut werden. Bestehende Angebote werden für alle zugänglich gemacht, z. B. Schulen und Freizeiteinrichtungen. Inklusion bedeutet Nicht-Ausgrenzung. Wer von vornherein nicht ausgegrenzt wird, der muss nicht erst integriert werden. Inklusion ist ein sich entwickelnder, niemals endender Prozess.

nach www.inklusion-in-sachsen.de, Was ist Inklusion

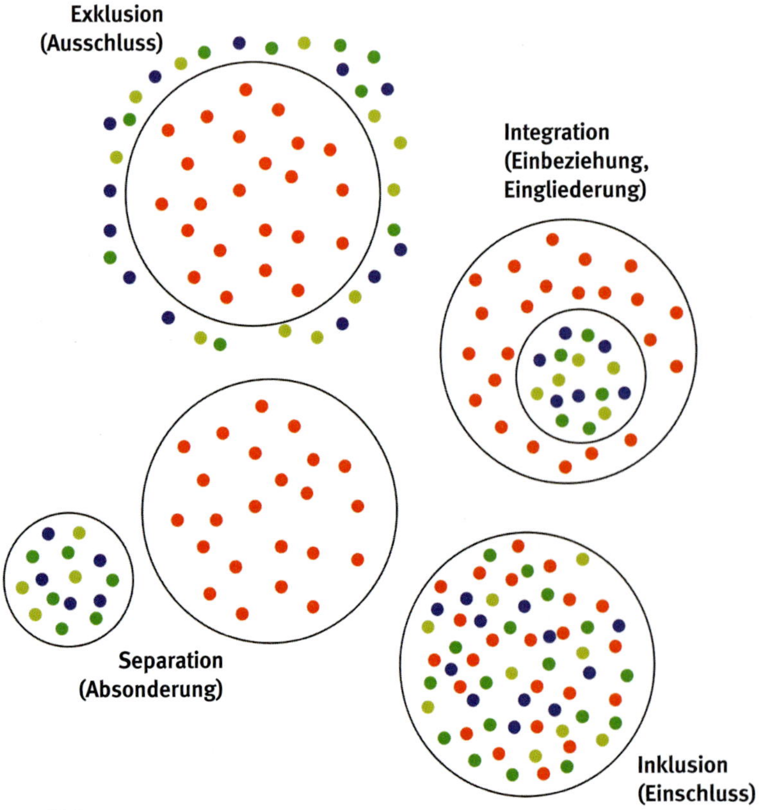

M2 Beispiele gelungener Inklusion

Bei Inklusion gehören alle Menschen zur Gesellschaft dazu. Niemand wird ausgeschlossen.

Menschen mit Behinderung gehören dazu. Zum Beispiel Rollstuhlfahrer. Oder Menschen mit Lern-Schwierigkeiten. **ALLE gehören zu unserer Gesellschaft.** Alle Menschen sollen die **gleichen Rechte** haben.

Menschen mit Behinderung sollen selbst entscheiden, wie sie leben wollen. Behinderte und nicht behinderte Menschen leben dann zusammen. Sie machen mehr zusammen als heute. Behinderte Kinder dürfen selbst entscheiden, in welche Schule sie gehen wollen. Sie können auf die gleiche Schule gehen, wie alle anderen Kinder. Und sie bekommen in der Schule Unterstützung. Behinderte Menschen dürfen selbst entscheiden, was sie arbeiten wollen. Sie dürfen auch selbst entscheiden, wie sie wohnen wollen. Und mit wem sie zusammen wohnen wollen. Behinderte Menschen können entscheiden, welche Hobbys sie haben. Sie können zum Beispiel im Kegel-Verein mitmachen. Für Inklusion muss alles für Menschen mit Behinderung zugänglich sein. Zugänglich heißt: Menschen mit Behinderung müssen überall mitmachen können. Dazu müssen Barrieren abgebaut werden. Barrieren sind Hindernisse. Treppen können Barrieren sein. Schwere Sprache kann eine Barriere sein.

Bis Inklusion Wirklichkeit wird, ist es noch ein weiter Weg. Viel Zeit wird vergehen. Aber es gibt immer mehr Menschen, die Inklusion wollen.

Landesverband der Lebenshilfe Sachsen e.V.

M3 Der Rollstuhl muss mit

Pia ist sieben Jahre alt und wohnt in Hamburg. Das erste Mal habe ich sie im Winter getroffen. Heute sind wir verabredet, um zusammen zur Schule und danach ins Schwimmbad zu gehen: Pia, ihr Vater Gerold und ich. Gehen stimmt allerdings nicht. Denn Pia wurde mit einer seltenen Krankheit geboren und sitzt deshalb im Rollstuhl. Durch die Krankheit fallen Pia viele Dinge sehr schwer, die für andere Kinder leicht sind. Und manches kann sie gar nicht lernen, zum Beispiel Gehen. Oder Sprechen. Man nennt diese Krankheit Rett-Syndrom. Leider kann man sie bislang nicht heilen. Deswegen fährt ihr Vater Pia morgens mit dem Rollstuhl zur Schule. Der Rollstuhl hat eine Bremse und eine Klingel. Wenn es einmal besonders schnell gehen soll, hängt Pias Vater oder Mutter den Rollstuhl an das Fahrrad – und saust los! Der Weg zur Schule dauert nur zehn Minuten. [...] Vor dem Klassenzimmer wartet Cihan. „Hallo Pia!", ruft er, als wir hereinkommen. [...] Pia kann zwar nicht sprechen, das heißt aber noch lange nicht, dass sie nicht antworten könnte. Als Cihan sie begrüßt, legt Pia den Kopf zur Seite und grinst. Die beiden sind Freunde, im Stuhlkreis in der Klasse sitzen sie nebeneinander. *Mathias Krupa in: Die Zeit, 23.07.2009*

M4 Gemeinsamer Unterricht

Viele behinderte Schülerinnen und Schüler im Freistaat Sachsen gehen in eine Förderschule. Unter bestimmten Voraussetzungen können sie aber auch in einer anderen allgemeinbildenden oder berufsbildenden Schule gemeinsam mit nichtbehinderten Schülerinnen und Schülern lernen.

Wichtig ist dabei, dass an dieser Schule die erforderlichen Lehrkräfte und falls nötig, qualifizierte Pflege- und Betreuungskräfte vorhanden sind. Ebenso müssen eine behindertengerechte sächliche Ausstattung und die erforderlichen Lehr- und Lernmittel vorhanden sein. Das Schulgebäude muss barrierefrei gestaltet sein. Der gemeinsame Unterricht kann in verschiedenen Formen erfolgen:

- Die Schüler nehmen in vollem Umfang am Unterricht der Klasse teil.
- Schüler der Förderschule besuchen in einzelnen Fächern den Unterricht in einer benachbarten Schule.
- Die Förderschule arbeitet eng mit einer benachbarten Schule zusammen, indem Begegnungen im Freizeitbereich organisiert werden. In allen Formen beraten sich die Lehrer regelmäßig mit Förderschullehrern. *www.sachsen-macht-schule.de/schule/1797.htm*

INFO: Das Projekt „Inklusion in Sachsen"

Am 13. Dezember 2006 wurde durch die Generalversammlung der Vereinten Nationen ein neuer Vertrag verabschiedet: die „UN-Konvention über die Rechte von Menschen mit Behinderungen". Die UN-Behindertenrechtskonvention stellt für die Rechte behinderter Menschen einen Meilenstein dar. Durch sie gelten ausdrücklich alle Menschenrechte auch für behinderte Menschen. Seit dem 26. März 2009 ist die Konvention auch in Deutschland geltendes Recht. Für viele der darin beschriebenen Rechte sind die Bundesländer zuständig. Durch das Projekt „Inklusion in Sachsen" soll die Umsetzung der UN-Konvention mitgestaltet werden. Der Freistaat Sachsen fördert das Projekt. Bei konsequenter Umsetzung führt die UN-Konvention zu einer inklusiven Gesellschaft.

nach www.inklusion-in-sachsen.de

Aufgaben

1 Erläutere den Begriff „Inklusion" mit eigenen Worten. Ziehe dazu auch die Grafik heran. Wodurch unterscheidet sich Inklusion von Integration? → M1

2 a) Erstelle eine Liste der Beispiele gelungener Inklusion, die im Text genannt werden. → M2

b) Malt ein Bild zu einem Beispiel gelungener Inklusion. → M2

3 Stellt euch vor, ein Mädchen wie Pia würde in eure Klasse gehen. Überlegt euch, welche Schwierigkeiten es dabei geben könnte (z. B. mögliche Barrieren im Schulhaus, s. S. 181, Aufgabe 5). Wie könnte man sie eventuell lösen? Welche positiven Auswirkungen könnte ein solcher gemeinsamer Unterricht haben? Tragt eure Ergebnisse zusammen. → M3/M4

4 Projektvorschlag: Besucht eine Schule mit integrativem Unterricht in eurer Nähe. → M4

5 Informiert euch genauer über das Projekt „Inklusion in Sachsen" und die UN-Behindertenrechtskonvention im Internet: www.inklusion-in-sachsen.de. → Infokasten

3 Grenzen überwinden

WAHLTHEMA

M1 Internationales Tischtennis-Turnier

Tischtennis der Spitzenklasse
verspricht ein internationales
Tischtennisturnier,
das der Behinderten-Sportverband
Nordrhein-Westfalen (BSNW)
zum ersten Mal ausrichtet.

Austragungsort ist vom
2. bis zum 6. Februar 2012 das
Deutsche Tischtennis Zentrum Düsseldorf.

www.dbs-npc.de

M2 Jeder kann vorgegebene Grenzen überwinden

Die blinde Langläuferin Verena Bentele (rechts) mit ihrem Begleitläufer Thomas Friedrich bei den Paralympics 2010 in Kanada.

„Wir leben nun mal in einer Leistungsgesellschaft", sagt sie. Und: „Natürlich will ich gewinnen." Und: „Schwierigkeiten sehe ich als Herausforderung." Und: „Nach dem Unfall sagte ich nie: Mitmachen ist alles. Ich sagte von Anfang an: Wenn ich mitmache, dann für eine Medaille." Und: „Ehrgeiz? Kann man schon stehen lassen. Sagen wir es so: Ich liebe es, an mir zu arbeiten."

Wer so spricht, muss blasse Lippen und eine unerbittliche Stimme haben, nicht? Aber Verena Bentele hat Regen in den Haaren, und die Wangen sind noch rosig vom Joggen. Sie bietet Apfelsaft an, „vom Biobauernhof meiner Eltern." Der Überschwang ihres Wesens wird jetzt gebremst von der Vorsicht, die ihr der fehlende Sehsinn aufzwingt. Sorgfältig ertastet sie die Gläser, schätzt ab, wie viel genug sein könnte, ist ganz bei der Sache, damit kein Tröpfchen überquillt. „Oh, ja, ich bin im Moment schon sehr glücklich", sagt Bentele dann, „weil es im Sport einfach so gut geklappt hat." Sie ist Langläuferin und blind. Die fünf Medaillen von den Paralympischen Winterspielen in Kanada strahlen immer noch auf ihren Alltag.

Ursula von Arx, S. 181-182

M3 Ich habe gelernt, über mich zu lachen

Der Sänger Thomas Quasthoff ist einer der prominentesten Contergan-Geschädigten. Vor 50 Jahren wurde das Medikament Contergan eingeführt, das auch Thomas Quasthoffs Mutter während der Schwangerschaft einnahm. Das Beruhigungsmittel war Schwangeren empfohlen worden, da es auch gegen morgendliche Übelkeit helfen sollte. Ein Wirkstoff darin stellte sich jedoch als schädlich für die ungeborenen Kinder heraus. Er führte zum Tod oder zu Missbildungen bei Tausenden von Ungeborenen. Contergan-Geschädigte haben zum Teil schwere Fehlbildungen an Armen und Beinen. In einem Interview spricht Thomas Quasthoff über seine Behinderung.

Thomas Quasthoff stand bis Anfang 2012 als klassischer Sänger auf Konzertbühnen. Er ist außerdem Professor für Gesang und sagt: „Ich habe gelernt, über mich zu lachen".

Welt online: Sie haben das Thema Behinderung durch Ihre Autobiografie noch einmal selbst öffentlich gemacht. Warum?

Quasthoff: Was mir wichtig war und ist: Eine Behinderung, die man hat, wird immer mit Schmerz und Leid assoziiert [gedanklich verknüpft]. Mein Leben war mehrheitlich nicht so. [...] Ein gewisser Zeitabschnitt war für mich sicherlich nicht leicht. Aber ich lebe den Künstlerberuf ja nicht primär als ein Körperbehinderter. Ich kann meine Behinderung sogar zeitweilig mal vergessen.

Welt online: Gab es einen Wendepunkt, nach welchem es leichter wurde?

Quasthoff: Nicht einen singulären [einzelnen]. Aber ich muss zugeben, dass die Wettbewerbe, die ich gemacht habe und bei denen ich nie ohne Preis nachhause ging, für mich Wendepunkte waren. Ein sehr wichtiger Schritt war das erste Konzert mit den Berliner Philharmonikern. Ab da fragten alle großen Orchester an. Der nächste, sehr wichtige Schritt war meine Hochzeit im letzten Jahr. Das will ich nicht verhehlen. Sogar Musik ist plötzlich nicht mehr so elementar wichtig für mich. *Kai Luehrs-Kaiser in: www.welt.de, 01.10.2007*

M4 Bekannt wie ein Popstar

Er kann nicht laufen, nicht sprechen und sitzt seit über 40 Jahren im Rollstuhl. Und er ist einer der genialsten Köpfe, die es derzeit auf der Welt gibt. Stephen Hawking ist unter Wissenschaftlern so bekannt wie ein Popstar, auch wenn er sich mit Dingen wie „Urknall“ oder „Schwarzen Löchern“ beschäftigt. Es gibt wohl fast keinen Wissenschaftler, der schon zu Lebzeiten so bekannt und berühmt ist wie Stephen Hawking.

Und Stephen Hawking hat ein hartes Schicksal. Mit 21 Jahren ist er schwer erkrankt und die Ärzte dachten, dass er nicht mehr lange lebt. Es kommt anders, aber er kann sich nicht mehr bewegen. Stephen Hawking ist schwerbehindert. Über die Hälfte seines Lebens hat er im Rollstuhl verbracht. Sprechen kann er nicht mehr und um sich zu verständigen, benutzt er einen Sprachcomputer.

Stephen Hawking hat große Ideen. Darüber, wie unser Universum entstanden ist. Welche Kräfte es zusammenhalten und immer weiter ausdehnen. Wie Schwarze Löcher funktionieren. Er glaubt, dass kein Gott das Universum geschaffen hat. Stephen Hawking schreibt für sein Leben gerne Bücher, die dir und mir erklären, was im Universum abgeht. „Eine kurze Geschichte der Zeit“ ist ein Bestseller von ihm. Mit seiner Tochter Lucy hat er sogar Kinderbücher geschrieben wie „Die unglaubliche Reise ins Universum“.

www.lilipuz.de, Nachrichten, 07.01.2012

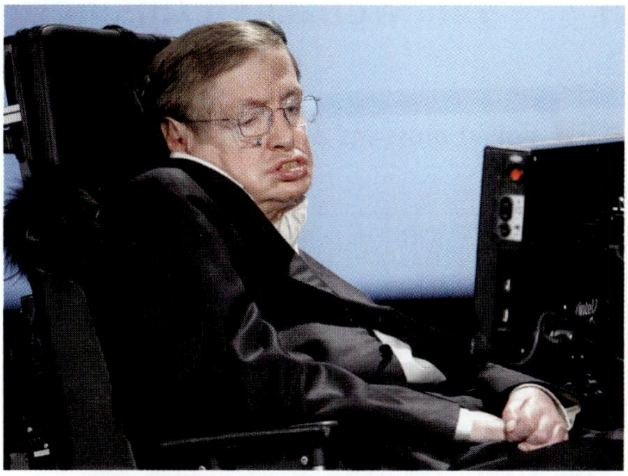

Der berühmte Physiker Stephen Hawking konnte seinen Sprachcomputer zunächst noch mit einer Taste bedienen. Inzwischen steuert er ihn mit den Augen.

Aufgaben

1 Erkundigt euch nach Veranstaltungen des Behindertensports in eurer Nähe. Ihr könnt dazu auch im Internet recherchieren (z. B. www.behindertensport-sachsen.de). ➜ M1

2 Nenne die Gründe für das „Glück“ von Verena. ➜ M2

3 Informiere dich über Verena Bentele und ihre sportlichen Erfolge. Finde auch heraus, welche Aufgabe der Begleitläufer für Sehbehinderte bzw. Blinde hat. ➜ M2

4 Beschreibe, wie der Sänger Thomas Quasthoff mit seiner Behinderung umgegangen ist. ➜ M3

5 Erkläre die Bedeutung bzw. Leistung von Stephen Hawking. ➜ M4

6 Projektvorschlag: Tragt weitere Informationen zu Stephen Hawking zusammen und zieht zum Verständnis seiner physikalischen Theorie auch die Informationen der Doppelseite „Erklärungsversuche der Naturwissenschaften“ (s. S. 32-33) heran. ➜ M4

▶ Glossar: Berliner Philharmoniker

1 Wir wünschen uns gerechte Schulnoten

WAHLTHEMA

M1 Calvin muss ins Bett

Bill Watterson

M2 Sie hat ihre Lieblinge

Im überfüllten Bus nach der Schule. Nebeneinander standen Sophie, Friso und Klas. Sie hielten sich an der Stange oder an den Griffen fest, die an den Sitzen angebracht waren. Die Schultaschen hatten sie zwischen die Füße geklemmt. Die jüngeren Schüler schubsten, drängelten und schleuderten ihre Turnbeutel um sich. Sie hatten anscheinend überschüssige Kräfte.

Friso: Die Müller-Ratenberg ist eine dumme ...
Der Bus ruckelte, das letzte Wort war nicht zu verstehen. Die anderen wussten aber, was Friso meinte.

Sophie: Stimmt, sie hat ihre Lieblinge. Die kriegen bessere Noten, und wenn sie mal was Richtiges sagen, bekommen sie dafür ein dickes Lob. ‚Das hast du sehr gut gemacht, Eva', sagt sie dann. Auch wenn die nichts Besonderes gebracht hat.

Klas: Ich finde sie einfach ungerecht. Man muss alle Menschen gleich behandeln.

Sophie: Gleich behandeln? Meinst du, die Müller müsste allen eine Zwei geben?

Klas: Quatsch, so meine ich das nicht. Mit ‚gleich behandeln' meine ich nur: Die, die dasselbe bringen, sollen auch dieselbe Note bekommen, und nicht unterschiedliche. Bei ihren Lieblingen übersieht die Müller sogar manchmal Fehler; bei mir nie.

Sophie: Und du meinst: Wenn alle dieselben Noten bekommen, die dasselbe geleistet haben, dann ist das gerecht?

Klas: Klar doch, bei wenig Fehlern gute Noten und bei vielen Fehlern schlechtere Noten – und keine Ausnahmen.

Sophie: Auch nicht bei denen, die sich sehr angestrengt haben, die Nachmittage lang für die Arbeit gelernt haben?

Klas: Wenn so einer mal eine etwas bessere Note bekommt, hätte ich nichts dagegen, sozusagen als Belohnung. Aber eigentlich dürfen die Lehrer die Anstrengung gar nicht bewerten, nur die Leistung.

Sophie: Du meinst also: Gleichbehandlung von Gleichen und ...

Klas: ... und ungleiche Behandlung von Ungleichen.

Sophie: Der Bessere soll bessere Noten und der Schlechtere soll schlechtere Noten bekommen. Dann ist es gerecht.

Klas: Klar, versteht sich von selbst.

Helmut Engels, S. 59-60

M3 Alle(s) gleich?

Wieslaw Smetek

M4 Dauerthema: Noten

Was haben Notengebung und Gleichbehandlung miteinander zu tun? Gleichbehandlung bedeutet natürlich nicht, dass alle Schüler und Schülerinnen dieselben Noten bekommen. Wäre vielleicht auch nicht schlecht, aber dann bräuchte man eigentlich keine Noten mehr. Also: Gleichbehandlung bedeutet nicht, dass alle das Gleiche bekommen, sondern – jetzt kommt's! – das Gleiche nur bei gleichen Voraussetzungen. Was ist damit gemeint? Wenn z. B. in Mathe bei zwei Arbeiten die Zahl der Fehler und der richtigen Lösungen gleich ist und die Lösungswege gleich originell sind, dann muss es auch dieselbe Note geben. Logo. Arbeiten, die mehr Fehler haben und in denen weniger Aufgaben gelöst worden sind, müssen dagegen schlechter bewertet werden. Also: Gleiches muss gleich, Ungleiches ungleich bewertet werden.

Und wenn der Lehrer einen Notenschlüssel vorlegt – bei so und so vielen Fehlern die und die Note – und sich genau daran hält, dann sind alle zufrieden und fühlen sich gerecht behandelt.

Ihr nickt, ihr haltet das für selbstverständlich. Aber war das wirklich schon alles? Gleichbehandlung bei gleichen Voraussetzungen, das ist ganz wichtig, reicht aber noch lange nicht. Wieso nicht, fragt ihr euch? Es könnte doch sein – könnte, muss nicht –, dass die Einteilung bei dem Bewertungsschlüssel nicht O.K. ist oder dass er insgesamt zu lasch oder zu scharf ist. Da denkt man, man wird gerecht beurteilt, aber der Maßstab passt nicht richtig. Wem fällt das schon auf? Aber in der Parallelklasse hätte man vielleicht für dieselbe Leistung bessere oder auch schlechtere Noten bekommen. Oder denkt an andere Schulen!

Wenn man es sich genau überlegt, scheint es sogar ziemlich schwer zu sein, gerechte Noten zu geben. Vielleicht geht es so: Gerecht sind Noten, wenn mit Hilfe eines fairen Notenschlüssels gleiche Leistungen gleich bewertet werden. O.K.?

Aufgaben

1 Erkläre, worüber Calvin sich beschwert. Warum muss Calvin ins Bett, während seine Eltern noch aufbleiben dürfen? ➜ M1

2 Untersuche, was Sophie und Klas unter gerechten Noten verstehen. ➜ M2

3 Welche Vorstellungen vom Gleichheitsprinzip kommen in dem Bild zum Ausdruck? Nehmt dazu Stellung. ➜ M3

4 Was spricht eigentlich dagegen, allen Schülerinnen und Schülern die gleiche Note zu geben? Tauscht eure Überlegungen aus. ➜ M4

5 Was sind gerechte Noten? Erstellt einen Fragebogen für eure Schule, führt eine Umfrage durch und wertet die Ergebnisse aus. ➜ M4

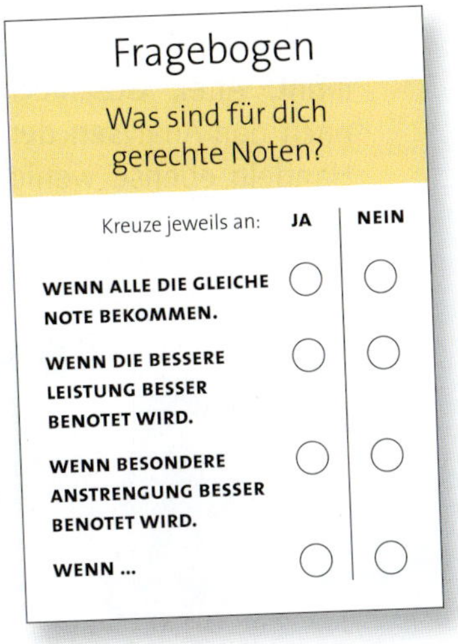

Fragebogen

Was sind für dich gerechte Noten?

Kreuze jeweils an:	JA	NEIN
WENN ALLE DIE GLEICHE NOTE BEKOMMEN.	◯	◯
WENN DIE BESSERE LEISTUNG BESSER BENOTET WIRD.	◯	◯
WENN BESONDERE ANSTRENGUNG BESSER BENOTET WIRD.	◯	◯
WENN ...	◯	◯

2 Was ist eigentlich gerecht?

WAHLTHEMA

M1 Zwei Spiele

Das Ultimatumspiel

Das Ultimatumspiel ist ein sehr bekanntes, einfaches Experiment, das schon seit 20 Jahren Wirtschaftswissenschaftler, Psychologen, Philosophen und viele andere beschäftigt. Mit 10 Gummibärchen statt 10 Euro lässt es sich leicht nachspielen.

Spielanleitung:
Ein Spielleiter gibt dir (Person A) 10 Euro mit der Auflage, einem anderen (Person B, zum Beispiel ein Klassenkamerad oder auch ein Fremder) etwas davon abzugeben. Es ist egal, wie viel du dem anderen abgibst, aber ihr erhaltet das Geld nur, wenn der andere (Person B) dem Angebot zustimmt; lehnt Person B ab, so erhält niemand das Geld.

Wichtige Zusatzregel:
Die beiden Testpersonen dürfen nicht miteinander reden, so dass nichts ausgehandelt werden kann.

Ergebnisse:
In westlichen Gesellschaften werden kaum unfaire Angebote gemacht, die Mehrheit bietet um die 5 Euro an. Wenn unfaire Angebote gemacht werden z. B. 7 Euro und mehr für Spieler A, so werden diese meist abgelehnt. Alter, Geschlecht, Bildung erklären nach den Analysen der Wissenschaftler das Handeln ebenso wenig wie etwa Reichtum. Selbst sehr arme Leute gaben häufig vergleichsweise viel ab.

Das Trittbrettfahrspiel

Spielanleitung:
In diesem Spiel erhalten mehrere Versuchspersonen eine bestimmte Geldausstattung, zum Beispiel 10 Euro. Sie sollen nun einen Teil des Geldes verdeckt auf ein gemeinsames Konto zahlen (öffentliches Gut). Nachdem jeder einen Betrag in dieses Konto eingezahlt hat, verdoppelt der Spielleiter den eingezahlten Betrag. Nun wird dieses „öffentliche Gut", also der eingezahlte Betrag, gleichmäßig auf alle verteilt, egal wie viel jeder eingezahlt hat. Ein „Trittbrettfahrer", der weniger einzahlt, hat also auch etwas davon. Auch dieses Spiel lässt sich mit 10 Gummibärchen gut nachspielen.

Zusatzregel:
Die fairen Einzahler dürfen nun die Trittbrettfahrer bestrafen. Sie zahlen hierfür eine Gebühr und der Spielleiter muss den Trittbrettfahrern einen Strafzoll abfordern, d. h. die Fairen müssen Geld zahlen, um die Egoisten zu bestrafen.

Ergebnisse:
Obwohl die Bestrafung kostspielig ist und man selbst nichts davon hat, sind die kooperativen Spieler bereit, Kosten auf sich zu nehmen, um Trittbrettfahrer zu strafen. Diese merken, dass sie bestraft werden, wenn sie nichts zum Gemeinschaftskonto beitragen, und ändern deshalb ihr Verhalten.

M2 Was ist denn nun Gerechtigkeit?

Du möchtest wissen, was Gerechtigkeit ist? Man könnte sagen: Wenn du genau das bekommst, was dir zusteht, dann wirst du gerecht behandelt und bist zufrieden. Einverstanden? Man kann das auch anders ausdrücken: Ein Mensch handelt gerecht, wenn er anderen genau das gibt, worauf sie ein Recht haben. Du merkst: Gerechtigkeit setzt voraus, dass einem Menschen etwas zusteht oder dass er Recht auf etwas hat. Das ist wahrscheinlich nichts Neues für dich.

Aber jetzt wird's schwieriger. Denn es ergeben sich hier (mindestens) zwei Fragen. Erstens: *Was* kann einem denn alles zustehen oder *worauf* kannst du ein Anrecht haben? Und zweitens: *Wodurch* steht einem Menschen etwas zu?

1. Anrecht auf ...

Dir kann vieles und recht Unterschiedliches zustehen: zum Beispiel Nahrung, Kleidung, medizinische Versorgung, Lohn für eine Arbeit, in der Schule bestimmte Noten. Du kannst das Recht haben, dass ein anderer etwas für dich tut oder dass er etwas sein lässt. Und du kannst das Recht haben, dass du etwas tun oder lassen darfst. Natürlich kann das, was dir zusteht, auch etwas Unangenehmes sein, etwa eine Strafe, die du selbst verschuldet hast. Dass es gerechte und ungerechte Strafen gibt, das weißt du. Auch kann es gerecht sein, dass du etwas abgeben musst, was du gerne behalten möchtest.

2. Gründe für das Zustehen

Wodurch kann dir etwas zustehen? Dir fällt wahrscheinlich ein: „Für eine Leistung (oder die nicht erbrachte Leistung) steht mir in der Schule eine Beurteilung in Form einer Note zu. Wenn ich mich danebenbenommen habe, steht mir eine Strafe oder eine Pflicht zu einer Wiedergutmachung zu. Wenn ich Nachhilfe gegeben oder dem Nachbarn den Rasen gemäht habe, dann steht mir für diese Arbeit eine Bezahlung zu."

Woran du vielleicht nicht denkst: Dir steht auch etwas zu, weil du bist, was du bist. Was bedeutet das? Gemeint ist Folgendes: Dir steht etwas zu, weil du Mensch bist – du hast daher ein Recht auf Leben, ein Recht auf Freiheit, ein Recht auf Sicherheit, ein Recht auf Hilfe im Notfall. Wer dir dies verweigert, handelt ungerecht. Es kann einem Menschen auch etwas zustehen aufgrund des Alters – denke an Säuglinge und gebrechliche Alte –, aufgrund des Geschlechts – sind Frauenparkplätze etwa ungerecht? – oder aufgrund von Fähigkeiten und Können, denke nur an die Voraussetzungen für viele Berufe. Gerechtes und Ungerechtes durchzieht, wie du merkst, alle Lebensbereiche.

Eine einfache Formel

Für das, was zu Anfang über Gerechtigkeit gesagt wurde, gibt es seit der Antike eine ganz knappe Formel, die man sich gut merken kann. Sie lautet: *„Suum cuique! Einem Jeden das Seine!"* Das ist keine Feststellung, sondern eine Forderung. Die Formel klingt vielleicht etwas merkwürdig, denn man könnte denken: was „mein" ist, habe ich ja schon. Aber das, was mir „eigentlich" schon gehört, worauf ich also ein Recht habe, habe ich oft noch nicht wirklich, es muss mir erst gegeben werden. Wenn mir für eine Arbeit, die ich geleistet habe, 100 € zustehen, dann kann der Schuldner sie auch einfach behalten, obwohl sie eigentlich mir gehören. Gerecht ist der Schuldner erst dann, wenn er sie mir tatsächlich gibt.

Aufgaben

1 Spielt die beiden Spiele mehrfach durch und haltet die Ergebnisse fest. Befragt die Mitspieler zu den Gründen für ihr Verhalten. ➜ M1

2 Erstellt ein Plakat zu den verschiedenen Aspekten von Gerechtigkeit. ➜ M2

3 Eure Ethik-Lehrerin oder euer Ethik-Lehrer bringt Süßigkeiten mit in die Klasse. Sie sind von unterschiedlicher Art und Größe (Schokoladenriegel, Gummibärchen, Bonbons usw.). Es sind mehr Süßigkeiten vorhanden als Schülerinnen und Schüler. Findet heraus, wie ihr die Süßigkeiten gerecht aufteilen könnt.

3 Das Projekt einer guten und gerechten Schule

WAHLTHEMA

M1 Ein schlechtes Beispiel

David ist 13 und schon zweimal sitzen geblieben. Er hasst die Schule und wacht deshalb jeden Morgen mit Magenschmerzen auf. Mit den Lehrern kommt er als schlechter Schüler nicht zurecht – er hat oft den Eindruck, sie haben nur ihre Lieblinge. Wieder einmal steht ein Schulwechsel an.

Schließlich schrieben mich meine Eltern in der Jean-Moulin-Schule ein, direkt in unserer Nähe. Am Anfang wollten sie mich nicht dort hinschicken, weil sie einen schlechten Ruf hat. Das Niveau schien gleich null zu sein, und die Schüler erpressten Schutzgelder untereinander. Aber da sie die Einzige war, die mich akzeptierte, hatten sie keine Wahl. Sie gaben meine Unterlagen ab und ich ging zum Fotoautomaten, um Passfotos zu machen. Ich sah wirklich ziemlich schlimm aus auf diesen kleinen Fotos. Sie konnten sehr zufrieden sein mit dem neuen Mitglied der Jean-Moulin-Schule. Ein dreizehnjähriger Kerl in der sechsten Klasse mit Händen wie Hulk und einem Kopf wie Frankenstein ... Das war ein gutes Geschäft! [...]
Ich war nicht mehr der Älteste in meiner Klasse und auch nicht mehr der Schlechteste. Ich schlängelte mich unbemerkt durch. Ich blieb im Hintergrund und versuchte, den großen Mackern in der Schule aus dem Weg zu gehen. Ich gab die Idee mit der Timberlandjacke auf, weil ich zu große Zweifel hatte, dass ich sie hier lange behalten würde ... Die Schule machte mich nicht mehr so krank wie vorher, aus einem einfachen Grund: Ich hatte kaum noch den Eindruck, zur Schule zu gehen, eher in eine Art Schüler-Zoo, in dem man zweitausend Jugendliche von morgens bis abends zusammenpferchte. Ich lebte irgendwie vor mich hin. Ich war schockiert, wie bestimmte Schüler mit den Lehrern umsprangen. Ich rührte mich so wenig wie möglich. Ich zählte die Tage. *Anna Gavalda, S. 42, 49-50*

M2 Ein Test zur Bestandsaufnahme

Wenn ein Schüler wie David den Eindruck hat, dass ein Lehrer nur „seine Lieblinge" hat, fühlt er sich ungerecht behandelt. Und wozu sich anstrengen, wenn es ohnehin nicht gerecht zugeht? Wie aber soll eine gerechte, gute Schule aussehen, an der sich jeder wohlfühlt? Was ist alles zu beachten? Folgender Test kann helfen:

1. SCHÜLERINNEN UND SCHÜLER

Respekt
In der Klasse wird niemand gemobbt. Jeder respektiert jeden und geht behutsam mit den Schwächen der anderen um. Punkte: ....

Solidarität
Es herrscht keine Konkurrenz. Wir halten zusammen und helfen uns auch gegenseitig, wenn jemand etwas nicht verstanden hat. Punkte: ....

Lösung von Konflikten
Wenn Konflikte auftreten, sprechen wir darüber, versuchen zu verstehen, wieso es dazu gekommen ist, und suchen gemeinsam nach Lösungen. Punkte: ....

Gemeinschaftsgefühl
Wir treffen uns in der Freizeit oft mit Schulkameraden, nehmen gerne an Schulfesten usw. teil und interessieren uns auch für Projekte unserer Schule. Punkte: ....

2. UNTERRICHT

Unterrichtsatmosphäre
Die Stimmung in den Unterrichtsstunden ist meistens so, dass man entspannt und konzentriert mitarbeiten kann. Punkte: ....

Unterrichtsstoff
Der Unterrichtsstoff wird meistens interessant dargeboten. Wir behandeln oft Themen, die für uns wichtig sind. Punkte: ....

Unterrichtsgestaltung
Der Unterricht ist nicht eintönig. Die Lehrerinnen und Lehrer setzen vielfältige Unterrichtsformen und ansprechende Methoden und Materialien ein. Punkte: ....

3. LEHRER UND SCHÜLER

Anerkennung
Die Lehrerinnen und Lehrer nehmen uns als Gesprächspartner ernst und behandeln uns nicht von oben herab. Punkte: ....

Offenheit
Wir können mit den Lehrerinnen und Lehrern offen über Schwierigkeiten und Probleme sprechen. Punkte: ....

Rückmeldungen
Die Lehrer sind an Rückmeldungen zum Unterricht interessiert. Sie möchten wissen, was uns gefällt oder auch nicht gefällt. Punkte: ....

Engagement
Die Lehrerinnen und Lehrer haben Zeit für uns und unternehmen mit der Klasse etwas außerhalb des Unterrichts. Punkte: ....

Gerechtigkeit
Die Lehrerinnen und Lehrer behandeln uns fair, bevorzugen niemanden und geben gerechte Noten. Punkte: ....

4. RÄUME

Klassenzimmer
Die Klassenzimmer sind zweckmäßig und ansprechend eingerichtet. Wir können sie mitgestalten, so dass wir uns darin wohlfühlen. Punkte: ....

Lern- und Erholungsräume
Die Schule verfügt über Räume, in denen man sich erholen und z. B. in der Mittagspause aufhalten kann, sowie über eine Bibliothek und Computerräume, die dem selbständigen Lernen dienen. Punkte: ....

Schulhof
Der Schulhof ist begrünt und bietet vielfältige Möglichkeiten der Pausengestaltung: Platz zum Laufen und Spielen, Bänke, Ruhezonen etc. Punkte: ....

Auswertung

1. Gesamtpunktzahl – Schülerinnen und Schüler: ....
2. Gesamtpunktzahl – Unterricht: ....
3. Gesamtpunktzahl – Lehrer und Schüler: ....
4. Gesamtpunktzahl – Räume: ....

Zukunftswerkstatt Schule

PROJEKT

Führt eine Zukunftswerkstatt zum Thema „Gerechtigkeit in der Schule" durch. Teilt euch in Gruppen zu etwa sechs Mitgliedern auf und geht dabei in folgenden Schritten vor:

- Sammelt zunächst Aspekte an eurer Schule/in eurer Klasse, bei denen es um Gerechtigkeit geht (Notengebung, Umfang der Hausaufgaben, Teamauswahl im Schulsport etc.). Notiert, womit ihr zufrieden oder unzufrieden seid.
- Überlegt dann, was ihr euch zusätzlich wünscht bzw. was sich ändern müsste, damit mehr Gerechtigkeit herrscht.
- Untersucht im dritten Schritt, was sich von den Idealvorstellungen verwirklichen lässt, und entwickelt Pläne, wie dies geschehen kann.
- Stellt eure Ergebnisse auf Plakaten vor. Einigt euch auf bestimmte Maßnahmen und überlegt, was nötig ist, um sie umzusetzen. Was möglich ist, versucht dann auch durchzuführen.

Aufgaben

1 Beschreibe Davids Eindrücke von seiner neuen Schule. → M1

2 Bewerte jeden Aspekt der einzelnen Felder mit 0 bis 2 Punkten (0 = trifft an unserer Schule nicht zu; 1 = trifft zum Teil / manchmal zu; 2 = trifft zu). Addiere die Punkte zu einer Gesamtbewertung. → M2

3 Vergleicht eure Bewertungen aus Aufgabe 2 und besprecht die Ergebnisse. Berücksichtigt vor allem die Ergebnisse der Testteile „Schülerinnen und Schüler" sowie „Lehrer und Schüler". → M2

Gesamtpunktzahl: ....

0 – 10 Punkte:
An der Schule muss sich Einiges ändern!

11 – 21 Punkte:
Die Schule ist eigentlich ganz o.k.

22 – 30 Punkte:
An der Schule kann man sich wirklich wohlfühlen. Weiter so!

1 Glücklich sein

WAHLTHEMA

M1 Ich bin glücklich!

M2 Was mich glücklich macht

„Ich spiele am liebsten Gitarre", sagte Gloria.
„Ich spiele am liebsten Computerspiele", sagte Alvaro.
„Ich finde, das ist keine sonderlich befriedigende Sache", sagte Manuel.
„Warum?", fragte Alvaro.
„Es ist immer dasselbe, und nachher langweilt man sich."
„Wenn ich mich langweile, spiele ich einfach ein neues Spiel." Alvaro gab sich noch lange nicht geschlagen.
„Aber diese Spiele dienen immer nur der bloßen Unterhaltung", sagte Manuel. „Auch wenn du sie mit Freunden spielst, ist ihr Reiz schnell vorbei, weil sie mit deinem sonstigen Leben nichts zu tun haben. Im Gitarrespiel kannst du dagegen deine Gefühle zum Ausdruck bringen, und manchmal auch die von anderen Menschen. Es ist also etwas, was über die eigene Unterhaltung hinausgeht."

nach Ernst Tugendhat, S. 167-168

M3 Können Blumen glücklich sein?

„Tante Gerties Blumen sind wieder glücklich", berichtete Fred.
„Blumen können nicht glücklich sein", sagte Alice in der Ecke finster, über eine Schale Cornflakes gebeugt. „Tante Gertie spricht gern über Blumen, als ob sie Menschen wären. Aber in Wirklichkeit haben sie gar keine Gefühle. Sie können nicht durstig, traurig oder glücklich sein." [...] Fred entschloss sich, Tante Gertie die Blumenfrage vorzulegen. „Tante Gertie, woher wissen wir, dass Chrysanthemen glücklich sind?"
„Hast du sie heute nicht gesehen?", fragte Tante Gertie. „Sie heben ihre Köpfe und strahlen uns an."
„Ach, du tust so, als seien sie Menschen", sagte Alice mürrisch. „Dabei weißt du genau, dass sie in Wirklichkeit überhaupt keine Gefühle haben. Sie können sich nicht glücklich fühlen." [...]
„Wenn du denkst, Glück ist wie das Gefühl, wenn dir an einem kalten Tag heiße Schokolade durch die Kehle rinnt, dann sind Pflanzen vielleicht nicht glücklich", räumte Tante Gertie ein. „Soweit wir wissen, haben sie diese Art Empfindung nicht. Aber einige unserer glücklichsten Augenblicke sind die, in denen wir etwas tun, was man gern tut – singen in einem großen Chor oder ein Spiel gut beherrschen. Du hast gar keine Zeit, innezuhalten und warme Gefühle zu bekommen. Dein Glück besteht eben darin, etwas zu tun, worin du gut bist, mit alldem, was in dir steckt. Blumen können ihre Köpfe hochhalten und ihre Blüten herzeigen mit alldem, was in ihnen steckt. Wenn sie gesund sind und gut versorgt, dann tun sie eben dies. Und das ist Glück für eine Blume."
Fred dachte über das, was Tante Gertie gesagt hatte, nach. [...]
Vielleicht besteht Glück für jedes Lebewesen gerade darin, etwas sehr gut zu machen, mit alldem, was man in sich hat, wie Tante Gertie gesagt hatte. Für eine Blume wäre das zu blühen.

Gareth B. Matthews, S. 24, 29-30

M4 Meine Glücksblume

> **Glück**
>
> INFO
>
> Das Wort „Glück" hat im Deutschen eine doppelte Bedeutung: Zum einen bedeutet es Zufall im Sinne von „Glück haben", zum andern bedeutet es so viel wie „glücklich sein".
> In anderen Sprachen gibt es dafür jeweils zwei Wörter:
> - Englisch: *luck – happiness*
> - Französisch: *fortune – bonheur*
> - Lateinisch: *fortuna – felizitas*

M5 Checkliste für Ziele

Wichtig für das Glückserleben ist das Aufstellen von Zielen, die sich lohnen. Um sie herauszufinden, kannst du folgende Fragen stellen:

1. Was ist mein Ziel, was will ich? (Was sind meine Bedürfnisse, Wünsche, Sehnsüchte?)
2. Woran würde ich erkennen, dass ich das Ziel erreicht habe? (Was sehe, höre, fühle ich?)
3. Wie möchte ich das Ziel erreichen? (Mit wem, wann und wo?)
4. Wie verändert sich mein Leben, wenn ich mein Ziel tatsächlich erreicht habe? (Worauf muss ich verzichten? Was gewinne ich?)
5. Was benötige ich, um mein Ziel zu erreichen? (Welche Schritte muss ich tun? Welches ist der erste Schritt? *nach Mihaly Csikszentmihalyi, S. 107*

Aufgaben

1 Beschreibe einen Zustand, in dem du sehr glücklich warst. Beschreibe auch deine Gefühle und Gedanken. ➜ M1

2 Sammelt Bilder aus Zeitschriften u. Ä., die Menschen in glücklichen Zuständen zeigen, und gestaltet eine Wandzeitung. ➜ M1

3 Manuel behauptet, Gitarre spielen mache glücklicher als Computerspiele. Teilt euch in zwei Gruppen und findet überzeugende Argumente für beide Seiten. ➜ M2

4 Was meint Tante Gertie, wenn sie sagt, ihre Blumen seien „glücklich"? Diskutiert den Einwand, den Alice dagegen vorbringt. ➜ M3

5 „Glück ist: etwas sehr gut zu machen, mit all dem, was man in sich hat." Sammelt Beispiele für diese Aussage. ➜ M3

6 Lass deine Glücksblume blühen! Male eine Blume in dein Heft und schreibe in die Blütenblätter, was dich glücklich macht. ➜ M4

7 Bilde Sätze, in denen das Wort Glück auf unterschiedliche Weise gebraucht wird: ➜ Infokasten
Ich habe Glück gehabt, weil ...
Ich bin glücklich, wenn ...

8 Formuliere anhand der Checkliste dein persönliches Lebensziel und den Weg, wie du es erreichen willst. ➜ M5

9 Formuliere für deine Freunde Ratschläge, wie man ein glückliches Leben führen kann.

2 Geschichten vom Glück

WAHLTHEMA

M1 Hans im Glück

Vielleicht kennt ihr das Märchen der Gebrüder Grimm von Hans im Glück? Nach sieben Lehrjahren lässt Hans sich seinen Lohn, einen Batzen Gold, auszahlen, und macht sich auf den weiten Heimweg zu seiner Familie.

Und Hans tauscht weiter:

Bilder: Rotraut Susanne Berner

Hans lud den Stein auf und ging mit vergnügtem Herzen weiter. Indessen, weil er seit Tagesanbruch auf den Beinen gewesen war, begann er müde zu werden. Wie eine Schnecke kam er zu einem Feldbrunnen geschlichen, wollte da ruhen und sich mit einem frischen Trunk laben; damit er aber die Steine im Niedersitzen nicht beschädigte, legte er sie bedächtig neben sich auf den Rand des Brunnens. Darauf setzte er sich nieder und wollte sich zum Trinken bücken, da stieß er ein klein wenig an, und beide Steine plumpsten hinab. Als Hans sie mit seinen Augen in die Tiefe hatte versinken sehen, sprang er vor Freuden auf, kniete dann nieder und dankte Gott mit Tränen in den Augen, dass er ihm auch diese Gnade noch erwiesen und ihn auf eine so gute Art von den schweren Steinen befreit hätte. „So glücklich wie ich“, rief er aus, „gibt es keinen Menschen unter der Sonne!“

nach: Das große bunte Märchenbuch, S. 89

M2 König Midas

Die griechische Sage berichtet von König Midas, der dem Weingott Bacchus einen großen Dienst erwiesen hat, und sich dafür etwas wünschen darf. Überglücklich über dieses Angebot sprach er:

„Bring es zuwege, dass alles, was ich mit meinem Leib berühre, sich in gelbes Gold verwandelt!" Bacchus gewährte ihm den Wunsch und verleiht ihm die schädliche Gabe, doch bedauert er, dass Midas nichts Besseres erbeten hat. Vergnügt geht der König fort und freut sich über sein Unglück. Er prüft nach, ob er sich auf das Versprechen verlassen kann, indem er alles Mögliche berührt. Noch hat er kein rechtes Vertrauen, als er von einer nicht besonders hohen Steineiche einen grünbelaubten Zweig bricht – da wird der Zweig zu Gold! Er nimmt einen Stein vom Boden, und auch der Stein beginnt golden zu schimmern. [...]
Er kann sich kaum ausmalen, was er sonst noch erhoffen darf: alles stellt er sich schon golden vor. Noch freut er sich, da decken Diener die Tafel und tragen mancherlei Gerichte auf; auch Brot fehlt nicht. Doch kaum nimmt er dies in die Hand, erstarrt es zu Gold, und will er andere Kost hungrig mit den Zähnen zerkleinern, umgibt sie eine goldene Hülle, sobald sie die Zähne berühren. Er hatte Wein, die Gabe des Bacchus, der ihn so begabt hatte, mit klarem Wasser gemischt. Da hätte man sehen können, wie ihm flüssiges Gold in den Mund rann!
Bestürzt über das unerhörte Verhängnis will er, zugleich reich und elend, vor seinen Schätzen fliehen und verabscheut, worum er eben noch flehte. Kein Überfluss stillt seinen Hunger, vor brennendem Durst lechzt der trockene Gaumen; verdientermaßen foltert ihn das Gold, das er jetzt hasst. Da hebt er die Hände und goldumhüllte Arme zum Himmel und ruft: „Verzeih, Vater Bacchus, ich habe gefehlt, doch erbarme dich bitte und reiße mich aus meinem gleißenden Elend!"
Gnädig walten die Götter: Weil er seinen Fehler gesteht, erlöst ihn Bacchus und nimmt ihm das gegebene Wort samt der Gabe zurück. *Ovid, S. 263-264*

M3 Das Gleichnis vom verlorenen Sohn

Ein Mann hatte zwei Söhne. Der jüngere verlangte von seinem Vater den Anteil des Vermögens, der ihm zukam, packte alles zusammen und zog fort in ein fernes Land. Dort vergeudete er sein Vermögen. Als eine große Hungersnot über jenes Land kam und er Not zu leiden begann, arbeitete er als Schweinehirte. Gern hätte er seinen Magen gefüllt mit den Schoten, von denen die Schweine fraßen, aber niemand gab sie ihm. Da sprach er: „Wie viele Taglöhner meines Vaters haben Brot in Überfluss, und ich gehe hier vor Hunger zugrunde. Ich will zu meinem Vater gehen und sagen: Vater, ich habe mich versündigt gegen den Himmel und vor dir; nicht mehr bin ich wert, dein Sohn zu heißen; halte mich wie einen deiner Taglöhner." Und er ging zu seinem Vater. Er war noch weit weg, da sah ihn sein Vater und lief, von Mitleid bewegt, ihm entgegen, fiel ihm um den Hals und küsste ihn. Der Sohn sagte: „Vater, ich habe mich versündigt gegen den Himmel und vor dir; nicht mehr bin ich wert, dein Sohn zu heißen." Der Vater aber sagte zu seinen Knechten: „Holt ihm geschwind das beste Kleid und Schuhe; bringt auch das Kalb und schlachtet es! Wir wollen ein Freudenfest feiern; denn dieser mein Sohn war tot und wurde wieder lebendig, war verloren und wurde gefunden."

nach: Die Bücher des Neuen Testamentes, S. 126-127

Aufgaben

1 Erkläre, was Glück für den Scherenschleifer bedeutet und was für Hans. ➜ M1

2 Schlüpfe in die Rolle eines modernen Hans mit modernen Gegenständen. Prüfe, was Hans an den neuen Gegenständen lästig empfinden könnte. ➜ M1

3 Spielt die Geschichte von König Midas nach. Warum ist er mit dem vielen Gold nicht glücklich? ➜ M2

4 Ernennt einen Denkmalbauer, der aus drei Mitschülerinnen und Mitschülern jeweils ein Standbild schafft, das den Vater und die beiden Söhne am Anfang und am Ende der Geschichte darstellt. ➜ M3

5 Vergleiche Hans, König Midas und den Vater. Wer hat Glück, wer ist glücklich oder lebensfroh? Was lässt sich über die Dauer des Glücks sagen? ➜ M1-M3

3 Das Streben nach dem Glück

WAHLTHEMA

M1 Was für mich wichtig ist

Wenn man euch einzeln fragt: „Welche Dinge sind für dich im Alltag wichtig?", dann wird wohl jeder von euch rasch einiges nennen können. Hier hat der französische Maler René Magritte alles in einem Zimmer zusammengestellt, was für ihn wichtig ist. Betrachtet aufmerksam das Bild von René Magritte und beachtet auch die Größe der gemalten Gegenstände.

René Magritte, Persönliche Werte, 1952

M2 Machen Dinge glücklich?

Täusch dich nicht: Von einer Sache – mag sie auch die beste der Welt sein – kann man nur Sachen erhalten. Niemand kann etwas geben, das er nicht hat, nicht wahr? Noch viel weniger kann eine Sache mehr geben, als sie ist. [...] Das Geld ist für fast alles nützlich, aber dennoch kann man mit ihm keine echte Freundschaft kaufen (für viel Geld bekommt man Unterwürfigkeit, Schmarotzer als Freunde oder käuflichen Sex, aber nicht mehr). Also, ein Videogerät kann einem anderen ein Ersatzteil geben, aber keinen Kuss. Wenn wir Menschen einfache Sachen wären, würde uns das genügen, was uns die Sachen geben können. Aber das ist die Komplikation, von der ich gesprochen habe: Weil wir keine reinen Sachen sind, brauchen wir „Dinge", die die Sachen nicht haben. Wenn wir die anderen wie Sachen behandeln, [...] erhalten wir von ihnen ebenfalls nur Sachen: Auf Druck geben sie Geld heraus, dienen uns (wie Automaten), gehen weg, kommen herein, berühren uns oder lachen, wenn wir den richtigen Knopf drücken. Aber auf diese Weise geben sie uns niemals die [...] Güter, die nur Menschen geben können. So erhalten wir keine Freundschaft, keinen Respekt und noch viel weniger Liebe. Keine Sache (auch kein Tier, weil dessen und unser Charakter zu verschieden sind) kann uns diese Freundschaft, Achtung, Liebe, mit einem Wort, diese fundamentale Anteilnahme geben, die man sich nur unter Gleichen gewährt und die uns – [...] die wir Menschen sind – nur die Menschen geben können, die wir als solche behandeln. Das Letztere ist wichtig, weil das bedeutet, dass wir Menschen uns gegenseitig zu Menschen machen.

nach Fernando Savater, S. 70–71

M3 Bedürfnispyramide

Der amerikanische Forscher Abraham Maslow hat schon vor 50 Jahren untersucht, wie die menschlichen Bedürfnisse zusammenhängen. Bestimmte Bedürfnisse, so hat er herausgefunden, entstehen erst dann, wenn andere befriedigt sind. Wenn beispielsweise das grundlegende Bedürfnis nach Sicherheit nicht befriedigt wird, werden andere Bedürfnisse plötzlich unwichtig.

M4 Glück als letztes Ziel unseres Strebens

Menschen sind ständig damit beschäftigt, irgendetwas zu tun – sie wollen dieses und jenes erreichen. Der eine will vielleicht gute Leistungen in Schule oder Beruf erzielen, der andere legt Wert auf Aussehen und Kleidung oder auf Fitness und Sport, wiederum andere wollen reich werden usw. Ich habe mich gefragt, wozu Menschen das alles wollen, was das Ziel ihres Strebens ist. Es gibt nur eine Antwort: Sie alle tun es letztlich, um glücklich zu werden. Das Glück ist das letzte Ziel all unseres Strebens. Worin das Glück besteht, darüber gibt es jedoch sehr unterschiedliche Auffassungen. Deshalb sehe ich es als eine wichtige Aufgabe der Philosophie an zu fragen, worin das Glück eigentlich besteht.

nach Aristoteles.
In: Jörg Peters/Bernd Rolf, S. 71-73

Aufgaben

1 Zeichne dein Zimmer auf ähnliche Weise, wichtige Dinge sind besonders groß. Diskutiert in Gruppen: Weshalb willst oder kannst du auf die einzelnen Dinge nicht verzichten? → M1

2 Stelle dir eine Wunschliste mit drei Geschenkideen für dich zusammen und vergleiche das Ergebnis mit dem deiner Mitschülerinnen und Mitschüler. Erklärt euch gegenseitig, weshalb die ausgewählten Geschenke für euch wichtig sind. → M1

3 Teile den Text in Abschnitte und fasse jeden Abschnitt in eigenen Worten zusammen. → M2

4 Finde Beispiele für die einzelnen Bedürfnisse in der Pyramide. Überlege, ob du die Bedürfnisse in der gleichen Reihenfolge anordnen würdest. Warum bzw. warum nicht? → M3

5 Verfasse einen Tagebucheintrag: Am liebsten tue ich ... → M4

Altes Testament: der erste Teil der christlichen Bibel. Das Alte Testament handelt vom sogenannten „Alten Bund“ zwischen Gott und dem Volk ➜ Israel. Für Christen wurden die Prophezeiungen der alttestamentarischen Propheten durch das Erscheinen von Jesus erfüllt. Von Jesus wird dann im „Neuen Testament“ erzählt. *S. 144*

Aminosäuren: Bausteine des Eiweißes. Es gibt 20 verschiedene Aminosäuren, einige davon (die sogenannten essenziellen Aminosäuren) können vom Körper selbst nicht gebildet werden und müssen deshalb mit der Nahrung aufgenommen werden. *S. 33*

Analyse: allgemein eine wissenschaftliche Methode, ein Ganzes in seine Teile zu zerlegen. *S. 19*

Argument (lateinisch: Beweis): Aussage, die der Begründung einer anderen Aussage wie z. B. einer Behauptung dienen soll. Mit Hilfe einer Verknüpfung von Argumenten – einer Argumentation – soll beispielsweise ein Gesprächspartner zur Zustimmung oder Ablehnung einer Behauptung bewegt werden. Dabei werden in der Regel Argumente durch Beispiele oder Belege gestützt, damit die gewünschte Folgerung vom Gesprächspartner nachvollzogen wird. *S. 35, 112*

Arisierung: Begriff der Nationalsozialisten, der auf beschönigende Weise die Zwangsenteignung der jüdischen Bevölkerung umschreibt. Der Begriff bezieht sich dabei auf die nationalsozialistische Idee einer „arischen Herrenrasse“. *S. 174*

Aristoteles (384-321 v. Chr.): bedeutender Philosoph der Antike, dessen Schriften das gesamte Wissen des Altertums umfassen. Aristoteles formulierte unter anderem den Grundsatz, dass es für den Menschen am besten sei, einen Mittelweg zu wählen. *S. 19, 45, 61, 151*

Athene (auch: Pallas Athene): griechische Göttin der Städte, des Ackerbaus, der Wissenschaft und der Künste. Tochter des ➜ Zeus. Von den Römern wurde sie der Göttin Minerva gleichgesetzt. *S. 63*

Augustinus, Aurelius (354-430): Kirchenvater und Philosoph des Mittelalters, beschäftigte sich in seinem Werk mit der Allmacht und dem Wesen Gottes und der Bestimmung des Menschen. *S. 14, 115*

Berliner Philharmoniker (bis 2001 auch: Berliner Philharmonisches Orchester): Orchester mit Sitz in Berlin, das zu den besten der Welt zählt. *S. 185*

Besamim: Wohlgerüche, Gewürze. *S. 169*

Boykott: Bezeichnung für den Abbruch politischer, sozialer oder auch wirtschaftlicher Beziehungen. Mit einem Boykott soll z. B. von einem Staat ein bestimmtes Verhalten erzwungen werden. *S. 128*

Buddhismus: eine von Buddha im 6. oder 5. Jahrhundert v. Chr. im nördlichen Indien gestiftete Weltreligion. Die stärkste Verbreitung findet sich in Asien (ca. 336 Millionen Buddhisten). Weltweit gibt es ca. 359 Millionen Buddhisten. Höchstes Ziel des Buddhismus ist das Eingehen ins „Nirwana“ („Verwehen“) und damit die Befreiung von aller Gier, von allen Leidenschaften und damit letztlich das Ausscheiden aus dem Kreislauf der Wiedergeburten, an die die Buddhisten glauben. *S. 24*

Challa (Plural: Challot): Weißbrot in Zopfform, das am Schabbat gegessen wird. *S. 169*

Chanukka-Leuchter (auch: Chanukkia): ein beim Chanukka-Fest verwendeter neunarmiger Leuchter, wobei der neunte Arm in der Mitte nur zum Anzünden der Lichter dient. Chanukka (hebräisch: Weihung), das achttägige Lichterfest, erinnert an die Reinigung und Wiedereinweihung des Jerusalemer Tempels nach der Entweihung durch die Truppen des Seleukidenkönigs (siehe S. 151). *S. 160*

Delta: Bezeichnung für eine Flussmündung, die sich am Mündungsbecken so stark in verschiedene Flussarme verzweigt, dass sie eine fächerförmige Gestalt hat und damit an den griechischen Buchstaben „delta“ erinnert. Unter anderem der Nil und der Mississippi haben solche Deltas. *S. 149*

Deportation: staatliche Zwangsverschickung von Personen oder Gruppen. Während der Zeit des Nationalsozialismus wurden ab Herbst 1941 die deutschen Juden auf diese Weise zwangsverschickt, zunächst oft in ➜ Ghettos und später sofort in die Vernichtungslager. Getarnt waren diese Deportationen als Umsiedlungsmaßnahmen; viele der Menschen wussten also nicht, dass sie ermordet werden sollten. *S. 128*

Descartes, René (1596-1650): französischer Philosoph, Mathematiker und Physiker; Begründer des neuzeitlichen Rationalismus, in dessen Mittelpunkt der Gebrauch und die Ausstattung des Menschen mit Vernunft steht (lateinisch *ratio*: Vernunft). *S. 105*

Diagramm: Schaubild, zeichnerische Darstellung z. B. von Zahlenwerten einer Tabelle. *S. 15*

Diaspora (griechisch: Zerstreuung): Bezeichnung für das jüdische Leben außerhalb des Landes ➜ Israel bzw. früher der Provinz Judäa/➜ Palästina. Wird allgemein auch für jede in einer Minderheit zerstreut lebende religiöse Volksgruppe verwendet. *S. 152*

Exil: Aufenthalt im Ausland nach Verfolgung, Flucht oder Verbannung. *S. 150*

genetisch: erblich bedingt. *S. 47*

Ghetto (auch Getto): Bezeichnung für ein in sich geschlossenes Wohnviertel, in dem Juden ab dem Mittelalter bis in das 19. Jahrhundert meistens zwangsweise leben mussten. Nachts wurden die Tore der Ghetto-Viertel geschlossen. Im Zweiten Weltkrieg (1939-1945) wurden Juden vor allem in Polen von den deutschen Besatzern wieder gezwungen, in Ghettos zu leben. *S. 129, 153, 160*

Gleichnis: veranschaulicht einen Sachverhalt bildlich, indem ein Vergleich zu einem anderen Bereich gezogen wird. *S. 49*

Gruppennorm: von der Mehrheit einer Gruppe geäußerte Urteile und Einstellungen oder von ihr anerkannte Verhaltensregel. *S. 125*

Hawdala (hebräisch: Unterscheidung): eine das Ende des Schabbat und den Beginn der Arbeitswoche kennzeichnende Zeremonie. Sie wird auch am Ende von Festen durchgeführt. *S. 169*

Hebräer: biblische Bezeichnung Abrahams und seiner Nachkommen bzw. Bezeichnung für die Angehörigen des Volkes ➜ Israel (Israeliten). *S. 26, 144*

Illusion: Täuschung, irrige Vorstellung. Hier ist eine falsche Deutung von tatsächlichen Sinneswahrnehmungen gemeint. *S. 99*

Israel (hebräisch: für den Gott streitet bzw. jemand, der mit Gott streitet): In 1.Mose 32,23-33 wird von einem Kampf des Stammvaters ➜ Jakob mit einem himmlischen Wesen erzählt. Danach erhält er den neuen Namen „Israel". Davon ausgehend bezeichnet Israel im religiösen Sinne das Judentum als Volk Israel. Israel ist aber außerdem die Bezeichnung für ein geographisches Gebiet (in biblischer Zeit das Land ➜ Kanaan, in römischer Zeit die Provinz Judäa bzw. ➜ Palästina). Seit 1948 ist Israel schließlich der Name des neu gegründeten jüdischen Staates. „Israeli" bezeichnet heutige Angehörige des modernen Staates Israel, „Israelit" einen Angehörigen des Volkes Israel. *S. 143*

Jakob: biblische Gestalt (zweiter Sohn Isaaks). Nach einem nächtlichen Kampf mit einem himmlischen Wesen erhielt er den Namen ➜ Israel. Er wurde zum dritten Stammvater Israels und seine Söhne gelten als die Ahnherren der zwölf Stämme Israels. *S. 143*

JHWH: der Name Gottes wird in der Thora mittels der hebräischen Buchstaben „Jod", „Hei", „Waw", „Hei" geschrieben. In der lateinischen Schrift wird dies mit J, H, W, H wiedergegeben. Vereinfacht ausgedrückt, können die vier Buchstaben als Art Abkürzung für den Namen Gottes bezeichnet werden. Dieses Tetragramm (Wort mit vier Buchstaben) wird von einem gläubigen Juden allerdings niemals ausgesprochen. Stattdessen verwendet er stets Umschreibungen wie z. B. *Adonai* (Herr) oder *HaSchem* (der Name). *S. 155*

Jiddisch: im Mittelalter aus dem Mittelhochdeutschen, Hebräischen und Slawischen entstandene Mischsprache, die als gesprochene und geschriebene Volkssprache von den osteuropäischen Juden verwendet wurde. Bis zum Ausbruch des Zweiten Weltkriegs sprach von der Gesamtzahl der Juden über die Hälfte Jiddisch. *S. 142*

Kanaan: in der Bibel das Land, in das Abraham gezogen ist (1.Mose 12, 5ff.). *S. 145*

Kiddusch (hebräisch: Heiligung): Zeremonie, die zu Beginn des Schabbat und Festtagen sowie vor einer Mahlzeit am Schabbat erfolgt. Dabei werden Segenssprüche und Gebete über einen Becher Wein gesprochen. *S. 169*

Kommunikation: Austausch oder Übermittlung von Informationen, entweder mittels sprachlicher Zeichen (z. B. geschriebener Text, gesprochene Sprache) oder auch nichtsprachlicher Zeichen (z. B. Lichtsignale). *S. 180*

Konfuzianismus: auf Konfuzius (551-479 v. Chr.) zurückgehende Philosophie. Sie gehört neben dem ➜ Buddhismus und ➜ Taoismus zu den einflussreichsten philosophischen Richtungen in China und Ostasien. *S. 24*

Konsul: der ständige Vertreter eines Staates in einem anderen Staat, unter anderem mit der Aufgabe, die Interessen seines Staates in den Bereichen Handel, Verkehr oder Wirtschaft wahrzunehmen. Unterschieden werden Generalkonsuln, Konsuln, Vizekonsuln und Konsularagenten. *S. 174*

Konsum (lateinisch: Verbrauch, Verzehr): bezeichnet den Erwerb von Sachgütern oder Dienstleistungen zur Befriedigung von Bedürfnissen durch Einsatz von Geldmitteln. *S. 12*

Kooperation (lateinisch: Mitwirkung): Zusammenarbeit unterschiedlicher Partner. *S. 43*

Koordination (lateinisch: ordnen): gegenseitige Abstimmung bzw. Zusammenspiel verschiedener Dinge oder Vorgänge. *S. 43*

kultisch: den Kult betreffend. Unter Kult versteht man eine an bestimmte Formen gebundene Religionsausübung, aber auch eine übertriebene Verehrung für eine Person. Hier ist kultisch auf die Gegenstände, die für die Religionsausübung verwendet werden, bezogen. *S. 160*

Kultur (lateinisch: Bearbeitung, Pflege, Verehrung): die Gesamtheit dessen, was der Mensch gestaltend hervorbringt, im Unterschied zu der von ihm nicht geschaffenen, unveränderten Natur. Kulturleistungen sind alle formenden Umgestaltungen eines gegebenen Materials (Technik, Handwerk) sowie alle Schöpfungen menschlichen Geistes (Sprache, Literatur, Philosophie, Religion, Kunst, Wissenschaft). *S. 60*

liberales Judentum (auch: ➜ progressives Judentum, Reformjudentum): Richtung des Judentums, die von einer auch inhaltlichen Entwicklungsfähigkeit und -notwendigkeit der Religion ausgeht. Ein Unterschied zum ➜ orthodoxen Judentum ist z. B. die Auffassung des liberalen Judentums, die Thora sei ein von Menschen geschriebener Text. Eine Folge davon ist, dass liberale Juden die Gesetze der Thora nicht mehr für Gottes eigene, unveränderbare Worte halten und sie deshalb mitunter freier auslegen (liberal heißt übersetzt freiheitlich). *S. 158*

Manipulation: hier die absichtliche Verfälschung von Informationen durch Auswahl oder Bearbeitung. Bilder, aber auch Texte können auf diese Weise manipuliert werden. Manipulation kann auch die bewusste und gezielte Einflussnahme auf eine Person bezeichnen, ohne deren Wissen, mitunter auch gegen ihren Willen. *S. 104*

Messias (hebräisch: Gesalbter): nach jüdischem Glauben ein Friedensfürst und König im erneuerten Jerusalem, der am Ende der Tage erwartet wird. Das Christentum sieht die messianischen Erwartungen in Jesus Christus erfüllt. Juden sehen in Jesus dagegen nicht den Messias, sondern für sie ist er nichts anderes als ein Jude seiner Zeit. *S. 150, 155*

Migrationshintergrund: Bezeichnung für eine Bevölkerungsgruppe, die aus in Deutschland eingewanderten Personen und deren Nachkommen besteht. *S. 121*

milesische Schule (auch: die Schule von Milet): zu ihr gehören neben dem Philosophen Thales auch seine beiden Schüler Anaximander und Anaximenes. Sie stammen alle stammen aus Milet, einer antiken Stadt an der Westküste Kleinasiens (heutige Türkei), und durch sie wurde Milet im 6. Jahrhundert v. Chr. berühmt als „Geburtsstätte der Wissenschaft". *S. 29*

Montaigne, Michel de (1533-1592): französischer Schriftsteller und Philosoph. *S. 125*

Naturwissenschaften: Oberbegriff für die Wissenschaften, die sich mit der Erforschung der (belebten und unbelebten) Natur sowie ihrer Gesetzmäßigkeiten beschäftigen. Dazu gehören z. B. die Biologie, Chemie oder auch die ➜ Physik. *S. 30-31*

Noah: biblische Gestalt, die im Mittelpunkt der Erzählung von der Sintflut steht (1.Mose 6-9). Noah und seine Familie überlebten nach dem Willen Gottes eine große Sintflut als einzige Menschen in einer Arche. So wurde Noah der Stammvater der neuen Menschheit. *S. 158*

objektiv (lateinisch: entgegenwerfen): außerhalb des subjektiven (eigenen) Bewusstseins stehend; auch: unparteiisch, sachlich. *S. 135*

orthodoxes Judentum: strenggläubige Richtung des Judentums in Abgrenzung zum ➜ liberalen Judentum. *S. 158*

Palästina: nach dem blutigen Aufstand im Jahr 132-135 (siehe S. 152) wurde der Provinzname Judäa von den Römern in „Syria Palaestina“ geändert. *S. 144, 152*

Pantomime (griechisch: alles nachahmend): Kunst oder Darstellung, bei der Handlungen oder Inhalte ganz ohne Gebrauch der Sprache ausgedrückt werden. Es kommen ausschließlich das Mienenspiel (Mimik), Gebärden (Gestik) oder auch tänzerische Bewegungen zum Einsatz. *S. 181*

Pergament: Stoff zum Beschreiben, der aus haarlosen, getrockneten und nicht gegerbten Tierhäuten besteht. Pergament ist durchscheinend oder lichtundurchlässig und wurde seit dem 4./5. Jahrhundert in Europa als Schreibmaterial verwendet. Um 1500 trat dann das Papier an seine Stelle. *S. 158*

Perspektive: Blickwinkel, Betrachtungsweise von einem bestimmten Standpunkt aus. *S. 101, 134-135*

Pharao: Titel der altägyptischen Könige. *S. 146-147*

Physik: Wissenschaft von den Vorgängen im Bereich der unbelebten Natur, die sich experimentell erforschen und messen lassen sowie allgemeingültigen Gesetzen unterliegen. *S. 30*

Pogrom (russisch: Verwüstung): Begriff für Judenverfolgungen, die mit Plünderungen und Mord einhergehen, z. B. im nationalsozialistischen Deutschland (November-Pogrom 1938), aber auch schon früher im zaristischen Russland (Zar war in Russland der offizielle Titel des gekrönten Herrschers). Inzwischen wird der Begriff auch allgemein für eine Ausschreitung z. B. gegen nationale oder religiöse Minderheiten verwendet. *S. 128*

progressives Judentum: andere Bezeichnung für ➜ liberales Judentum. Progressiv heißt übersetzt fortschreitend, sich entwickelnd. *S. 142*

Prometheus: Gestalt aus der griechischen Sage, erschafft die Menschen und bringt ihnen gegen den Willen des ➜ Zeus das Feuer. *S. 63*

Prophet: Person, die als ein Verkünder göttlicher Offenbarung und Botschaft auftritt. *S. 150*

Rabbi/Rabbiner (hebräisch: mein Lehrer): Titel hervorragender Gelehrter der Thora und des Talmud. Heute Bezeichnung für den religiösen Leiter der jüdischen Gemeinde. *S. 147, 154*

Reichsfluchtsteuer: Steuer, die 1931 in Deutschland eingeführt wurde und vermögende Personen von der Übersiedlung ins Ausland abschrecken sollte. Während der Zeit des Nationalsozialismus wurde sie dann dazu genutzt, von jüdischen Bürgerinnen und Bürger, die vor den Nationalsozialisten ins Ausland fliehen wollten, Geld zu verlangen bzw. sie teilweise zu enteignen. *S. 174*

Respekt: Ehrerbietung, Achtung (die man jemanden schuldet). *S. 90*

Ressourcen: Reserve, Hilfsmittel. Gemeint sind damit meist die natürlich vorkommenden Rohstoffe, aber auch z. B. landwirtschaftliche Nutzflächen oder Produktionsmittel, die für die Wirtschaft benötigt werden. *S. 69*

Sch'ma Jisrael: „Höre Israel“, das Bekenntnis zur Einzigkeit Gottes und wichtigstes Gebet mit den Thora-Texten aus 5.Mose 6,4-9; 11,13-21 und 4.Mose 15,37-41. *S. 149*

Schächten: Schlachten reiner, gesunder Tiere gemäß den religiösen Vorschriften. Das Schächten erfolgt durch einen speziell ausgebildeten Schächter, den Schochet. *S. 171*

Schopenhauer, Arthur (1788-1860): Philosoph, der das Mitleid als Quelle und Triebfeder moralischen Handelns herausstellt, das sich in Menschenliebe und Gerechtigkeit äußert. *S. 49*

Seder/Seder-Abend (hebräisch: Ordnung): Feier zum Auftakt des Pessachfestes. Mit symbolischen Speisen feiert die jüdische Familie nach einem genau festgelegten Ablauf die Befreiung und den Auszug aus Ägypten. *S. 166*

Sekte: bezeichnet zum einen allgemein eine religiöse Gemeinschaft, die von ihrer Herkunftsreligion abweicht bzw. sich davon abgespalten hat, zum anderen heute meist abwertend eine kleinere Gemeinschaft, die in einseitiger Weise eine bestimmte Richtung vertritt, die z. B. als Gefährdung der „anerkannten“ religiösen Gemeinschaften oder Kirchen etc. aufgefasst wird. *S. 151*

Seleukiden: ein auf Seleukos I. Nikator zurückgehendes hellenistisches Herrschergeschlecht in Syrien (312- 64 v. Chr.). Mit dem Krieg von Antiochos III. (siehe S. 151) gegen Rom begann sein Niedergang. Schließlich wurde Syrien zur römischen Provinz. *S. 151*

Sokrates (469-399 v. Chr.): griechischer Philosoph. Sokrates wurde dafür bekannt, dass er im Gespräch durch geschickte Fragen bei seinen Gesprächspartnern bloßes Scheinwissen aufdeckte. 399 v. Chr. wurde er wegen Abfall von den alten Staatsgöttern und Gefährdung der Jugend zum Tode durch einen Giftbecher verurteilt. Eine Fluchtmöglichkeit, die ihm angeboten wurde, lehnte er ab und trank das Gift aus Achtung vor Recht und Gesetz. Er hat nichts Schriftliches hinterlassen, seine Lehren sind nur durch seine Schüler, vor allem Platon, überliefert. *S. 13*

spirituell: geistig, geistlich. *S. 172*

Taoismus (auch: Daoismus): philosophische Lehre und Religion in China. Für die philosophische Lehre ist der das Tao oder Dao (= der Weg) ein wichtiger Begriff. Innerhalb der taoistischen Religion gibt es viele verschiedenen Ausprägungen der Lehre. *S. 24*

Theresienstadt: tschechisch Terezín, 1780 als österreichische Festung gegründet und nach Kaiserin Maria Theresia benannt. Unter den Nationalsozialisten wurde hier ein Konzentrationslager eingerichtet. Die Festungsstadt wurde seit November 1941 zunächst als ein Sammellager für Juden, ab Anfang 1942 dann als ➜ Ghetto für Juden über 65 Jahre genutzt. Rund 150 000 Personen wurden bis April 1945 nach Theresienstadt verschleppt. Davon überlebten nur 19 000. *S. 174*

Toleranz (lateinisch: Duldung): Bereitschaft und Fähigkeit, andere Anschauungen, Werte oder Handlungen gelten zu lassen und zu achten (siehe auch S. 133, Infokasten). *S. 13*

Treibhauseffekt: Durch die Verbrennung z. B. von Öl, Kohle und Gas steigt der natürliche Anteil der sogenannten „Treibhausgase“ der Erdatmosphäre an. Die Wissenschaft geht davon aus, dass eine Temperaturveränderung auf der Erde die Folge sein wird (Klimaerwärmung, Klimawandel). Denn wenn sich der Anteil dieser Gase erhöht, heizt sich unsere Atmosphäre stark auf, so als wären in einem Treibhaus die Glasfenster zu dick. Ist der Anteil an Treibhausgasen zu gering, sinkt die Temperatur. *S. 67*

Tsunami (japanisch: hohe Wellen im Hafen): eine riesige Welle mit hoher Geschwindigkeit (bis zu 700 km/h), die z. B. durch unter der Meeresoberfläche stattfindende Erdbeben, Erdrutsche oder Vulkanausbrüche erzeugt wird. Ein Tsunami kann beim Auflaufen auf die Küste bis über 30 Meter hoch sein und sehr schwere Schäden anrichten, wie z. B. in Japan 2011. *S. 66*

Vexierbild: Suchbild, das z. B. eine nicht sofort erkennbare Figur enthält oder aber ein Bild, dessen ➜ Perspektive sich erst bei näherem Hinsehen als unmöglich herausstellt. *S. 99*

Weltklimakonferenz: regelmäßig stattfindende internationale Konferenz, bei der der Klimawandel und seine Ursachen sowie möglichen Folgen und Maßnahmen diskutiert werden. *S. 71*

Widder: männliches Schaf, Schafbock. *S. 145*

Zeit: Wahrnehmung von Veränderung, Bewegung und Entwicklung, Erleben der Vergangenheit (Erinnerung), Gegenwart (momentanes Denken und Handeln) und Zukunft (Planung und Erwartung). *S. 14-15*

Zeus: der höchste der griechischen Götter. Zeus zeugte mit seiner Frau Hera, aber auch mit vielen anderen göttlichen und sterblichen Geliebten Kinder (Götter und Helden). ➜ Athene entsprang dem Mythos nach aus seinem Haupt. Zeus‘ Symboltier war der Adler, seine Waffe der Blitz. *S. 63*

Zünfte (mittelhochdeutsch: Regel): Organisationsform von Handwerkern und anderen Berufsgruppen, die sich im Mittelalter in den europäischen Städten entwickelte. Die Zünfte legten z. B. die Preise der Handwerkserzeugnisse fest oder überwachten die Lehrlings-Ausbildung. *S. 128*

Agricola, Georg. In: Hermann Lübbe/Elisabeth Ströker (Hrsg.): Ökologische Probleme im kulturellen Wandel. Paderborn 1986. Wilhelm Fink/Ferdinand Schöningh

Allport-Skala. In: Gordon W. Allport: Die Natur des Vorurteils. Köln 1971. Kiepenheuer & Witsch. Online: http://de.wikipedia.org/wiki/Allport-Skala (abgerufen am 05.03.2012).

Almsick, Franziska van. Nach www.sportunterricht.de/lksport/fairesportler.html (abgerufen am 02.03.2012).

Anne Frank Tagebuch. Fassung von Otto H. Frank und Mirjam Pressler. Aus dem Niederländischen von Mirjam Pressler. Ergänzte Ausgabe. Frankfurt/M. [10]2006. Fischer Taschenbuch Verlag

Arbeitsgruppe Gleichbehandlung des Forums gegen Rassismus (Hrsg.): Umsetzung des Allgemeinen Gleichbehandlungsgesetzes (AGG) – Diskriminierungsmerkmal „Rasse"/ethnische Herkunft. Info-Brief Nr. 9. Juli 2007. Online: www.nrwgegendiskriminierung.de/de/docs/pdf/Infobrief-09.pdf (abgerufen am 05.03.2012).

Aristoteles. Nach Rolf, Bernd. In: Peters, Jörg/Rolf, Bernd: Kant & Co. im Interview. Fiktive Gespräche mit Philosophen über ihre Theorien. Stuttgart 2009. Reclam

Arx, Ursula von: Ein gutes Leben. 20 Begegnungen mit dem Glück. Zürich 2010. Kein & Aber

Auer, Martin: „Allein mit seinen Gedanken". In: Münnix, Gabriele: Menschlich? Leipzig 1997. Klett

Augustinus, Aurelius: Das Wesen der Zeit. In: Freese, Hans-Ludwig (Hrsg.): Gedankenreisen. Philosophische Texte für Jugendliche und Neugierige. Reinbek bei Hamburg 1992. Rowohlt

Augustinus, Aurelius: Über die Lüge. In: Augustinus, Aurelius: Die Lüge und Gegen die Lüge. Übersetzt und hrsg. von Paul Keseling. Würzburg 1986. Augustinus Verlag

BAMF-Integrationsportal: Willkommen in Deutschland. Online: www.integration-in-deutschland.de/nn_283014/SubSites/Integration/DE/02__Zuwanderer/zuwanderer-node.html?__nnn=true (abgerufen am 04.11.2011).

Baron von Münchhausen. Nach Schmidt, C. W. (Hrsg.): Wunderbare Reisen zu Wasser und zu Lande und lustige Abenteuer des Freiherrn von Münchhausen. Wiesbaden o. J. Emil Vollmer Verlag

Becker, Christoph/Hörmann, Henning/Roew, Rolf/Taubenreuther, Eloise: Das pädagogische Rollenspiel im Ethikunterricht. Hrsg. v. Staatsinstitut für Schulqualität und Bildungsforschung München. München 2006. Auer

Block, Detlev: Die große bunte Kinderbibel. Bindlach 2001. Loewe

Bohn, Jörg: Einführung in das Judentum. In: Studienhefte Religion – Judentum. Hamburg 1999. Institut für Lernsysteme

Bowker, John: Religionen visuell. Aus dem Englischen übersetzt und bearbeitet von Margot Wilhelmi. Hildesheim 1997. Gerstenberg

Brämer, Andreas: Die 101 wichtigsten Fragen. Judentum. München 2010. C. H. Beck

Brändlein, Katharina/Grafberger, Ulrike: Naturwerkstatt Wald. Spielen, entdecken und experimentieren rund ums Jahr. Aarau (Schweiz) 2010. AT Verlag. Das Spiel online: www.jetztspielen.de/blog/spiel-ideen/spiele-fur-blinde/ (abgerufen am 05.03.2012).

Brender, Irmela: Wir. In: Fuhrmann, Joachim (Hrsg.): Gedichte für Anfänger. Reinbek bei Hamburg 1980. Rowohlt

Clément, Catherine: Theos Reise. Roman über die Religionen der Welt. Übersetzt von Uli Aumüller und Tobias Scheffel. München [5]2005. Hanser

Colfer, Eoin: Tim und der schrecklichste Bruder der Welt. Aus dem Englischen von Brigitte Jakobeit. Weinheim, Basel 2007. Beltz & Gelberg

Csikszentmihalyi, Mihaly: Flow. Das Geheimnis des Glücks. Stuttgart 2004. Klett-Cotta

D., Uğur: Ein Strauß Blumen. In: Yalçin, Kemal: Dem Almanya'ya Geldiğinde/Als mein Opa nach Deutschland kam. Ikidilli – zweisprachig. Aus dem Türkischen übersetzt von Marlies Düner. Köln 2006. Önel Verlag

Dalai Lama: Mitgefühl und Weisheit. Ein Gespräch mit Felizitas von Schönborn. Zürich 2006. Diogenes Verlag AG

Das große bunte Märchenbuch. Die schönsten und bekanntesten Märchen von den Brüdern Grimm, von Hans Christian Andersen und Ludwig Bechstein. Ausgewählt von Jürgen Weidenbach. Loewe [5]1997. Bindlach

Das große Fabelbuch. Illustriert von Gerhard Glück. Oldenburg [2]2011. Lappan Verlag

De Crescenzo, Luciano: Geschichte der griechischen Philosophie. Die Vorsokratiker. Aus dem Italienischen von Linde Birk. Zürich 1990. Diogenes

Der Große Ploetz. Die Enzyklopädie der Weltgeschichte. Völlig neu bearbeitete Auflage. Lizenzausgabe. Göttingen [35]2008. Vandenhoeck & Ruprecht

Der Spiegel Kultur 01/2004

Die Bibel. Ausgewählte Texte mit Bildern von Lisbeth Zwinger. Stuttgart 2000. Deutsche Bibelgesellschaft und Verlag Katholisches Bibelwerk

Die Bücher des Neuen Testamentes. Übersetzt von Josef Kürzinger. Aschaffenburg 1968. Pattloch

Dijk, Lutz van: Die Geschichte der Juden. Frankfurt/M., New York 2001. Campus

dpa. In: der tagesspiegel, 10.06.2010. Online: www.tagesspiegel.de/wissen/und-im-norden-geht-die-sonneauf/1855386.html (abgerufen am 02.03.2012).

Ego, Beate: Nicht nur Abraham. In: Welt und Umwelt der Bibel 04/2003

Engels, Helmut: Blaue Schokolade: Geschichten zum Denken und Querdenken. Hannover 2007. Joachim Siebert

Erlinger, Rainer: Lügen haben rote Ohren. Berlin 2005. Ullstein

Faller, Kurt/Kerntke, Wilfried/Wackmann, Maria. „La Ola"/„Der Aufstand". In: Faller, Kurt/Kerntke, Wilfried: Konflikte selber lösen. Ein Trainingshandbuch für Mediation und Konfliktmanagement in Schule und Jugendarbeit, Mülheim a. d. Ruhr 1996. Verlag an der Ruhr

Gaarder, Jostein: Sofies Welt. Ein Roman über die Geschichte der Philosophie. Übersetzt von Gabriele Haefs. München, Wien 1993. Hanser

Gavalda Anna: 35 Kilo Hoffnung. Aus dem Französischen von Ursula Schregel. Berlin 2004. Bloomsbury Kinderbücher & Jugendbücher

Gebrüder Grimm: Die Bremer Stadtmusikanten. In: Projekt Gutenberg. Online: http://gutenberg.spiegel.de/buch/6248/161 (abgerufen am 02.03.2012).

Giesder, Gabriele: Gutes Benehmen. Sicher in allen Lebenslagen. Berlin [2]1988 Econ Taschenbuch Verlag

Glander, Jan: „Gerettet“. In: Glander, Jan: Das Spielemagazin. Eine Sammlung von Spielen, zusammengetragen in dem Seminar Spielewerkstatt an der WWU Münster. Online: www.glanderweb.de/index.php?option=com_remository&Itemid=7&func=finishdown&id=4 (abgerufen am 02.03.2012).

GrafStat – Unterrichtsmaterial „Ausgrenzung und Integration“. M 04.02 Sortierte Klingelschilder? Online: www.bpb.de/popup/popup_grafstat.html?url_guid=XXZEXH (abgerufen am 05.03.2012).

GrafStat – Unterrichtsmaterial „Ausgrenzung und Integration“. M 04.07 Gutes Zusammenleben setzt voraus, dass ... Online: www.bpb.de/popup/popup_grafstat.html?url_guid=V4VV0F (abgerufen am 05.03.2012).

Grober, Ulrich: Der ewige Wald. In: Die Zeit, 24.07.2008 (von Bernd Rolf frei bearbeitet).

Grundschule Sachunterricht 33/2007. Mädchen und Jungen. Velber 2007. Kallmeyer

Halbfas, Hubertus: Das Welthaus. Ein religionsgeschichtliches Lesebuch. Stuttgart, Düsseldorf 1983. Patmos

Hattstein, Markus: Weltreligionen. Königswinter 2005. h. f. ullmann

Hurrelmann, Klaus/Albert, Mathias: Jugend 2006. 15. Shell Jugendstudie. Eine pragmatische Generation unter Druck. Frankfurt/M. 2006. Fischer Taschenbuch Verlag

Hurtz, Klaus: Schöpfergeist. In: Rheinische Post vom 21.10.2006.

Husserl, Edmund: Ideen zu einer reinen Phänomenologie und Phänomenologischen Philosophie. Zweites Buch: Phänomenologische Untersuchungen zur Konstitution. Hrsg. von Marly Biemel. Husserliana Band IV. Den Haag 1952. Martinus Nijhoff

IGS Hannover Linden u. a. (Hrsg.): Gernie. Ein Projekt zur Gewaltprävention in Kooperation von Jugendhilfe und Schule. Dokumentation und Praxismappe. Baustein I. Sozialtraining. 2006. Eigenverlag

Jacoby, Edmund: Dunkel war's, der Mond schien helle. Verse, Reime und Gedichte. Hildesheim 1999. Gerstenberg

Jelloun, Tahar Ben: Papa, was ist ein Fremder? Gespräch mit meiner Tochter. Aus dem Französischen von Christiane Kayser. Berlin 1999. Rowohlt

Jüdisches Museum Berlin: Sammlung Familie Bachmann und Bornstein

Jüdisches Museum Berlin: Findbuch Sammlung Neumann Schindler

Jüdisches Museum Berlin: Findbuch Sammlung Paul Zander

Klein, Stefan: Die Glücksformel oder Wie die guten Gefühle entstehen. Reinbek 2003. Rowohlt

Knödler, Ottheinrich, u. a. (Hrsg.): Das neue Kursbuch Religion 5/6. Stuttgart, Frankfurt/M. 1984. Diesterweg

Kozlowsky, Channa: Sabbat. Krönung der Woche: ein Tag der Ruhe und Freude. In: Israel-Projektwoche: Projekt „Politische Religion – Religion als Politik“. Arbeitshilfen für die politische Bildung – Ergänzungslieferung. Bonn 2001. Bundeszentrale für politische Bildung

Krause, Lutz: Du sagst, du hast keine Vorurteile. In: Volksbund Deutsche Kriegsgräberfürsorge e. V. (Hrsg.): Vorurteile abbauen. Heft 2. Schwerte o. J.

Kretzschmar, Stefan. Nach www.sportunterricht.de/lksport/faire sportler.html (abgerufen am 02.03.2012).

Krupa, Mathias: Der Rollstuhl muss mit! In: Die Zeit, 23.07.2009.

Kuderer, Klaus: Die Speisevorschriften der Juden. In: Israel-Projektwoche: Projekt „Politische Religion – Religion als Politik“. Arbeitshilfen für die politische Bildung – Ergänzungslieferung. Bonn 2001. Bundeszentrale für politische Bildung

Kumpf, Miriam: Ein Nachmittag im Rollstuhl. Ein Selbstversuch. Online: http://menschenrechte.jugendnetz.de (Geschichten, Archiv, 12.07.2011; abgerufen am 05.03.2012).

Küng, Hans/Kuschel/Karl-Josef (Hrsg.): Erklärung zum Weltethos. Die Deklaration des Parlamentes der Weltreligionen. München 1993. Piper

Labbé Brigitte/Puech, Michel: Denk dir die Welt. Philosophie für Kinder. Aus dem Französischen übersetzt von Anne Braun. Bindlach 2003. Loewe

Landesverband der Lebenshilfe Sachsen e. V.: Was heißt eigentlich Inklusion? Eine Erklärung in leichter Sprache. Online: http://www.inklusion-in-sachsen.de/downloads/Inklusion%20in%20leichter%20Sprache.pdf (abgerufen am 05.03.2012).

Landgraf, Michael: Schalom Martin. Eine Begegnung mit dem Judentum. Wiesbaden 2006. Marix Verlag

Lassahn, Bernhard: Käpt'n Blaubärs Seebär-Geschichten. Nach Figuren von Walter Moers, Motiven von Bernhard Lassahn, Rolf Silber, Walter Moers und Bildern von Matthias Siebert. Ravensburg [2]1993. Otto Maier Verlag

Lauster, Peter: Sensis. Gesellschaftsspiel für Gruppen von 3 bis 12 Spielern, die sich und andere besser kennenlernen wollen, Stuttgart 1973. Deutsche Verlags-Anstalt

Law, Stephen: Philosophie. Denken ohne Grenzen. Aus dem Englischen von Anne Braun. Mit Bildern von Daniel Postgate. Würzburg 2004. Arena Verlag

Lipman, Matthew: Handbuch zu Harry Stottelmeiers Entdeckung. Übersetzt von Ursula Scheer und Claudio Zagoda. Wien 1990. hpt

Lipman, Matthew: Harry Stottelmeiers Entdeckung. Übersetzt von Ursula Scheer und Claudio Zagoda. Wien 1990. hpt

Luehrs-Kaiser, Kai: „Ich habe gelernt, über mich zu lachen“. Der Bassbariton und mehrfache Grammy-Preisträger Thomas Quasthoff (47) ist einer der prominentesten Contergan-Geschädigten. Vor 50 Jahren wurde das Medikament eingeführt, das auch Thomas Quasthoffs Mutter während der Schwangerschaft einnahm. „Welt online“ traf den Künstler und erfuhr von ihm, was er von Behindertenwitzen hält. In: Welt.de, 01.10.2007. Online: www.welt.de/vermischtes/article1226597/Ich_habe_gelernt_ueber_mich_zu_lachen.html (abgerufen am 16.02.2012).

Luisas Kolumne: Der Regenwald stirbt, und mit ihm das Leben ... Online: www.helles-koepfchen.de/artikel/2446.html (abgerufen am 19.10.2011).

Maar, Paul: Lippels Traum. Hamburg 1984. Verlag Friedrich Oetinger

MacLachlan, Patricia: Ein Meer für Sarah. Übersetzt von Cornelia Krutz-Arnold. Aarau, Frankfurt/M., Salzburg ³1990. Sauerländer

Mamer, Blanche: Rettung mit dem Spaten. In: Süddeutsche Zeitung, 29.03.2007.

Matthews, Andrew: Voll gut drauf und alles im Griff. Übersetzt von Iris Raymond-Indorato. Kirchzarten bei Freiburg 2002. VAK Verlags GmbH

Matthews, Gareth B.: Philosophische Gespräche mit Kindern. Übersetzt von Hans-Ludwig Freese. Berlin 1989. Freese

Miller, Joe. In: Porritt, Jonathon: Rettet die Erde. Mit einem Vorwort von Hrh The Prince of Wales. Deutsch von Hans Heinrich Wellmann. Hamburg-Remseck 1991. RVG-Interbook

Nöstlinger, Christine: Das Austauschkind. Weinheim, Basel 2006. Beltz & Gelberg

Oesl, Bettina: U wie Ufologie. In: Haus der Geschichte der Bundesrepublik Deutschland (Hrsg.): Bilder, die lügen. Bonn ³2003. Bouvier Verlag

Ovid: Metamorphosen. Übersetzt von Gerhard Fink. Zürich, München ³1990. Artemis & Winkler

Pirke avot („Sprüche der Väter"). Online: www.dalank.de/archiv/p_aboth.html (abgerufen am 05.03.2012).

Richter, Hans Peter: Damals war es Friedrich. Bearbeitete Neuausgabe nach den Regeln der Rechtschreibreform. München ⁵⁵2006. dtv

Rifai, Amal/Ainbinder, Odelia/Tempel, Sylke: Wir wollen beide hier leben. Eine schwierige Freundschaft in Jerusalem. Deutsch von Julia Kühn und Sylke Tempel. Berlin 2003. Rowohlt

Rothschild, Walter: 99 Fragen zum Judentum. Aus dem Englischen übersetzt von Götz Elsner. Gütersloh ³2005. Gütersloher Verlagshaus

Rowling, Joanne K.: Harry Potter und der Stein der Weisen. Aus dem Englischen von Klaus Fritz. Hamburg ¹⁹1998. Carlsen

Saint-Exupéry, Antoine de: Der kleine Prinz. Düsseldorf 1956. Karl Rauch Verlag

Savater, Fernando: Tu, was du willst. Ethik für Erwachsene von morgen. Aus dem Spanischen von Wilfried Hof. Frankfurt/M., New York ⁹1997. Campus

Schami, Rafik: Eine Hand voll Sterne. München 1997. dtv

Schirwaski, Nicolai: Ist Fremdenfeindlichkeit angeboren? In: P.M. 12/2000.

Schopenhauer, Arthur: Parerga und Paralipomena: kleine philosophische Schriften. Zweiter Band. Zweiter Teilband. Zürich 1977. Diogenes

Schwab, Gustav: Sagen des klassischen Altertums. Übersetzt von Hugo Eichhof. Wien 1975. Goldmann

Sehen – Staunen – Wissen. Judentum. Geschichte, Lehre und Kultur. Text von Douglas Charing. Aus dem Englischen von Cornelia Panzacchi. Hildesheim 2003. Gerstenberg

Seiwert, Lothar: Die Bären-Strategie. In der Ruhe liegt die Kraft. Kreuzlingen, München 2005. Heinrich Hugendubel Verlag (Ariston)

Simon-Schaefer, Roland: Kleine Philosophie für Berenike. Stuttgart 1996. Reclam

Snunit, Michal: Der Seelenvogel. Aus dem Hebräischen von Mirjam Pressler. Hamburg 1991. Carlsen

Spiegel, Paul: Was ist koscher? Jüdischer Glaube – jüdisches Leben. Berlin ⁴2010. Ullstein

Terkessidis, Mark: Alltagsrassismus und Alltagsdiskriminierung als Hindernis der Integration. In:

Thomas, Philipp: Habe Mut, dich deiner eigenen Anschauung zu bedienen. In: Zeitschrift für Didaktik der Philosophie und Ethik (ZDPE) 02/2001.

Thurber, James: 75 Fabeln für Zeitgenossen. Den unverbesserlichen Sündern gewidmet. Deutsch von Ulla Hengst, Hans Reisiger und H.M. Ledig-Rowohlt. Reinbek bei Hamburg 1984. Rowohlt

Thurber, James: Der Vater und sein Töchterchen. In: Freese, Hans-Ludwig (Hrsg. und Übersetzer): Gedankenreisen. Philosophische Texte für Jugendliche und Neugierige. Reinbek bei Hamburg 1992. Rowohlt

Trutwin, Werner: Die Weltreligionen. Arbeitsbücher für die Sekundarstufe II. Religionen – Philosophie – Ethik. Judentum. Düsseldorf Düsseldorf ⁴2001. Patmos

Tugendhat, Ernst/Lopez, Celso/Vicuna, Ana Maria: Wie sollen wir handeln? Schülergespräche über Moral. Stuttgart 2004. Reclam

Uhle, Maren: „Verrat". In: Aktion Mensch/amnesty international (Hrsg.): Voll die Helden. 20 junge Autoren über Zivilcourage. Mit einem Nachwort von Anette Wunschel. Würzburg 2005. Arena

Vopel, Klaus W.: Interaktionsspiele für Jugendliche. Teil 1. Salzhausen ¹⁰2012. iskopress

Wachtel, Joachim: Gutes Benehmen – kein Problem. Moderne Umgangsformen heute – von A bis Z. München 1977. Humboldt Taschenbuchverlag

Weischedel, Wilhelm: Skeptische Ethik. Frankfurt/M. 1980. Suhrkamp

Wilhelm, Stefanie: Klimawandel: Es wird wärmer! Online: www.geo.de/GEOlino/natur/52565.html (abgerufen am 20.12.2011).

Wir sind ein Teil der Erde: Adaption einer Rede, die Häuptling Seattle 1855 an den Präsidenten der Vereinigten Staaten gerichtet haben soll. Der Text ist eine freie Bearbeitung eines Redetextes, der erstmalig publiziert wurde im „Seattle Sunday Star" 1887 und später auch in der „Washington Historical Quaterly" erschienen ist. Die deutschen Rechte liegen bei der Dedo Weigert Film GmbH, München. Zitiert wird die Rede hier nach: Seattle: Wir sind ein Teil der Erde. Olten ²³1992. Walter-Verlag

Wöllenstein, Helmut: Märchen vom Auszug aller „Ausländer". Zuerst veröffentlicht als „ Zuspruch am Morgen" am 20.12.1991 im Hessischen Rundfunk im Zusammenhang der massiv wachsenden Ausländerfeindlichkeit, die wenig später zu den Brand- und Mordanschlägen in Mölln und Solingen führte.

Zhuang Zi (Dschuang Dsi): Das wahre Buch vom südlichen Blütenland. Buch II, 12. Übersetzung von Richard Wilhelm. Online: www.zeno.org/pnd/118520768 (abgerufen am 15.02.2012).

Hinweise:

Die Beiträge zum Wahlthema „Demokratie in der Schule" stammen von Alexandra Labusch, Thomas Lother und Ulla Oppenländer. Weitere Beiträge im Band stammen von Winfried Böhm, Christa Bohschke, Otmar Eholzer, Frank Keller, Dieter Kopriwa Petra Krüger-Hufmann, Johanna Land, Nina Reinecke, Claudia Schmidt und Bianka Zeitler.

Die Übersetzungen der hebräischen Thora-Textstellen im Kapitel „Das Judentum" richten sich nach: Die vierundzwanzig Bücher der Heiligen Schrift nach dem masoretischen Text. Übersetzt von Leopold Zunz. Tel Aviv, Stuttgart 1997. Sinai-Verlag/Doronia-Verlag

Die Orthographie der hebräischen Begriffe im Kapitel „Das Judentum" richtet sich nach: Romain, Jonathan/Homolka, Walter: Progressives Judentum. Leben und Lehre. Übersetzung und Redaktion Annette Böckler. München 1999. Knesebeck (Glossar, S. 366-379)

Die Bibel-Zitate in den Kapiteln „Woher – wohin – wozu?" und „Ich und die Welt" nach: Die Bibel: Einheitsübersetzung der Heiligen Schrift. Gesamtausgabe. Psalmen und Neues Testament. Ökumenischer Text. Stuttgart 2007. Verlag Katholisches Bibelwerk GmbH

S. 41, M3 Mir geht vieles durch den Kopf: Beitrag von Christa Bohschke in Anlehnung an: Cam, Philip: Sterben Äpfel auch? Arbeitsmappe. Mülheim/Ruhr 1996. Verlag an der Ruhr, S. 18.

S. 51, M3 Eine neue Idee: der genannte Klassenvertrag frei nach: Franz-Ludwig-Gymnasium, Bamberg: Wir Schüler wollen ... Online: www.bnv-bamberg.de/home/ba2282/main/flg-info/schulstandards.pdf (abgerufen am 02.03.2012).

S. 107, M5 Irrtum oder Wahrheit?: von Jörg Peters in Anlehnung an: Krämer, Walter/Trenkler, Götz: Lexikon der populären Irrtümer. 500 Kapitale Missverständnisse, Vorurteile und Denkfehler von Abendrot bis Zeppelin. München, Zürich [3]2007. Piper

S. 132, M1 Irgendwie anders: die Chinesische Weisheit nach: www.toleranz.eisenachonline.de (abgerufen am 05.03.2012).

S. 133, Infokasten Toleranz: Peters, Martina frei nach: Höffe, Otfried: Lexikon der Ethik. C. H. Beck. München [6]2002. S. 265-267.

S. 190-191, M2 Ein Test zur Bestandsaufnahme: nach Arndt Stermann, basierend auf einer Idee von Bekes, Peter: Wedekind: „Frühlings Erwachen". Stundenblätter Deutsch. S I. Leipzig 2006, Klett, S. 45.

Songtexte:

Lied der deutschen Fußballnationalmannschaft zur WM 1974: Jack White: Fußball ist unser Leben, ©Montana Musikverlag. München

Ammar114: Wir sind Deutschland / Label: 114mhz F.As-Idi & I. Brcan GbR

Herman van Veen/ Thomas Woitkewitsch: Woitkewitsch, Thomas: Anders sehen, Rechte beim Urheber.

Internetseiten (Stand: März 2012)

http://2008.kindergipfel.de/ergebnisse/zukunftsvertrag_2008/
www.clara-elisen-stift-koeln.de/content/pdfs/maerchen.pdf
www.dbs-npc.de/
www.inklusion-in-sachsen.de/index.php?inhalt=UN-Konventionen
www.inklusion-in-sachsen.de/index.php?inhalt=Was_ist_Inklusion
www.internet-abc.de/eltern/web-netzwerke.php
www.lilipuz.de/nachrichten/nachrichten-details/artikel/ein-genie-feiert-geburtstag/
www.olympia-ausstellung.de/rituale4.html
www.revosax.sachsen.de
www.sachsen-macht-schule.de/schule/1797.htm
www.sportunterricht.de/fairplay/klose05.html
www.taubblindenwerk.de/fingeralphabet.html
www.visuelles-denken.de/Kinder211.html
www.visuelles-denken.de/Schnupperkurs.html

Lösungen S. 107, Aufgabe 8:

Bei dem bekannten Foto, das angeblich das *Seeungeheuer vom Loch Ness* (Schottland) zeigen soll, handelt es sich um eine Fälschung.

Kolumbus stach 1492 von Südspanien aus in See, um auf einem westlichen Seeweg von Europa nach Indien zu gelangen. Im Oktober 1492 erreichte er die dem amerikanischen Kontinent vorgelagerten Karibischen Inseln und gilt damit als Entdecker Amerikas. Er selbst glaubte, eine Route nach „Hinterindien" entdeckt zu haben.

Der *Koala* gehört zur Gattung der Beuteltiere.

Archiv Bilderberg, Hamburg - *S. 33*
Archiv für Kunst und Geschichte, Berlin - S. *31*
Archiv für Kunst und Geschichte / Bible Land Pictures, Berlin - *S. 159*
Archiv für Kunst und Geschichte / Andrea Jemolo, Berlin - *S. 146*
William Arrowsmith / Michael Korth, Meine Worte sind wie Sterne, sie gehen nicht unter, Goldmann TB 1984, S. 18 - *S. 64*
Associated Press / Richard Drew, Frankfurt - *S. 142*
aus: Bilder, die lügen, Haus der Geschichte, Bonn - *S. 105*
Ausschnitt aus dem Buchcover von Deborah Anna Luepnitz: Schopenhauers Stachelschweine. Psychotherapiegeschichten über die Nähe und ihre Tücken, Gießen (Psychosozial-Verlag) 2007 - *S. 49*

Baaske-Cartoons / Wössner, Müllheim - *S. 72*
Ulrike Bahl, Hamburg - *S. 150, 151*
Berkay und Kübra, 6a, Herschelschule, Hannover - *S. 84*
Rotraut Susanne Berner, Märchenstunde, Verlag Beltz & Gelbert, Weinheim 1948, 1. Aufl. - *S. 194*
Bildarchiv Preußischer Kulturbesitz, Berlin - *S. 107*
Bildatlas der Weltkulturen. „Jüdische Welt" von Nicholas de Lange, S. 144/145, Christian Verlag, München 1984 - *S. 167*
Steffen Blatz, Weingarten - *S. 133*
Christa Bohschke, Düsseldorf - *S. 78 (2)*
Boris Braun, Hamburg - *S. 88, 101, 132*
Bulls Pressedienst GmbH, Frankfurt - *S. 131*

Calvin and Hobbes, ©1986 Watterson. Reprinted with permission of Universal Uclick. All rights reserved - *S. 186*
CARO / Riedmitter, Berlin - *S. 90*
Cinetext, Frankfurt - *S. 48, 65*

Das Beste aus Schweinshausen, Lappan Verlag, Oldenburg 2000 - *S. 8*
Das Judentum, Folien und Texte. Religionspädagogisches Seminar der Diözese Regensburg, Bild 10, 3. Auflage - *S. 159*
Das visuelle Lexikon der Weltreligionen, Gerstenberg Verlag, Hildesheim, S. 240, 241, 255 - *S. 165, 177*
Die neue Patmos Bibel, erzählt von Mosé Maria Rovira Belloso, dt. von Hans Hoffmann, Patmos Verlag, Düsseldorf 1990, S. 177 - *S. 145*
DIZ / Süddeutscher Verlag Bilderdienst / H. Kanus, München - *S. 40*
dpa Picture-Alliance, Frankfurt - *S. 54, 127, 167*
dpa Picture-Alliance / Abendin Taherkenarch, Frankfurt - *S. 136*
dpa Picture-Alliance / akg-images, Frankfurt - *S. 126, 140*
dpa Picture-Alliance / Arco Images GmbH / J. Hildebrandt, Frankfurt - *S. 140*
dpa Picture-Alliance / ASA, Frankfurt - *S. 38/39*
dpa Picture-Alliance / EPA / Stefan Zaklin, Frankfurt - *S. 185*
dpa Picture-Alliance / Harald Tittel, Frankfurt - *S. 120*
dpa Picture-Alliance / Julian Stratenschulte, Frankfurt - *S. 184*
dpa Picture-Alliance / KPA / TopFoto, Frankfurt - *S. 105*
dpa Picture-Alliance / KPA, Frankfurt - *S. 107*
dpa Picture-Alliance / Kyodo, Frankfurt - *S. 66*
dpa Picture-Alliance / landov / Chris Auston, Frankfurt - *S. 66*
dpa Picture-Alliance / Uli Deck, Frankfurt - *S. 92*
dpa Picture-Alliance / ZB / Thomas Schulze, Frankfurt - *S. 184*

Ralf Eichner / tiff.any, Berlin - *S. 76*

Alexander Fakoó, www.fakoo.de - *S. 180*
K.-H. Fleckenstein / W. Müller, Jerusalem. Die heilige Stadt der Juden, Christen und Muslime. Lizenzausgabe für den St. Michaelsbund München, Herder Verlag, Freiburg 1988, S. 20/21 - *S. 172*
fotolia - *S. 42, 53, 65, 68 (3), 70, 99, 102 (3), 107*
fotolia / Alx - *S. 178*
fotolia / attlibi - *S. 92*
fotolia / Eishier - *S. 120*
fotolia / fotofrank - *S. 180*
fotolia / Franz Meteler - *S. 44*
fotolia / Klaus Eppele - *S. 53*
fotolia / Lucky Dragon - *S. 188*
fotolia / MAZDA - *S. 120*
fotolia / Micha - *S. 129*
fotolia / panthesja - *S. 16*
fotolia / rubysoho - *S. 67*
fotolia / sabine voigt - *S. 76*
fotolia / Seewald - *S. 60*
fotolia / Sven Vietense - *S. 120*
fotolia / yagabunga - *S. 48*
fotolia / Yuri Mazur - *S. 8*
fotolia / Yuri Arcurs - *S. 120*
Anne Frank Stichting, in: Anne Franks Haus. Eine bebilderte Reise durch Annes Welt, Frankfurt 2004, S. 36 - *S. 128*
Kurt Fuchs, Presse Foto Design, Erlangen - *S. 90*

Jostein Gaarder, Hallo, ist da jemand?, Illustration Henriette Sauvant, Carl Hanser Verlag, München 1996, S. 75 - *S. 33*
Peter Gayman, Schöner Essen. Cartoons: Peter Gayman, Fackelträger Verlag, Hannover 1990 - *S. 52*

Nora Hartmann, Bamberg - *S. 193*
Wolf Hartmann, Bamberg - *S. 100, 138*
Frederic Hetmann, Indianer, Ravensburger Buchverlag Otto Maier, Ravensburg 1990, S. 54 - *S. 65*

Dimiter Inkiow, Die spannensten griechischen Sagen, Verlag Ellermann, Hamburg 2007, *S. 77-95*
iStockphoto / adventtr - *S. 31*
iStockphoto / fatihhoca - *S. 178*
iStockphoto / fotofrankyat - *S. 180*
iStockphoto / gradyreese - *S. 192*
iStockphoto / hh5800 - *S. 178/179*
iStockphoto / jaroon - *S. 92*
iStockphoto / Kaczka - *S. 92*
iStockphoto / lisafx - *S. 92*
iStockphoto / subtik - *S. 60*
iStockphoto / Yuri Arcurs - *S. 95*

Jüdische Oberschule, Berlin - *S. 153*
Jüdisches Museum Berlin, Schenkung von Rolf Bachmann, Berlin (InvNr: 2000/157/9) - *S. 175*
Jüdisches Museum Berlin, Schenkung von Ruth und Harold Neumann, Berlin (InvNr: 2005/17/109) - *S. 174*

Erich Kästner / Walter Trier, Münchhausen, Atrium Verlag, Zürich 2001, S. 38 - *S. 109*
Kristina Karlisch, Hannover - *S. 84*
KJG Bundesstelle, Düsseldorf - *S. 162*
Tom Körner, Berlin - *S. 96*
Michael Kretzschmar Fotografie, Dresden - *S. 162*

Kathryn Lamb, Kein Schwein ruft dich an?, Ill. Kathryn Lamb, aare Verlag 1999, S. 10-14 - *S. 46, 47*
Stephen Law, Philosophie - Denken ohne Grenzen, Illustration: Daniel Postgarte, Arena Verlag, Würzburg 2004, S. 94, 96 - *S. 34, 35*
David H. Levy, Die Natur erleben - Abenteuer Astronomie, Verlag Das Beste, Stuttgart 1997, S. 267 - *S. 31, 32*
LOOK, Die Fotoagentur der Fotografen, München - *S. 75*
Lucky Luke, Die Gesetzlosen, Bd. 81, Ehapa Verlag, Stuttgart 2007, S. 5 - *S. 58*

M.C. Escher Foundation, Baarm - *S. 96*
Marx für Anfänger - Sachbuch rororo, Reinbek 1979, S. 35 - *S. 30*
mauritius images, Mittenwald - *S. 66*
Ines Müller, Bamberg - *S. 82*
Jörg Müller, Alle Jahre saust der Preßlufthammer oder Die Veränderung der Landschaft, Mittwoch, 6. Mai 1953, 17. April 1966, 14. Juli 1969, Sauerländer Verlag, Aarau 1973; ©VG Bild-Kunst, Bonn 2012 - *S. 62*
Münsterländer Volkszeitung / Sven Rapreger, Rheine - *S. 120*
Museum of Modern Art, New York; ©Salvador Dali, Fundació Gala-Salvador Dali / VG Bild-Kunst, Bonn 2012 - *S. 14*

Nationalmuseum, Beirut - *S. 28*
Brigitte Neubauer, Bamberg - *S. 82*
Norman Rockwell Museum, Stockbridge, Mass. - *S. 79, 106*
Richard T. Nowitz, in: Peter Kliemann, Das Haus mit den vielen Wohnungen. Eine Einführung in die Religionen der Welt, S. 137, Stuttgart - *S. 166*

Okapia / CMEABG, Lyon-1 / ISM, Frankfurt - *S. 102*
Otto Maier Verlag, Ravensburg S. 108

©Jörg Peters, Hünxe - *S. 39, 41*
Picture-Press / Illustration Source Alberto Ruggieri, Hamburg - *S. 56*
D. Pietri / J. Thierfelder (Hrsg.), Grundkurs Judentum. Matrialien und Kopiervorlagen für Schule und Gemeinde, Calwer Verlag, Stuttgart 2002, Teil 2, S. 17, 58 - *S. 152, 168*

Ursula Ester Reichmann, Bliekastel-Niederwürzbach - *S. 148*

Rita Sandbrink, Bochum - *S. 21, 31*
Scala group, Florenz - *S. 26*
Schering Pharmazie, Global Thinking (3) - *S. 60*
Ellen Schiedkamp - *S. 50*
Maria Sebald, Bamberg - *S. 22, 112, 118, 134*
Al Seckel, Unglaubliche optische Täuschungen, Verlag Carl Ueber-reuter, Wien 2007, S. 30, 53, 55 - *S. 98*
Monika Sieveking, Berlin; ©VG Bild-Kunst, Bonn 2012 - *S. 77*
Wieslaw Smetek, Horn - *S. 187*
Michal Snunit, Der Seelenvogel, ©Carlsen Verlag GmbH, Hamburg 1991 - *S. 18*
Stadtwerke Solingen GmbH, Solingen - *S. 42*
Jonas Stalford, Bersenbrück - *S. 20, 24*

The far side by Gory Larson. FarWorks, Inc., Seattle - *S. 103*
Werner Trutwin, Die Weltreligionen - Judentum, Patmos Verlag, Düsseldorf 1998 - *S. 160*

Ullstein-Bild, Berlin - *S. 60, 142, 161, 164*
Unilever / Dove Deutschland, Hamburg - *S. 104*
United Feature Syndicate Inc., distr. / Kipkakomiks, München - *S. 80, 110*

Version Photo / Herby Sachs, Köln - *S. 161, 169*
©VG Bild-Kunst, Bonn 2012 - *S. 147, 196*

wikipedia / Leibnizkeks - *S. 32*
wikipedia / WhiteHortau - *S. 182*
wikipedia / Yarin Kirchen - *S. 173*
Wildner + Designer, Fürth - *S. 94*
www.nua.nrw.de - *S. 60*
www.zeichenware.at - *S. 34*

Kemal Yalçin, Dedem Almanya'ya Geldiğinde - Als mein Opa nach Deutschland kam, Önel Verlag, Köln 2006 - *S. 122*